教育部哲学社会科学规划项目"民国医院社会工作研究"（10YJC840067）

浙江省哲学社会科学规划项目"民国医疗救助专业化进程研究"（10CGLS01ZQ）资助

MINGUO SHIQI
YIYUAN SHEHUI GONGZUO
YANJIU

民国时期
医院社会工作研究

王春霞/著

人民出版社

序　言

医院的宗旨是"治病救人"。但近年来由于医疗制度改革、某些政策的不到位以及患者个人及家庭维权意识的提升,医患纠纷增多,医闹让许多医院闻声色变。有时媒体的推波助澜,更将医患纠纷推向风口浪尖。医务社会工作是社会工作学科的重要分支,它综合运用个案、小组、社区三大社会工作专业方法,整合生理——心理——社会模式,为有需要的个人、家庭、医疗机构、社区提供专业服务,以期预防、解决和缓解医疗领域的社会问题。因此,在当前中国开展医务社会工作具有十分重要的意义。

读史可以明智。借鉴历史经验,避免历史教训。医务社会工作包括医院内的社会工作、患者家庭的社会工作、公共卫生领域的社会工作三个领域。民国时期医院内的社会工作者是沟通医生和患者之间的桥梁,在辅助医生治疗方面主要发挥如下作用:对患者的亲友、雇主等进行调查,搜集与患者有关的事实资料,为医生提供参考;向患者解释病情、治疗方法等;对患者进行随访;辅助医院教学、科研等。另一方面,社会工作者更主要的任务是通过对患者社会状况进行调查,予以"社会治疗",即解决患者因疾病而引起的社会性问题。在调查基础上,充分运用个案工作方法,进行身体、精神、社会和经济四个方面的社会治疗。社会工作者除寻求患者家庭亲友的合作,还鼎力为患者链接各类资源。这些做法对当今医院社会工作的实践也有一定的现实指导作用。

本书以民国时期的医院社会工作为考察对象,通过详细的史料考察,对不同类型的医院社会工作开展情况进行了系统的总结和梳理。第一章为本书的主体部分,作者用了大量第一手资料予以分析论证,广泛搜集了史料,予以考订、爬梳、归纳，集中阐述了北平协和医院社会服务部的成立、组织发展和各个时期的服务情况。第二章至第九章从金陵大学鼓楼医院社会工作、各地教会医院社会工作、南京中央医院社会工作、各地中央医院社会工作、各地公立医院社会工作、民间慈善医院社会工作、精神病院社会工作、伤残康复医院社会工作各个不同侧面、不同角度对医院社会工作进行界定、考证和分析。第十章对医院社会工作者的先行者宋思明、吴桢进行了详细介绍，以史论结合的方式对宋思明的相关著作、伤残康复社会工作理念予以述评，对吴桢在医院社会工作、精神健康社会工作、儿童社会工作、本土化社会工作、改革开放后重建社会工作专业的贡献予以归纳。第十一章是结语，总结了民国时期医院社会工作取得的成就。然而，这一时期的医院社会工作不可避免地面临着理想与现实的两难。理想境地是从物质和服务两方面满足个案工作对象的需求，因为单纯的经济救助不能解决病人的所有问题，有时还会带来副作用。现实境况是由于国力贫弱、战乱不止，当时许多病人最需要的却是经济救助。

睿智深刻的分析建立在坚实的史料基础上，广泛的史料搜集体现了王春霞博士严谨细致的治学态度，恰到好处的理论分析是她扎实的理论功底和社会责任感的重要表征。本书的创新之处在于通过大量历史资料的整理，较全面、客观地反映了中国近代医院社会工作的多面向发展，为我们深入了解中国医院社会工作的发展历程和服务特点有重要参考价值。成果若对民国时期各大学医院社会工作人才培养模式进行探索，则更佳。期待作者能继续发挥学术专长，实践其理想，为社会做出更多贡献！

郅 玉 玲

2018 年 7 月 22 日于杭州政苑小区

目　　录

绪　　论

一、西方医院社会工作的发展与进入中国

关于医院社会工作的起源,我国医院社会工作的先驱宋思明先生在 20 世纪 40 年代有这样的记载①:

医院社会工作,亦起源于英国。一八九五年,经罗查理(Sir Charles Loch)及蒙地非(Colonel Montifiore)详细研究后,报告于上议院批准,然后在伦敦皇家免费医院(Loyal Free Hospital)首先创立。其后美国医院内亦有社会服务部之成立,其倡导实施,应归功于卡博教授(Richard C. Cabot)。卡医生系麻萨求赛省立医院(Massachusetts General Hospital)最热心社会工作之人,经彼提倡,于一九〇五年,在该医院首先成立社会服务部。因在其行医过程中,深觉社会工作对于疾病诊断及治疗,有莫大之帮助。彼见许多病人,经医生所嘱如何办法后,复诊时仍无若何进步。经彼仔细询问,发现有甚多之社会问题,非医生所能解决者。彼曾见一位母亲,抱来一营养不足之婴儿就诊。医生虽将婴儿应食之食品如牛奶,鸡蛋等,详细示知,但因小孩父亲之失业,一家面包尚发生问题,更无力顾及小孩之营养。卡医生对此类情事,受刺激颇深,因之亦成为彼提倡添增医院社会个案工作员动机之一。

此外彼又顾及医生因过去之训练,全注重一人体质方面之痛苦,易使

---

① 宋思明:《医院社会工作》,重庆中华书局 1944 年版,第 8—9 页。

医生之眼光趋于狭窄,视人如机器,头痛治头,脚痛治脚。至于有关治疗之其他方面,则无暇顾及。卡医生为补足此项缺欠起见,认为社会服务部,系医院不可或少之组织。彼平日与助手讨论病情时,有四项问题必随之提出。即 1. 此病人之体质状况如何? 2. 此病人之精神或心理状况如何? 3. 彼之物质环境如何? 4. 彼之心情及精神环境如何? 彼常言良医对于病人身体之状况及其品德如何,成长于何种物质状况之下,及在其生活中受何等心情及精神方面之影响,凡此必须一一知晓。但此类事项,非医生之力所能及,而必有赖于医院社会个案工作员之协助,卡医生为使医生多明瞭社会问题,社会个案工作员多明瞭身体方面问题,特与波斯顿医院社会服务部,共同成立训练班,使两方面之学生均明瞭对方之工作,如是对治疗方面,合作方面,增加许多便利。

由于波斯顿医院社会服务部之成立,美国各大医院,对于社会工作在医院之重要均渐有认识,因此其他各大医院,遂均增设此种工作。全国医院社会个案工作员,并组织一联合会,每年择地举行,宣读研究论文,并有名人演讲刊行专集。其后并与英国医院社会个案工作员取得联系。有时亦在英伦开会。美国社员并有医院社会工作(Hospital social service)杂志问世,专为讨论医院社会工作之技术,及其他种种问题,从事此种事业者,多奉为南针。

上述说法应该是比较准确的,也是目前多数西方医务社会工作史研究者的共识。不过,在英国皇家免费医院之前,医院社会服务事业已有各种实践,初具雏形。如 1859 年英国利物浦出现的家庭访问护士,1868 年东伦敦护士学会也开始创设家庭访问护士,1877 年美国纽约市也出现家庭访问护士。最初这些护士只负责贫困病人在家中的医药工作,后来开始指导病人社会、经济及心理方面的问题。1880 年,英美出现了针对精神病人的生活指导机关,关心他们出院后的社区适应,协助医院医生对他们的辅导和照管。除此之外,到中国和印度的西方传教士,也在教会医院中做一些病人的心理抚慰和宗教关怀的工作。[①]

---

① 李槐春:《医院社会服务之功用》,燕京大学社会学系学士毕业论文,1941 年,第 6—8 页。

　　1895 年,英国皇家免费医院派遣女收账员(lady almoners)调查病人的经济情况,以确定是否应收诊费,后来发展为调查病人的社会背景和需要,并设法加以辅助,使之达到痊愈,这标志着世界医院、医务社会工作和健康照顾社会工作正式诞生。① 因而可以说医务社会工作和社会个案工作一样,起源于英国。②

　　1893 年,纽约亨利街的贫民区,开始有邻居探病和提供医疗护理救助等举动。1894 年纽约 The Post Graduate 医院首先聘用社会工作者在小儿科服务,③但真正把医院社会工作带入美国的是麻省总医院的卡伯特医生。1905 年,麻省总医院的内科医生理查德·C.卡伯特(Richard C.Cabot,1868-1939)受社会工作者研究儿童的家庭背景和社会状况的启示,决定将社会工作者引入该院,和医生一起处理与病人医疗相关的社会问题。④ 恰在这时,一位化名琼·史密斯的女性愤怒地给麻省总医院写信投诉:之前,她 90 岁的父亲刚在这所全美国最好的医院因病去世。父亲临终期间,与院方打交道的经历令她深感愤怒。作为家人,直到下午三点她才有机会在走廊上拦住医生,简短地交谈几句父亲的病情,没有任何隐私和关怀可言;病房里护士人手不足,她的父亲经常无人照顾;在她父亲去世后,半天无人过问,最先出现的人居然是来讨要住院费用的;只有交足了一应费用之后,家人才可以认领尸体……这封信后来转到了麻省总医院医务主任卡伯特医生的手中,使他意识到现代医院的专业化使得医生直接与病人及其家人发生密切联系的机会变得越来越少,而疾病并非只是一个身体的病理过程,医院也不应当仅仅满足于充当一个修理铺。该年 10 月,卡伯特在门诊部雇佣护士加内特·伊莎贝尔·佩尔顿(Garnet Isabel Pelton)作为社会工作者,佩尔顿也因此成为有记录以来的第一位职业医务社会工作者。她负责向病人及其家属解释疾病的原理及可能对整个家庭

　　① 李槐春:《医院社会服务之功用》,燕京大学社会学系学士毕业论文,1941 年,第 7 页;Auslander,G.K.ed.,*International Perspectives on Social Work in Health Care:Past,Present and Future*.New York:The Haworth Press,1997.转引自刘继同:《美国医院社会工作的历史发展过程与历史经验》,《中国医院管理》2007 年第 11 期。
　　② 李增禄主编:《社会工作概论》,台湾巨流图书公司 1989 年版,第 294 页。
　　③ 莫藜藜:《医务社会工作》,桂冠图书股份有限公司 2000 年版,第 7 页。
　　④ Harriett M.Bartlett,"Ida M.Cannon:Pioneer in Medical Social Work",*Social Service Review*,Vol.49,No.2,1975,pp.208-229.

生活造成的影响,帮助病人适应住院的各项细节,向医生汇报家访获知的病人家庭条件和社会地位等信息,在病人出院后,一方面监督病人依从医嘱,另一方面帮助病人与社区服务机构和其他慈善组织建立联系。可惜她在工作中不幸感染肺结核,工作6个月后不得不离职。在佩尔顿之后,卡伯特医生又先后聘任了几位短期的社会工作者。1907年10月,护士艾达·坎农(Ida Cannon)①接替了这一职位,继续帮助卡伯特医生推行这一实验性尝试,并在1908年4月被卡伯特医生任命为负责人(head worker)。②

最初的几年中,麻省总医院的董事会一直对卡伯特医生的做法心怀疑虑,琼·史密斯的来信和先后发生的几起医患冲突改变了院方的看法。1914年,艾达·坎农被医院正式任命为麻省总医院的社会服务部门负责人。由医生、护士、教师和志愿者组成的麻省总医院社会服务部在坎农的领导下,开展了卓有成效的工作。从门诊开始,社会服务主要集中在肺结核、神经系统问题、性病患者、未婚怀孕女孩和有骨科问题的孩子。1919年,这一部门正式确立了其作为医院的一个重要分支机构的地位,之前开展医务社会工作所需的经费(包括人员工资)是卡伯特医生筹集的,此后医院开始承担此项费用。坎农还经常游走于全美各地医院,广泛传播她的思想,协助建立了一个培训医务社会工作者的标准程序。在经过护理和社会工作的训练之后,坎农坚持社会工作者需要专门的医学知识和坚实的个案工作基础训练。她还为用什么来衡量病人、在病人的病历上记录社会工作活动的权利以及社工如何与医生和护士合作而抗争。③。

---

① 坎农(1877—1960),出生于密尔沃基,高中毕业后学习护理并成为一名护士,从事护士工作两年之后进入明尼苏达大学学习社会学和心理学课程(1900—1901年),其间受到芝加哥"霍尔馆"(Hull House)创办者、著名社会工作先驱珍·亚当斯(Jane Addams)关于贫民窟儿童恶劣的健康状况的讲座深刻影响。1903—1906年,坎农成为圣保罗联合慈善机构(St. Paul Associated Charities)的上门服务护士(visiting nurse)。这一工作更加深了坎农对贫困、职业和疾病之间关系的认识,同时也让她明白了仅靠护理技能无法满足病人及其家庭的心理需求。为此,1906年坎农进入波士顿社会工作学校,即现在的西蒙斯学院(Simmons College)学习社会工作专业知识。1907年坎农进入麻省总医院,一直工作到1945年退休。
② Harriett M.Bartlett,"Ida M.Cannon:Pioneer in Medical Social Work",*Social Service Review*,Vol.49,No.2,1975,pp.208-229.
③ "NASW Foundation National Programs:NASW Social Work Pioneers:Ida Cannon(1877-1960)",2014年7月29日,见 http://www.naswfoundation.org/pioneers/c/cannon.htm。

同一时期,美国的其他大医院也纷纷设立类似部门,现代医院社会工作制度自此诞生。1913 年有 100 所医院配备了社会工作者,1923 年有 400 所医院开始雇佣社会工作者。① 1932 年美国医院联合会调查结果显示,在 1570 家医院中,已有 538 家医院设立社会服务部或类似的组织机构。1936 年在 1671 所医院中,有 555 所设有社会服务部。② 在卡伯特和坎农的积极宣传和广泛呼吁之下,美国于 1918 年成立了美国医院社会工作者协会(American Association of Hospital Social Workers),并在 1919—1933 年间编辑出版了《医院社会服务》杂志。1920 年美国医院协会(American Hospital Association)资助开展了全美医务社会服务调查,并成立医务社会工作者培训委员会(Committee on Training for Hospital Social Worker)。这两个专业团体组织的成立对促进美国医务社会工作专业化、职业化发展发挥了重要作用。③ 此后,医院社会工作研究中心由欧洲转移到美国,美国成为医院社会工作专业化程度最高、医院社会工作实务最发达和最活跃的研究中心。④

另一方面,医院社会工作也进入中国,最早是 1913 年长沙的耶鲁医院所提供的社会服务,主其事者休姆(Lotta C.Hume)女士是一位护士,曾受教于约翰霍普金斯医院,深知社会服务对医疗工作的重要性。她来华后,组织了长沙社会服务联盟(The Social Service League of Changsha),由湖南当地的官太太、上流社会女士们担纲。⑤ 在北京,1920 年浦爱德(Ida Pruitt)女士受聘于协和医院"宗教与社会服务部",开启了医院社会工作的另一个里程碑。

① [美]洛伊斯·A.考尔斯(Lois A.Fort Cowles):《医疗社会工作:保健的视角》(第二版),刘梦、王献蜜译,中国人民大学出版社 2011 年版,第 5 页。
② 李槐春:《医院社会服务之功用》,燕京大学社会学系学士毕业论文,1941 年,第 9—10 页。
③ 赖志杰:《浦爱德与北平协和医院社会服务部的医务社会工作——兼谈中国医务社会工作的发端与早期发展》,《华东理工大学学报》2013 年第 6 期。
④ 刘继同:《美国医院社会工作的历史发展过程与历史经验》,《中国医院管理》2007 年第 11 期。
⑤ Hume, Lotta C. "The Social Service League of Changsha", *The Suvey*, Sept. 25, 1915, pp.575-577.转引自林万亿:《当代社会工作:理论与方法》第 3 版,台湾:五南图书出版股份有限公司 2006 年版,第 131 页。

二、相关研究文献综述

目前对我国民国时期开设社会服务部的医院数目尚无法确切统计,据笔者所见,约有几十家之多。医院性质依创办者身份划分有教会医院、公立医院和民间慈善医院;依医院业务划分有综合性西医院、中医院、精神病院和伤残康复医院。目前学界的研究成果集中在开展得最早且最好的北平协和医院的社会服务部这一机构,而其他医院社会服务部的研究则十分薄弱。

(一)北平协和医院社会服务部研究

北平协和医院社会服务部存在时期是 1921 年 7 月—1941 年 12 月(太平洋战争爆发)、1948 年 5 月—1952 年 1 月,也是民国时期存续时间最长的医院社会工作机构。相关研究大致分为民国时期和新中国成立后两个时段。

1. 民国时期

较早对北平协和医院社会服务部进行研究的是文化基金委员会①社会调查所职员吴铎所撰的《北平协医社会事业部个案底分析》②一文。文章从 1921 年社会服务部成立至 1927 年 3 月间的 3000 余份个案记录中,选取了 2330 份进行分析,先是对病人的年龄、性别、职业、婚姻状况、经济收入、患病种类、所遇问题进行统计整理,进而归纳了个案工作者对这些病人的社会诊断和社会治疗情况,包括社会治疗的方法、时间和人次分布情况。本文写作目的是"介绍这种新兴的社会事业给国人",现在我们也可从该文中大致了解社会服务部早期的工作对象和服务情况。

1935 年,北平协和医院社会服务部的创始人兼主任浦爱德女士在中华医学会的会刊《中华医学杂志》上用英文发表《医务社会工作者:他们的工作与专业训练》。③ 文中结合协和医院社会服务部的病人案例和工作人员训练情况,说明了医院社会工作的服务内容和人才培训模式。许烺光曾于 1934—

---

① 即中华教育文化基金董事会,1924 年在北京成立,负责保管、分配和监督使用美国退还的庚子赔款,以补助中国的文化教育事业。该组织于 1926 年 2 月接受美国纽约社会宗教研究院的捐款,专做调查研究费用,以三年为期,乃于 1926 年 7 月成立社会调查部,由陶孟和、李景汉主持。

② 吴铎:《北平协医社会事业部个案底分析》,《社会科学杂志》1931 年第 1 期。

③ Pruitt Ida."Medical social workers:their work and training", *Chinese medical journal*.1935 (49),pp.909-916.

1937 年在北平协和医院社会服务部工作,他于 1937 年 2 月在《益世报·社会服务版》连载文章,介绍了北平协和医院社会服务部的工作方法和发展历程,预测了个案工作方法在中国的发展趋势。①

　　燕京大学社会学系学生李槐春 1941 年的毕业论文《医院社会服务之功用》,运用北平协和医院社会服务部已有的个案资料,还有其于 1940 年暑期在该部实习所获经验及社会服务人员的访谈材料,论述了该部的历史沿革、组织架构、服务内容和服务功用。全文三万余字。需要特别说明的是,文章选用的个案资料仅限于肺结核科与梅毒二科共一百名病人,因为作者的写作目的是"想藉肺痨病与梅毒病之个案分析,得到一些社会事实,以说明社会事实与此二种疾病之相互关系。……以及社会服务部如何为之解决,辅助治疗成功。"②可见,文章的主要目的是为了突出医院社会工作的功能。

　　20 世纪 40 年代,社会部研究室组织编写了我国第一部医院社会工作专著——《医院社会工作》即由两位原北平协和医院社会服务部资深员工宋思明和邹玉阶合著。③ 书中所用材料多来源于社会服务部鼎盛时期的各方面情况,包括协和医院社会服务部的人员发展、组织构架、工作分配、各科病人典型问题、个案记录、经费来源、协助各地医院社会服务部以及经作者亲自处理的各类个案案例等。正是因为作者在北平协和医院社会服务部积累了丰富的实务经验,所以此书可谓是医院社会工作专业化和本土化的完美结合。

　　1949 年时,另一位燕京大学社会学系学生陈洁的毕业论文《平津两个医院社会服务部的调查》中,以约一半的篇幅总结了北平协和医院社会服务部自成立至 1949 年 3 月北平解放前的历史沿革、抗战后服务部的复员情况及工作概况。文中指出,由于复员后的社会服务部只有三名工作人员,虽然资质优良,业务范围却大大缩减,沦为只是协助门诊部和住院部调查病人经济情况以便于医院决定是否给予减免费用,而社会诊断、社会治疗已无法实现。④

---

① 许烺光:《介绍北平协和医院社会服务部的工作》,《益世报·社会服务版》(天津)1937年 2 月 15—20 日。
② 李槐春:《医院社会服务之功用》,燕京大学社会学系学士毕业论文,1941 年,第 12 页。
③ 宋思明、邹玉阶:《医院社会工作》,重庆中华书局 1944 年版,1946 年再版。
④ 陈洁:《平津两个医院社会服务部的调查》,燕京大学社会学系学士毕业论文,1949 年,第 22—40 页。

以上成果都是在北平协和医院社会服务部工作进行期间完成的,作者大都具有医院社会工作的亲身经历(或实习经历),或者本身已晋升为医院社会工作的领导层,因此这些作品都不可避免地带有工作报告、方法探讨和归纳总结的性质,具有很强的工具性和实践性。以今日纯粹学术眼光来看,其局限性是不可避免的。总体而言,民国时期对北平协和医院社会服务部研究的侧重点在于分析医院社会服务的功能,以使国人更加明了地认识这一新兴社会事业。吴铎、许烺光和李槐春在文章中都表明了这一写作意图,《医院社会工作》一书也是应社会部社会行政研究室的委托而作,目的是为了配合政府大力发展社会事业的需求,因而他们对北平协和医院社会服务部的分析多从经验总结的视角进行,只有陈洁在其文章中对复员后社会服务部工作的不足之处进行了客观的批评。但这些成果都是今天研究民国时期的医院社会工作不可或缺的重要资料来源,甚至作者本人也都成为现在研究的对象。

此外,还有一个情况需要提及的是,北平协和医院社会服务部还衍生出几个相关的部门:(1)职工社会服务部(成立于 1925 年),为北平协和医院职工服务;(2)怀幼会(成立于 1924 年),由北平协和医院医生的夫人们出资,组织照看病人的孩子,收容被遗弃的孩子;(3)病人调养院,病人出院后如需休养而无条件,就被安置在调养院休养,只收很低的费用甚至免费,分男调养院和女调养院两处;(4)救济部(成立于 1937 年),为了救助七七事变后北平的难民和官兵;(5)北平疯人院社会服务部(1933—1941 年),由北平协和医院社会服务部派员前去服务,后因疯人院迁址,人员全部撤回协和医院。对上述机构中的怀幼会、救济部和北平疯人院社会服务部,民国时期也有相关研究成果问世。①

2.新中国成立后

(1)综合性研究

新中国成立初期,研究者对北京协和医院的"社会服务部"持完全否定

---

① 主要有麦佳曾:《北平怀幼会的研究》,燕京大学社会学系学士毕业论文,1939 年;齐耀玲:《北平协和救济部个案分析》,燕京大学社会学系学士毕业论文,1941 年。关于北平疯人院社会服务部的研究,担任其第一任主任的宋思明著有《精神病之社会的因素与防治》,另有周乃森:《一百个精神病学生个案的分析》,燕京大学社会学系学士毕业论文,1941 年。

的态度,认为是西方势力为达到侵略目的而实施的伪善手段。20 世纪 80 年代随着改革开放后人们思想的解禁,《中国协和医科大学校史:1917—1987》开始对该院"社会服务部"的性质做正面评价和介绍。① 接着,原北平协和医院社会服务部工作人员吴桢、张中堂分别撰文回忆了当年社会服务部的情况。② 吴桢是 1934 年至 1941 年在协和医院社会服务部任职,其回忆涉及了社会服务部的各项职能、地位提升和培训人才情况,而且还介绍了抗战爆发后他跟随社会服务部副主任于汝麒参加红十字会医院服务抗战官兵的工作。③ 张中堂自从 1932 年进入社会服务部工作,直到 1952 年该部被撤销,前后达二十年,故其文章取名《社会服务部二十年》。④ 文中介绍了社会服务部创始人浦爱德女士的贡献、社会服务部的机构设置和人员编制、社工的工作待遇、附属机构的设立、抗战胜利到新中国成立初的各项业务等,还描述了三个印象深刻的个案的处理过程。两人的回忆文章内容较全面、信息量也较丰富。

　　进入新世纪,上述前两篇回忆文章成为研究者频繁使用的唯一资料,因而研究内容基本一致,如专著《协和医事》⑤、《中国近代疾病社会史(1912—1937)》⑥、《医务社会工作导论》⑦和一些相关论文。⑧ 这些研究成果形式多样,但所用资料只有上述回忆文章一种,实为孤证,有待发掘其他史料互证、确

---

　　① 中国协和医科大学编:《中国协和医科大学校史:1917—1987》,北京科学技术出版社 1987 年版,第 30 页。

　　② 张中堂:《社会服务部二十年》,政协北京市委员会文史资料研究委员会编:《话说老协和》,中国文史出版社 1987 年版,第 360—373 页;吴桢:《我在协和医院社会服务部》,政协北京市委员会文史资料研究委员会编:《话说老协和》,中国文史出版社 1987 年版,第 374—380 页。

　　③ 后来吴桢又专门撰文记录了北平红十字会医院的社会服务情况,见吴桢:《记北平红十字会医院——协和医院社会服务部在抗日战争中》,中国人民政治协商会议北京市委员会文史资料委员会编:《文史资料选编》(第 39 辑),北京出版社 1990 年版,第 112—117 页。

　　④ 实际上,北平协和医院在太平洋战争爆发后被日军接收,社会服务部也停办,直到 1948 年医院恢复。张中堂在 1948 年 5 月主持恢复社会服务部的工作,并担任了主任一职。

　　⑤ 讴歌编著:《协和医事》,生活·读书·新知三联书店 2007 年版。

　　⑥ 张大庆:《中国近代疾病社会史(1912—1937)》,山东教育出版社 2006 年版。

　　⑦ 刘继同:《医务社会工作导论》,高等教育出版社 2008 年版。

　　⑧ 董根明:《我国专业社会工作的发轫》,《安庆师范学院学报》2005 年第 4 期;周业勤:《医务社会工作专业教育初探》,《医学教育》2005 年第 2 期;盖小荣等:《北京协和医院医务社会工作的实践》,《中国医院》2008 年第 5 期。

实。随着社会工作专业在大陆的恢复和发展,民国时期的社会工作研究逐渐受到社会的重视。2006 年,《健康时报》发表了对原北京协和医院副院长的采访,"讲述了老协和社会服务部的故事"。① 卫生部门也开展了"卫生系统社会工作和社会工作人才队伍现状调查和岗位设置政策研究"的课题,试图恢复医务社会工作制度。为了总结民国时期医院社会工作的历史经验,课题组成员唐佳其、刘继同将浦爱德 1935 年发表于《中华医学杂志》的英文文章"Medical social workers:their work and training"翻译发表,并简要介绍了作者的生平及对我国医院社会工作的贡献。② 彭秀良摘录了该文中的案例发表在 2009 年 7 月的《社会工作》(实务版)杂志上。③ 接着彭秀良又连续发表了《北平协和医院社会服务部的历史记忆(一)》④、《北平协和医院社会服务部的历史记忆(二)》⑤、《北平协和医院社会服务部的历史记忆(三)》⑥、《掩埋在历史风尘中的北平协和医院社会服务部》⑦和《民国社会组织(三):北平协和医院社会服务部》⑧五篇文章。所用资料有所补充,除了主要采用了吴桢和张中堂的回忆性文字外,还有两篇北平协和医院社会服务部的年度工作报告,⑨因而我们可以了解到该部在工作量方面的统计。2010 年,彭秀良所著的《守望与开新:近代中国的社会工作》一书中开辟一节介绍北平协和医院的社会工作,研究内容上并无新的突破。⑩

---

① 赵安平:《老协和医院有个"帮穷部"》,《健康时报》2006 年 2 月 13 日,第 3 版。
② 该译文共在三处刊发,分别是:[美]浦爱德著,唐佳其译,刘继同校《医务社会工作工作与专业训练》,《医药世界》2007 年第 7 期;[美]浦爱德著,唐佳其译,刘继同审校:《医务社会工作者:他们的工作与专业训练》,《社会工作》2008 年第 4 期(下);[美]浦爱德著,唐佳其译,刘继同审校:《医务社会工作者:他们的工作与专业训练》,《社会福利》2014 年第 10 期。
③ 彭秀良:《北平协和医院社会服务部的个案实例》,《社会工作》2009 年 7 月(上)。
④ 彭秀良:《北平协和医院社会服务部的历史记忆(一)》,《中国社会工作》2009 年 2 月(下)。
⑤ 彭秀良:《北平协和医院社会服务部的历史记忆(二)》,《中国社会工作》2009 年 3 月(上)。
⑥ 彭秀良:《北平协和医院社会服务部的历史记忆(三)》,《中国社会工作》2009 年 3 月(下)。
⑦ 张岭泉、彭秀良:《掩埋在历史风尘中的北平协和医院社会服务部》,《档案天地》2010 年第 3 期。
⑧ 彭秀良:《民国社会组织(三):北平协和医院社会服务部》,《团结报》2012 年 7 月 4 日。
⑨ 《北平协和医院第二十二次报告书》,1930 年印刷;《北平协和医院第二十五次报告书》,1933 年印刷。
⑩ 彭秀良:《守望与开新:近代中国的社会工作》,河北教育出版社 2010 年。

鉴于已有研究"主要是一些回忆性质的东西,缺乏系统性,不足以帮助我们全面、完整地了解协和医院社会服务部的历史、成就和不足",谢克凡的《中国医院社会工作的先行者——协和医院社会服务部个案研究》①一文,发掘北京大学图书馆藏的燕京大学社会学系毕业生论文资料,即李槐春的《医院社会服务之功用》、陈洁的《平津两个医院社会服务部的调查》和齐耀玲的《北平协和救济部个案分析》三篇论文,对协和医院社会服务部各阶段的发展、工作成效和不足等进行了论述。他采用陈洁的结论把协和医院社会服务部的历史归纳为四个阶段:草创期(1921—1928 年)、扩大期(1928—1937 年)、萎缩期(1937—1941 年)和恢复期(1948—1952 年)。作者既指出了当时的缺乏专业工作人员的客观原因,也分析了时人误解、不够重视的主观因素。不过,本文对材料的运用并不是很准确,在总结社会服务部的不足之处时,对相关材料的时效性缺乏梳理,也未考虑抗日战争等客观因素。

赖志杰的《浦爱德与北平协和医院社会服务部的医务社会工作——兼谈中国医务社会工作的发端与早期发展》②一文利用了较丰富的外文资料,将协和医院社会服务部的研究更进一步推向深入。文中认为,浦爱德特殊的成长经历、跨文化立场以及在麻省总医院医务社会工作的学习经历,形成了其以个案工作方法为主,以病人为中心与运用传统和现代资源,共同解决病人的社会问题的医务社会工作理念;在浦爱德的领导下,北平协和医院社会服务部建制化运行,输送出中国首批医务社会工作实务人员和教研人员,对医务社会工作中国化进行了探索,为中国医务社会工作的早期发展做出了积极贡献;但限于医务社会工作教育滞后和 20 世纪上半叶动荡的社会环境,中国早期的医务社会工作专业化和职业化不足,发展停滞不前。本文可谓当前对北平协和医院社会服务部研究最具学术性的一篇论文,不仅史料十分丰富,而且研究视野广阔,把该部的产生和发展置于国际医院社会工作发展的大背景之下,并结合我国的当时社会工作整体发展的实际情况进行分析,从而得出了中肯的结论。

---

① 谢克凡:《中国医院社会工作的先行者——协和医院社会服务部个案研究》,《北京青年政治学院学报》2010 年第 4 期。

② 赖志杰:《浦爱德与北平协和医院社会服务部的医务社会工作——兼谈中国医务社会工作的发端与早期发展》,《华东理工大学学报》2013 年第 6 期。

　　王晶晶的硕士论文《民国时期医务社会工作研究——以北平协和医院社会服务部为例》①因为篇幅容量较大，能够对已有史料进行充分利用，因而内容上增加了北平协和医院社会服务部的资金来源、服务对象选择、工作管理制度等。作者认为"（已有的）对于民国时期北平协和医院社会服务部的研究还是以史学研究为主，并没有对其工作中的价值理念、技术方法、工作流程等方面做专业性研究。"因此，她从社会工作专业视角对北平协和医院社会服务部的工作手法进行了分析研究，令人耳目一新，但是文中将院内服务除经济帮扶外都视为"个案管理"，将院外服务归入"外展服务"，却有生搬硬套之嫌。

　　谷晓阳、甄橙的《协和医院医务社会工作的当代启示》②和林姗、张孙彪的《近代中国医院社会工作的历史启示》③两篇文章，通过总结协和医院社会服务部的工作经验，结合当前我国医务社会工作现状，提出了历史经验对现实的启示意义。谷晓阳和甄橙认为，在专业医务社工不可得的情况下，"社会学系来源结合医院实习"的培训模式是可借鉴的历史经验；在社会服务部的工作内容方面，医院社工与医生合作开启了"生物—社会—心理"的医学模式，也有利于改善医患关系。林姗和张孙彪提出，要积极宣扬医院社会工作的理念和价值、总结医院社会工作人才培训经验，努力探索工作程序与方法。两篇文章都主张在医院社会工作本土化方面，"中国的医务社会工作应该向国外的先进社会科学学习，同时应充分考虑中国独特的传统和文化，使医务社会工作具有中国特色、适应中国国情"。两篇文章也都参考了新的中外资料，使北平协和医院社会服务部的历史更加全面。张岭泉、王晶晶的《北平协和医院社会服务部社会工作人才培养及其启示》④一文侧重于人才培养对当前的启示：注重实训、建立实习基地以及制订相应人才支持性政策。

　　与改革开放后大陆的研究相比，美国学者金敏（Marjorie King）对北平协和医院社会服务部的研究更早，1996 年即发表了《北平协和医院的社会服务

　　① 王晶晶：《民国时期医务社会工作研究——以北平协和医院社会服务部为例》，河北大学硕士论文，2015 年。

　　② 谷晓阳、甄橙：《协和医院医务社会工作的当代启示》，《中国医院管理》2014 年第 12 期。

　　③ 林姗、张孙彪：《近代中国医院社会工作的历史启示》，《医学与哲学》2015 年第 3A 期。

　　④ 张岭泉、王晶晶：《北平协和医院社会服务部社会工作人才培养及其启示》，《河北大学成人教育学院学报》2015 年第 2 期。

部:1921—1937》①一文,研究时段限于浦爱德主任社会服务部时期,即 1921
年至 1938 年。② 文中利用大量的外文史料给我们提供了国内研究者所不了
解的一些方面:北平协和医院由设"宗教与社会服务部"到社会服务部的变
迁;浦爱德在服务理念和工作方法上受美国麻省总医院医生卡伯特(Cabot)和
医院社会工作先驱坎农(Cannon)的影响;浦爱德对中国文化和社会结构的认
同带来的医院社会工作的保守性;浦爱德对中国传统资源和西方现代资源的
巧妙利用;浦爱德在妇女和儿童服务方面的差异性;以及浦爱德最终未被医院
留任原因的各种说法;等等。虽然金敏博士对北平协和医院社会服务部的系
统研究要早于大陆,但是直到近几年才有个别研究注意到其成果。③

　　此外,台湾学者在梳理医务社会工作发展史时,也会简要追溯到协和医院
的源头,但大都寥寥数语,笔者尚未见到较详细的专题研究。④

　　由上述可知,关于北平协和医院社会服务部的研究已取得较丰富的成果,
涉及的层面也日益全面,但还有进一步研究的必要。一是一些基本史实尚不
清楚。如关于社会服务部整个发展史中,比较侧重于早期浦爱德任主任时期,
对 1938—1941 年、1948—1952 年的情况尚未有充分的研究。又如研究者大
都认为,随着社会服务部工作分工的细化,相继成立职工社会服务部、怀幼会、
调养院、救济部,作为社会服务部的衍生部门。⑤ 实际上,只有职工社会服务
部和调养院是从属于社会服务部的,而怀幼会和救济部则是独立的部门。二
是目前的研究还仅就北平协和医院的情况而分析,并未将其置于更阔的社会背
景下进行研究。如社会服务部的业务与早期教会医院慈善医疗救助的关系,社

---

　　① Marjorie King."The Department of Social Service at the Peking Union Medical Hospital,
1920–1937", 2013 年 9 月 9 日,见 http://www. Amstudy. hku. hk/news/treatyports2011/files/mar-
jorieking.pdf.

　　② 这与她早年的研究对象是浦爱德及其母亲有关,同时也与她认为浦爱德之后的社会服
务部没有留下相关服务档案材料的认识局限性有关。

　　③ 仅谷晓阳与甄橙在其合撰的文章中、王晶晶在其硕士论文中参考了该成果。

　　④ 参见姚卓英:《医务社会工作》,台北正中书局 1973 年版;秦燕:《医务社会工作》,台北
巨流图书公司 1991 年版;莫藜藜:《医务社会工作》,台北桂冠图书股份有限公司 2000 年版;等。

　　⑤ 彭秀良:《北平协和医院社会服务部的历史记忆(一)》,《中国社会工作》2009 年 2 月
(下);王晶晶:《民国时期医务社会工作研究——协和医院社会服务部》,河北大学硕士论文,
2014 年,第 6 页。

会服务部与传教事业的关系。又如北平协和医院社会服务部在1948—1952年的工作内容大为缩减,几乎只是对病患经济的调查以确定是否减免医药费用,不复从前的"社会治疗"为主,这种情况到底是什么原因导致,需要探索。

（2）浦爱德研究

北平协和医院社会服务部最重要的人物无疑是第一任主任浦爱德女士。据笔者所见,较早对浦爱德进行专门研究的是美国学者金敏（Marjorie King）博士。1985年,她出版了英文版的《传教士母亲和激进的女儿:安娜和爱达·普鲁伊特》（Missionary Mother and Radical Daughter:Anna and Ida Pruitt）一书,分别介绍了浦爱德与其母亲在中国的经历、不同的文化认同和人生选择。[1]2006年,她又出版浦爱德的英文传记《中国的美国女儿:爱达·普鲁伊特（1888-1985）》（China's American Daughter:Ida Pruitt 1888-1985）[2]一书,从史学视角描述了浦爱德的人生经历和对中国福利事业的重要贡献。本书作者亲自采访了传主的后人并获得了大量第一手材料,包括浦爱德的私人信件、照片等私人资料,完成了一部非常可信的传记学术作品。书中以两章篇幅叙述浦爱德任北京协和医院社会服务部负责人时期的工作情况,除了前述《北平协和医院的社会服务部:1921—1937》一文中的有关内容外,还增加了新内容,如她与协和医院管理者之间一直存在的矛盾;她管理社会服务部的"大家长"风格、她对中国文化及社会习俗的认同,她在北平的"开放的"家……

日本学者山口守也长期致力于研究浦爱德的生活道路和文化认同。据笔者不完全搜集,早在1992年山口守在日本的《中国》杂志2月号上发表《两个祖国两种文化——艾达·普鲁伊特的经历》,主要考察浦爱德早年的生活经历和文化认同的形成。20世纪90年代初,山口守还翻译了浦爱德的著作《殷老太太:北京生活的回忆》,在《后记》中涉及浦爱德在北平协和医院的服务概况,提到"现留存于北京的1924年、1927年、1929年各年延期聘用她(指浦爱德)的英文合同书,其中就有她与美国同事和医学院理事会成员刘瑞恒(后任协和医学院院长兼国民党

[1] Marjorie King.*Missionary Mother and Radical Daughter:Anna and Ida Pruitt*, Temple University,1985.

[2] Marjorie King,*China's American Daughter:Ida Pruitt(1888-1985)*,The Chinese University of Hong Kong,2006.

政府卫生部部长)等人争论的记载。这主要是因为艾达要求尽可能向贫穷的患者提供经济援助,而医学院的主管却反对这样做"。另外,山口守在谈到浦爱德在卢沟桥事变后曾奔赴收容保卫北京的第二十九路军伤病员、设立"救济部"帮助难民、在家中隐藏共产党干部以及支持北京郊区的抗日军队时,认为浦爱德的立场"从社会服务转为支援抗日的斗争,固然是受形势变化的推动,但主要还是出自她对中国人的热爱以及与同他们休戚与共的感情。这种爱心与共鸣感,已经突破了基于基督教人道主义观念的慈善活动的界限,升华到了和中国人民同舟共济的精神境界。"①此外,山口守还著有《老舍〈四世同堂〉英译本的完成与浦爱德》②、《浦爱德与义和团事件——两个国家,两个文化》③和《两个国家,两种文化——浦爱德的中国理解》④条等多篇论文,视角着眼于浦爱德对中国文化的理解、身份认同形成的过程机制,以及中美两种不同的文化在浦爱德内心的共存与平衡。这些研究成果也有助于我们分析和理解浦爱德在北平协和医院社会服务部的工作理念、成就和经验。

　　国内对浦爱德女士的研究较晚,本世纪初开始大体上分三个主题展开:一是关于浦爱德自传和文学作品的研究;⑤二是关于浦爱德与老舍的《四世同堂》

------

　　① ［日］山口守著:《两个祖国　两种文化——艾达·普鲁伊特的经历》,载［美］安娜·普鲁伊特、艾达·普鲁伊特《美国母女中国情:一个传教士家族的山东记忆》,程麻等译,中国文史出版社2011年版,第16、17页。

　　② 曾广灿等编:《老舍与二十世纪:'99国际老舍学术研讨会论文选》,天津人民出版社2000年版,第310—326页。山口守引用大量材料厘清了浦爱德翻译《四世同堂》的情况及浦爱德的生活经历。

　　③ 《北京论坛:文明的和谐与共同繁荣——危机的挑战、反思与和谐发展:"化解危机的文化之道——东方智慧"中文分论坛论文或摘要集》,2009年。

　　④ 《社会科学辑刊》2012年第3期。

　　⑤ 参见盛利:《中西之间——浦爱德研究》,章开沅、马敏主编:《基督教与中国文化丛刊》第五辑,湖北教育出版社2003年版;朱春发:《文本、文化、身份:论浦爱德〈在中国的童年〉中的空间叙事》,杨正润主编:《现代传记研究》(第7辑),商务印书馆2016年版;朱春发:《何处是家园——浦爱德、赛珍珠、弗利兹的中国童年及其身份书写》,浙江大学博士论文,2016年;刘丽华:《重塑"他者"——来华美国传教士子女浦爱德中国题材小说研究》,《当代文坛》2014年第1期。此外,浦爱德的英文版自传《在中国的童年》(A China Childhood)也被翻译成中文在国内出版,共有两个版本,一是1996年由张放译,辽宁人民出版社出版;另一个版本是浦爱德与其母亲安娜回忆录的合译本,即［美］安娜·普鲁伊特、艾达·普鲁伊特:《美国母女中国情:一个传教士家族的山东记忆》,程麻等译,中国文史出版社2011年版,而且英文版也于2003年由外文出版社在国内出版。

英译本的翻译研究;①三是与本课题研究主题相关,即浦爱德与北平协和医院社会服务部及我国医务社会工作发展的研究。彭秀良的《被尘封的国际友人——浦爱德》②一文通过对国内资料的收集,勾勒了浦爱德在中国的大致经历:从小接受中国文化的熏陶、开创中国的医院社会工作、服务抗战时期的工合运动以及促进中美文化的交流。彭秀良的另外两篇文章《浦爱德与步济时:中国早期社会工作的引进者》③和《浦爱德:中国医务社会工作的开创者》④由于受资料的限制,与前文内容基本相同,篇幅短小,均属简要介绍性质。对浦爱德进行研究的还有前述赖志杰的《浦爱德与北平协和医院社会服务部的医务社会工作——兼谈中国医务社会工作的发端与早期发展》一文,此处不再赘述。

总体上,我们会看到对浦爱德的研究因为学科视角和研究主题的不同而呈现出丰富但割裂的情况。实际上,浦爱德作为单独的个体具有内在的统一性,对其主任协和医院社会服务部的工作分析和评价,可以通过了解其早年的人生经历、同期文学作品中反映文化认同、价值信念等进一步深入了解其医院社会服务的特点,加深理解她与协和医院上层矛盾的实质,进而分析她的医院社会工作特点并推广开来对民国时期各地医院社会工作风格的影响。另外,我们也了解到近年有学者整理了有关浦爱德新的档案资料⑤,研究者可以利用之进一步推进已有的研究。

---

① 参见刘红涛:《文本的旅行及其分析——从〈四世同堂〉到〈The Yellow Storm〉(黄色风暴)》,青岛大学硕士论文,2007 年;魏韶华、刘洪涛:《埃达·浦爱德(Ida Pruitt)与老舍〈四世同堂〉英译本 The Yellow Storm》,《东方论坛》2008 年第 3 期;魏韶华、刘洪涛:《浦爱德的"怪英文"对老舍〈四世同堂〉英译的独特影响》,《中国现代文学研究丛刊》2011 年第 11 期;朱春发:《〈四世同堂〉英译和浦爱德文化身份建构的诉求》,《外国语(上海外国语大学学报)》2012 年第 2 期;张曼:《分离式合译:论老舍与浦爱德合译〈四世同堂〉》,《民族文学研究》2015 年第 5 期;马尚:《〈四世同堂〉英译本的后殖民色彩:原因及启示探究》,北京外国语大学硕士论文,2015 年;张璐璐、曹依民:《比较文体学视域下的〈四世同堂〉与 The Yellow Storm 研究》,《东北师大学报》2015 年第 4 期。

② 彭秀良:《被尘封的国际友人——浦爱德》,《文史天地》2012 年第 2 期。

③ 《中国社会工作》2009 年 4 月(上)。

④ 《中国社会工作》2017 年 6 月(上)。

⑤ 王成志:《宋庆龄与美国友人浦爱德:浦爱德档案对研究宋庆龄的意义》,上海市孙中山宋庆龄文物管理委员会研究室编:《孙中山宋庆龄文献与研究》(第五辑),上海书店出版社 2014 年版。

（3）个案记录档案研究

北平协和医院在 1921 年建院初始，就有建立病案的意识。第一任病案室主任王贤星设计了一套"整体制"的管理方法：一位病人在医院内只建立一份病案，各科通用，不管病人住院、就诊多少次，所有的医疗记录都集中在一份病案内，终身保持一个病案号。这一病案管理制度，不仅开创了中国现代病案管理制度之先河，在当时世界上也属于领先地位。目前北京协和医院的病历档案库成为国内保存量最大、价值最高的病历档案库①，其中民国时期的病案约有六十万册。② 北平协和医院社会服务部工作人员运用个案工作方法对患者的社会历史进行调查和跟踪，用英文填写"患者社会历史记录表"，完成后交病案室装订在患者的病案后面。据统计，1921—1939 年的病案中包含有社会服务部个案记录的达 62000 份。因此，1939 年汉学家 Karl Wittfogel 称北平协和医院社会服务部的记录是当时中国收集社会学数据的最大资料库。③ 有学者估计，全部社会服务个案记录应有 10 万份。④ 社工人员所作的这些个案调查，不仅对当时医生诊断病情大有帮助，还为之后的医学科研保存了珍贵的社会学资料。⑤ 彭秀良、何春雅认为这些档案对促进当前我国社会工作教育和行政具有重要的现实价值。⑥

据称抗战爆发后，中华医学基金会将上千份带有个案调查的病案记录运至美国，这些记录描述了中国普通民众在 20 世纪二三十年代的社会动乱中个人和家庭的生活。美国人 Olaga Long 写的《中国的家庭和社会》（*Chinese*

---

① 刘守华：《来自"协和"的病案报告》，《档案春秋》2007 年第 4 期。

② 笔者根据曾在病案科工作的马家润先生的回忆数据推测，参见《协和病案保存记》，2017 年 10 月 8 日，见 http://www.medelites.com/4217.html。

③ M.Marjorie King, "The Social Service Department Archives: Peking Union Medical College 1929-1951", *The American Archivist*, vol.59, No.3(Summer 1996), pp.340-349.

④ 彭秀良、何春雅：《北平协和医院社会工作档案及其现实价值》，《中国社会工作》2013 年 12 月（上）。

⑤ 陈平溪：《协和病案：从科学到人文》，《中国医院院长》2012 年第 11 期。

⑥ 彭秀良、何春雅：《北平协和医院社会工作档案及其现实价值》，《中国社会工作》2013 年 12 月（上）。

Family and Society），其资料就来源于上述记录。①

最早关注国内保存的协和病案中的个案记录者是美国学者金敏。据她考察，北京协和医院档案馆目前保留的社会服务部的个案记录从1928年的第970号开始附于医生的病案之后，之前的不可考。她认为约有一半的病案只有一两页非常简单的内容，表现了"官僚主义"和"敷衍"的一面，但是也有许多个案记录长达五页以上，一些记录达二三十页之多，最长的记录达五十六页。个案记录内容一般按时间顺序排列，有的后面还附有随访时的调查问卷，或者患者出院后的咨询信件以及亲朋的感谢信等。档案中所反映的病人问题和社会信息非常丰富，如最主要的是经济问题，此外还有失业问题、家庭关系问题、妇女堕胎问题、家庭暴力问题、战争难民问题，等等。金敏认为社会服务部的服务存在一些瑕疵，如因个人感情色彩影响其对服务对象的选择，有些访问似无必要，有挖掘病人隐私之嫌；按照医生的研究兴趣和要求选择服务对象；还有因病人的个人道德缺陷而不提供服务。她认为这些档案中的个案记录，还反映了当时中国城市居民的社会和经济状况的丰富信息，尤其是关于妇女和家庭方面，比较医学人类学、社会学、社会工作、精神病学和研究慈善史的学者都可以从这些档案中找到有用的材料。②

2010年，河北大学张岭泉教授主持的"本土社会工作研究——北京协和医院医疗社会工作经验及其推广"课题获教育部立项。经过3年的辛勤整理，课题组从北京协和医院档案馆所藏关于社会服务部的服务个案档案中挑选、翻译了100份内容比较丰富的档案进行整理，结集为《北平协和医院社会工作档案选编（1921—1950）》（上、下）出版。课题组坚持"兼顾不同年代、不同科室"的原则③，挑选出的100份档案中包括了内科34份、外科13份、耳鼻喉科7份、妇科5份、产科22份、神经科8份、皮肤科4份、眼科3份、骨科2

① 盛利：《中西之间——浦爱德研究》，章开沅、马敏主编：《基督教与中国文化丛刊》第五辑，湖北教育出版社2003年版，第187页。
② M.Marjorie King，"The Social Service Department Archives：Peking Union Medical College 1929-1951"，*The American Archivist*，vol.59，No.3（Summer 1996），pp.340-349.
③ 彭秀良：《为了那一份独特的历史记录》，《团结报》2014年11月6日。

份、泌尿科和神经外科各 1 份①。接着,彭秀良从出版的《北平协和医院社会工作档案选编(1921—1950)》(上、下)中相继摘录、整理发表了《北平协和医院社会工作实务案例(一):概说》②、《北平协和医院社会工作实务案例(二):帮患者解决经济困难》③、《北平协和医院社会工作实务案例(三):帮助病人寻找社会资源》④、《北平协和医院社会工作实务案例(四):劝导病人接受治疗》⑤、《北平协和医院社会工作实务案例(五):善后处理》⑥及《北平协和医院社会工作实务案例(六):随访工作》⑦,算是对此档案资料的初步利用。不可否认,这些档案资料的整理,不仅能使研究者了解当时中国社会工作的理念、伦理、方法和技巧,也可以"在我国目前大量引进西方社会工作教育资源的背景下,探寻一条适合中国社会现实的本土社会工作教育道路。"⑧但是,目前国内学界对这些已出版档案的利用还是十分不足的,对北京协和医院档案馆保存的近十万份个案记录的研究也有待进一步深入展开。

(二)其他医院社会服务部研究

2012 年,高鹏程运用新发现的一手史料,著文首次对南京鼓楼医院、南京中央医院、山东齐鲁医院的社会服务部进行了初步讨论,并对民国时期医院社会工作的实务特点进行了总结。他认为:民国医疗社会工作起步不晚,但分布不广;以经济救助为主要内容,以个案工作为主要手段;与学校教学实现良性互动。⑨ 但是,文

---

① 张岭泉主编:《北平协和医院社会工作档案选编(1921—1950)》(上、下),河北教育出版社 2014 年。

② 彭秀良:《北平协和医院社会工作实务案例(一):概说》,《中国社会工作》2015 年 1 月(上)。

③ 彭秀良:《北平协和医院社会工作实务案例(二):帮患者解决经济困难》,《中国社会工作》2015 年 2 月(上)。

④ 彭秀良:《北平协和医院社会工作实务案例(三):帮助病人寻找社会资源》,《中国社会工作》2015 年 3 月(上)。

⑤ 彭秀良:《北平协和医院社会工作实务案例(四):劝导病人接受治疗》,《中国社会工作》2015 年 4 月(上)。

⑥ 彭秀良:《北平协和医院社会工作实务案例(五):善后处理》,《中国社会工作》2015 年 5 月(上)。

⑦ 彭秀良:《北平协和医院社会工作实务案例(六):随访工作》,《中国社会工作》2015 年 7 月(上)。

⑧ 张岭泉主编:《北平协和医院社会工作档案选编(1921—1950)·后记》(下),河北教育出版社 2014 年,第 577 页。

⑨ 高鹏程:《民国医疗社会工作述评与当代启示》,《社会工作》2012 年第 4 期。

中认为"建立社会服务部的医院,不少都有着西方背景"的结论是值得商榷的。

王丽的硕士论文《鼓楼医院社会服务事业研究:1892—1951》①,主要运用南京档案馆所保存的档案资料,较全面详细地论述了金陵大学附属鼓楼医院的来龙去脉及其社会服务部的发展历程。

此外,民国时期其他医院社会服务部的社会工作开展情况,研究者曾提及的医院名称有:上海仁济医院、红十字会医院和中山医院、成都华西医院、重庆中央医院和仁济医院、山西汾州医院,等。② 不过,因为研究者仅仅提及上述医院也在民国时期开展过社会工作,但都未展开论证,且未说明资料来源。这些医院是否确实开展了社会服务工作? 具体开展情况如何? 可否形成各自的特色? 等等一系列的问题都值得进一步考证。

(三)医院社会工作先驱研究

民国时期培养的本土社会工作者人数并不多③,但他们仍努力推动着近代中国社会工作的专业化进程。医院社会工作领域,除了开创者浦爱德女士外,著名的还有宋思明、邹玉阶、吴桢、汤铭新、张中堂等,不仅拥有丰富的实务经验,也努力译介西方理论,结合本土实际著书立说,将医院社会工作的理论化推向了新的高度。目前有关研究集中在宋思明与吴桢两人,其余研究笔者尚未见到。

1. 宋思明研究

宋思明 1928 年从燕京大学社会学系毕业后即入北平协和医院社会服务部工作。1934 年由于协和医院神经精神科与北平疯人院合作,改组北平疯人

① 南京大学 2014 年。

② 参见李茹锦:《我国医务社会工作发展初探》,《社会工作》2004 年第 4 期;刘斌志、刘芳:《医务社会工作在和谐医院构建中的使命及角色》,《医院管理论坛》2006 年第 12 期;刘继同:《构建和谐医患关系与医务社会工作的专业使命》,《中国医院管理》2006 年第 3 期;刘继同:《国内外医院社会工作的研究进展与发展趋势》,《中国医院》2008 年第 5 期;郭永松:《医务社会工作职能及其在我国的发展》,《医学与哲学》2009 年第 6 期;李义军:《医务社会工作对疾病治疗康复的介入思考》,《医学与哲学》2009 年第 7 期;姚尚满等:《当前我国医院社会工作探析》,《山西高等学校社会科学学报》2009 年第 10 期;郭雅娟、高丽娜:《医务社会工作初探》,《社科纵横》2009 年第 1 期;吴桢:《漫谈个案工作和个案分析》,《江苏社联通讯》1983 年第 3 期。

③ 林万亿:《当代社会工作:理论与方法》,台湾五南图书出版股份有限公司 2006 年版,第 433 页。

院为北平精神病疗养院,并设社会服务部,宋思明担任首任主任。七七事变爆发后,宋思明南下到红十字会医院从事伤残军人康复社会工作,抗战胜利后任上海伤残重建服务处副主任。40 年代,他受社会部研究室之邀,与同事邹玉阶合作完成了《医院社会工作》①一书,是为我国第一部医院社会工作专著。几乎同时,宋思明又出版了其个人的另一本著作——《精神病之社会的因素与防治》②,为建立神病社会工作体系做出了开创性的贡献。

对宋思明这样一位资深的医务社会工作者进行研究具有重要的学术价值。2011 年,孙志丽在其博士论文《民国时期专业社会工作的发展研究》中,对民国时期医院社会工作部分的论述,实际上只是介绍了民国时期协和医院社会服务部工作人员宋思明和邹玉阶合著的《医院社会工作》一书的内容。这是新中国成立后研究者首次运用此书中内容作为史料,但是将书中所写的"应然的医院社会工作"等同于北平协和医院社会服务部"实然的社会工作",甚至推演到整个民国时期的各地医院的社会工作实务,是不符合历史实际的。论文中"医院社会工作是在民国时期最早成熟的个案社会工作,无论是理论研究还是实务开展都比较成熟"③的结论,也是有待商榷的。2012 年,张孙彪、林楠发表《近代中国医院社会工作的缩影——〈医院社会工作〉》④,介绍了书中所涉及的医院社会工作的理念、实施方法、工作步骤、人才培养等内容,认为书中所倡导的社会治疗理念和个案治疗方法对于构建和谐的医患关系、提高医疗服务质量、增强医疗服务的人文关怀具有历史启示作用。同年彭秀良发表《宋思明的医院社会工作思想》⑤和《宋思明的精神病社会工作》⑥两篇文章,也是分别描述了宋思明的两种著作的内容。2013 年,刘惠新利用《医院社会工作》一书资料,从更广阔视角论述了民国时期医院社会工作以社会建

---

① 宋思明、邹玉阶:《医院社会工作》,重庆中华书局 1944 年版,1946 年再版。

② 宋思明:《精神病之社会的因素与防治》,重庆中华书局 1944 年版。

③ 孙志丽:《民国时期专业社会工作的发展研究》,华东理工大学博士学位论文,2011 年,第 123 页。该论文后结成著作出版,又见孙志丽:《民国时期专业社会工作研究》,人民出版社 2016 年版,第 171 页。

④ 张孙彪、林楠:《近代中国医院社会工作的缩影——〈医院社会工作〉》,《中华医史杂志》2012 年第 4 期。

⑤ 彭秀良:《宋思明的医院社会工作思想》,《中国社会工作》2012 年 11 月(上)。

⑥ 彭秀良:《宋思明的精神病社会工作》,《中国社会工作》2012 年 11 月(下)。

设为伦理定位,力图解决疾病给社会所带来的负担和困扰,进而有效地解决了社会问题。① 事实上,20 世纪 40 年代国民政府开始注重社会建设,此书的出版即是社会部社会行政司主导的产物。2014 年,经彭秀良整理、校订,《医院社会工作》与《精神病之社会的因素与防治》合为一册,以《医院社会工作》为书名重新出版。② 北京大学公共卫生学院的刘继同教授撰写导读,主要从作者生平简介与专业背景、两本书的学术贡献与社会价值、尤其是如何使用两书与两书适用范围三个角度出发,全面介绍和综合评价了两书。刘继同认为,"《医院社会工作》与《精神病之社会的因素与防治》是中国和汉语世界中医务与精神健康社会工作实务的开山、奠基和经典之作,是尘封多年的专业宝藏,是两部无价的宝典。""蕴含丰富多彩和深邃精辟的福利哲学思想、社会理论、福利理论、社会工作理论和社会工作实务理论、实务智慧。""为卫生决策者、医院管理者、医务人员和社会工作者提供了最佳的决策参考、入门读物、基本教材和工作指南,对深化医药卫生体制改革,发展医务社会工作,构建和谐医患关系等均具有重要现实意义。"③可见评价之高! 之后,彭秀良又发表《宋思明:民国时期的医务与精神健康社会工作专家》④一文,补充了宋思明离开协和医院后继续从事伤残康复社会工作的简要情况。

总体上,对宋思明的研究还不是十分深入,无论是人物生平还是著作的分析方面。如有关研究认为宋思明是 1948 年从美国留学回国后从事儿童伤残康复社会工作,而笔者所见材料是 1947 年上海伤残重建服务处成立时,宋思明就被任命为副主任了,服务对象也不仅仅限于伤残儿童。该处的档案保存于上海档案馆。上海解放后,宋思明一度被中华职业教育社推选为全国特殊教育工作者协会筹备会委员,之后任中学教师直至退休。此外宋思明还撰写了多篇与伤残康复社会工作有关的文章,都值得进一步研究。目前关于宋思明的两本著作的研究,要么将文本内容等同于当时开展工作的实际情况,要么

---

① 刘惠新:《民国医院社会工作的伦理定位及践行》,《广东工业大学学报》2013 年第 3 期。
② 宋思明、邹玉阶:《医院社会工作》,河北教育出版社 2014 年版。
③ 见宋思明、邹玉阶:《医院社会工作·导读》,河北教育出版社 2014 年版,第 8,9 页;又见刘继同:《中国本土医务社会工作实务的历史智慧与当代意涵》,《社会福利(理论版)》2014 年第 9 期。
④ 《中国社会工作》2016 年 2 月(上)。

仅就文本内容进行复述,要么以当下的眼光评价其价值,这都不是客观的研究方式。实际上,我们要客观地分析宋思明著作中所蕴含的"福利哲学思想、社会理论、福利理论、社会工作理论和社会工作实务理论、实务智慧",必须将之置于实际的历史场景中,考察他的社会思想的时代背景,他的社会工作理论和实务方法对国外的借鉴,以及他对本土经验总结的情况,从而得出中肯的结论。

2. 吴桢研究

吴桢(1911—2003 年),江苏仪征人,1933 年上海沪江大学社会系毕业;1934—1941 年任北平协和医院社会服务部社会服务工作人员、监督员;1941—1944 年任重庆中央卫生实验院社会工作室主任兼沙磁卫生实验区社会工作室主任;1944—1949 年历任成都华西大学、南京金陵女子文理学院、金陵大学社会学系及社会福利行政系副教授、教授。① 在 20 世纪上半叶,吴桢还发表了系列文章宣传社会工作专业,译介了西方最新的医院社会工作专业书籍,推进了我国医院社会工作的理论建设,同时他也反思西方社会工作理论在我国的适用性,探索社会工作本土化道路。但是,目前关于吴桢先生的专门研究只有一篇短小的介绍性文章。②

综上所述,学术界对民国时期我国医院社会工作的研究尚存在以下不足之处:(一)研究广度不够,研究成果呈现出畸重畸轻的现象,即对北平协和医院的研究相对成熟,而对其他医院的社会服务情况的研究还十分薄弱,一些重要医院社会工作领域如本土民间慈善医院、精神病院、康复医院等被忽视,因而不能全窥民国时期医院社会工作的全貌。除了宋思明与吴桢外,其他对民国时期医院社会工作做出贡献的包括医院社会服务部人员、大学社会学系教师及医院医生,如邹玉阶、周励秋、喻兆明、汤铭新、程玉麐、丁瓒等,相关研究几乎阙如。(二)研究深度欠缺,如史料挖掘不足,一些文章内容存在互相矛盾之处,因未说明史料来源而导致史实更加模糊,尚需进一步考证。例如:已有对北平协和医院社会服务部的研究侧重于浦爱德主持服务部时期,1938 年

---

① 吴桢:《我在协和医院社会服务部》,政协北京市委员会文史资料研究委员会编《话说老协和》,中国文史出版社 1987 年版,第 374 页。

② 彭秀良:《吴桢的社会工作人生》,《中国社会工作》2016 年 6 月(上)。

之后的研究十分薄弱;怀幼会和救济部实际上是独立的,研究者却普遍认为从属于服务部;已有研究认为早期医学院的"宗教与社会服务部"被服务部取代,实际上两者长期并存;已有研究认为宋思明1948年从美国留学回国后从事儿童伤残康复社会工作,而档案显示并非如此;关于宋思明著作的研究,或将文本应然内容等同于实际情况,或以当下的眼光评价其价值,均非客观的研究;等等。(三)研究中注重提炼本土化经验,而国际视角欠缺。我们知道,民国时期社会工作的产生是西方引进的结果,并非土生土长的产物,因而不可避免地带有较强的西方化的色彩,尤其受美国的影响巨大,很大程度上表现为对美国社会工作发展的亦步亦趋。因而,加强对美国近百年医疗社会工作的发展变迁的研究,可以更好地解释近代中国医疗社会工作的特征。

总之,要全面深入地研究民国时期医院社会工作的历史,尚需学界进一步挖掘历史资料,并结合当时的西方国家的医务社会工作的发展脉络,进行更加深入的研究。

三、研究内容与方法

(一)研究内容

在继承学界已有研究成果的基础上,进一步搜集新的史料充实有关北平协和医院社会服务部的研究以外,还将力图反映民国时期医院社会工作的全景。具体地,本书主要包括以下内容:

具有西方教会背景的医院社会工作研究。较著名的有南京的鼓楼医院、济南的齐鲁医院、上海的仁济医院、成都的华西协和医院、湖州的福音医院等。这些医院社会工作开展的背景,一方面源于宗教的慈善传统,另一方面也与教会大学的社会工作人才的培养密切相关。

公立医院的社会工作研究。南京中央医院、天津中央医院、重庆中央医院、红十字会总医院、上海中山医院、上海澄衷肺结核医院、上海公济医院等,都在政府的推动下开展了社会工作,且具有一定的示范效应。

民间慈善医院的社会工作研究。民间慈善医院源于传统的施医给药,在近代文明的浸染下,以"救人救彻"为目的,也引入了社会服务部的建制。如世界红卍字会医院、上海四明医院、定海福仁医院等。

精神病院的社会工作研究。北平协和医学院在 1928 年设立神经精神科后,改组北平疯人院为实习医院,从而开启了我国精神病院社会工作的先河。20 世纪 30 年代心理卫生运动兴起,社会工作者与精神科医生、心理学家合作,在预防精神疾病、矫正有行为问题儿童方面也取得了明显成效。他们的合作又催生了南京精神病防治院社会服务部的诞生,从而将精神病院社会工作推向更高的水平。

伤残康复医院的社会工作研究。民国时期战争连连,尤其是长期抗战造成大量伤残军人和民众,伤残康复社会工作在西方的影响下顺势兴起。除战时伤残军人医院外,复员时期国民党政府又在各地建立荣军医院、康复院、伤残康复服务处等。在这些机构中,社会工作专门人才运用个案工作方法进行服务,从而开拓了医院社会工作的新领域。

医院社会工作的先行者研究。笔者选取民国时期长期从事医疗社会工作实务、教学和研究的资深人士宋思明、吴桢作为典型个案,通过描画他们的职业历程,全面反映近代医院社会工作者的职业追求、开拓和创新,进而评价他们的历史贡献。

最后,总结民国时期我国医院社会工作所取得的成绩,探讨阻碍医院社会工作专业化发展的客观原因。

（二）研究思路与方法

本研究属于学科交叉研究,在研究思路和方法上力求把历史学、社会工作理论和方法结合起来进行综合研究。

首先,运用史学的实证研究方法,通过对史料的广泛搜集、考订、爬梳和归纳,展现我国医院社会工作实践的发展历史,力求每个结论都有坚实的史料基础。

其次,基于社会工作学科视角,分析近代医务社会工作的理论基础、工作伦理、工作方法、实务领域、社工培养等内容,总结其具有普遍意义的理论和实务经验。

第一章　北平协和医院社会服务部

第一节　社会服务部的成立

一、北平协和医学院的来历

19世纪后期,外国教会在中国各地陆续办起医院,将西方新医学引进中国。1861年英国伦敦会在北京东单牌楼北双旗杆地方开办一所施医院(又名"双旗杆医院"),对所有患者一视同仁,在京城建立了良好的信誉。40年后,1904年7月8日在施医院就职的英国医生科龄(Ihos.Cochrane)倡议在北京建立一所高等西医学院——北京协和医学堂,专门教授中国生徒,研究医理。倡议一经提出,当即得到清政府的鼎力扶持,特别批准"赏给英国医士科龄所建医学堂一万两",一些王公大臣也纷纷解囊相助,共募集到社会各界捐款1200两。1905年底,一座引人注目的西式教学大楼在北京东单牌楼北石牌坊落成。① 1906年,伦敦会与英国、美国其他五个教会合作开办"协和医学堂",即协和医学院的前身。

到1915年,北京协和医学堂由于经费紧缺,计划变卖所有权。此时美国洛克菲勒基金会决定资助中国的医学教育事业,在经过了几次调研之后,1915年6月洛克菲勒基金会收购了北京协和医学堂的全部财产,改名为"协和医学院",包括附属协和医院。后洛克菲勒基金会又收购了北京东单三条豫王

---

① 外务部全宗938卷,中国第一历史档案馆。转引自王玲:《北京协和医学堂的创建》,《历史档案》2004年第3期。

府全部房地产,在其原址上建造了一片气势恢宏的具有浓郁东方艺术特色的建筑群,用以扩大北京协和医学堂的规模,1917 年新校舍落成。

二、医院社会服务部的成立

洛克菲勒基金会对北平协和医学院的建设深受《弗莱克斯纳报告》(Flexner Report)①的影响,并参照了约翰·霍布金斯医学院的标准。弗莱克斯纳(A. Flexner)和约翰·霍布金斯医院时任院长威廉·亨利·韦尔奇(William Henry Welch)都是洛克菲勒 1915 年派出的第三次来中国的教育考察团成员,弗莱克斯纳还担任了洛克菲勒医学研究所所长一职。② 他们给协和医学院设立了高标准,"目标是建立一个与欧洲、美洲同样好的医学院,具有优秀的教师队伍、装备精良的实验室、高水平的教学医院和护士学校。"③约翰·霍布金斯医学院可谓美国医学教育史上的典范,其附属医院 1907 年设立了社会服务部,使医院社会工作作为一个职业的重要性获得了承认。④ 而且,1915 年美国医疗机构改革时提出的医院准入标准有五条,其中包括医院要建立"社会服务部",任何一个医院如果只是设备精良、管理先进、医疗水平高,而没有社会服务部的位置,就不能称为一流的医院。到北京协和医院成立之前,医药社会工作已成为美国医学院附属医院的必要组成部分。⑤ 因而 1921

---

① 20 世纪初,美国普林斯顿大学校长亚伯拉罕·弗莱克斯纳教授接受卡内基教学促进基金会的委托,调查美国医学教育情况。1910 年,弗莱克斯纳发表《美国和加拿大的医学教育:致卡内基基金会关于教育改革的报告》。报告揭露了当时医学院令人震惊的教学条件,长期以来很多带有商业性质的学校通过大量广告招收培养了过多没有接受良好训练的医生。同时,弗莱克斯纳向美国医学院协会提出有关医学教学方案的建议,促使美国医学教育开始走向标准化和正规化,宣告了整个美国现代医学教育的开始。(参见洪一江、曾诚:《弗莱克斯纳报告及其对美国医学教育的影响》,《医学与哲学》2008 年第 2 期。)

② [美]约翰·齐默而曼·鲍尔斯著:《中国宫殿里的西方医学》,蒋育红等译,中国协和医科大学出版社 2014 年版,第 2 页。

③ 讴歌编著:《协和医事》,生活·读书·新知三联书店 2007 年版,第 16 页。

④ JHH. Social Work History at Johns Hopkins Hospital, 2015 年 7 月 21 日,见 http://www.hopkinsmedicine. org/socialwork/medsurg/about/。

⑤ Marjorie King. "The Department of Social Service at the Peking Union Medical Hospital, 1920–1937", 2013 年 9 月 9 日,见 http://www. amstudy. hku. hk/news/treatyports2011/files/marjorieking. pdf。

年北平协和医院开诊时,社会服务部也同时成立。

洛克菲勒基金会在协和医院社会服务部的人员选聘问题上出现了分歧,原因是宗教因素。之前伦敦传道会所属的协和医学堂有着浓厚的基督教血统,洛克菲勒基金会之所以没有从头新建一所学校,而是买下协和医学堂,也是觉得"这些传教组织所创造的开端(按:即医学传教)值得赞誉",不应该轻易放弃。① 事实上洛克菲勒基金会从一开始对它计划在华捐资新建的医学院校的定位即是一所基督教跨教派(non-denominational)大学。洛克菲勒二世(John Davison Rockefeller)本人亦是一名虔诚的浸信会教徒,他希望协和医学院同时也能够在传教方面做出贡献,他在信中提到医学院的教员应当选择那些"对教会精神与使命抱有同感的"。② 1921 年的开学典礼上,洛克菲勒二世再次重申与教会诚挚合作的观点:"完全赞同教会的精神和目的,我们渴望尽可能彻底地将其贯彻下去,就如同坚持维护医学院的最高科学标准和医院要提供最好的服务一样。"③

之前的协和医学堂附属医院里也一直雇用"福音传播者"穿梭于医院病房和门诊之间,在患者中传播福音,而且还聘任一名"宗教主任",职责包括"与学校及医院有关的社会服务工作"。该医院被洛克菲勒基金会接管后,1917 年飞利浦·斯沃茨(Philip Swartz)神父接任该项工作,担任协和医学院的宗教和社会工作部(Department of Religious and Social Work)主任,职责是管理机构的宗教生活。斯沃兹和洛克菲勒二世都倾向于赋予医院社会服务一定的宗教属性。随着医院新病房和门诊量的增加,急需一名受过培训的医学社会工作者参与。关于社会工作者的选聘,斯沃兹提出宗教与社会工作部的首席社工除了具有专业素养,能够科学、有效地开展社会服务工作外,还应该把自己当作一个"传教士","通过宗教训练来恢复医院中病人

---

① China Medical Commission of the Rockfeller Foundation, Medicine in China, p.45.转引自[美]约翰·齐默而曼·鲍尔斯:《中国宫殿里的西方医学》,蒋育红等译,中国协和医科大学出版社 2014 年版,第 13 页。

② Mary E.Documents,转引自[美]约翰·齐默而曼·鲍尔斯:《中国宫殿里的西方医学》,蒋育红等译,中国协和医科大学出版社 2014 年版,第 53 页。

③ [美]福梅龄:《美国中华医学基金会和北京协和医学院》,闫海英、蒋育红译,中国协和医科大学出版社 2014 年版,第 84 页。

的正常人格。"①

1920 年 2 月,浦爱德(Ida pruitt)成为宗教与社会工作部的雇员,身份是"社会服务工作者"。当洛克菲勒基金会选择浦爱德作为首位医务社工时,他们格外看重她的宗教背景:19 世纪在华传教士的女儿、南浸礼会教友。他们希望浦爱德可以成为一个联通俗世、宗教手段的桥梁般的角色。② 但是,专业性和宗教性的分离是必然趋势。基督教服务理想确实是医务社会工作的基础之一,但它应该有自己的专业性。当时美国学界已经达成通识,社会服务部应该处于医院的直接行政管理之下。洛克菲勒基金会的大部分领导成员以及浦爱德的老师、美国医务社会工作的鼻祖之一艾达·坎农(Ida Cannon)都反对斯沃兹的提议。坎农在很早就意识到了这一点,并在她的领域里极力捍卫医务社会工作的专业性。后来也正是坎农捍卫了北平协和医院医务社会工作的专业地位,认为应从宗教和社会工作部中独立出来,洛克菲勒基金会的管理者们最后也都反对斯沃茨的主张。③ 最终,协和医院从事医院社会工作的专业属性被确定下来,并直属于医院行政管理,不受洛克菲勒基金会宗教及社会工作部的干涉。④ 在理查德·皮尔斯⑤和胡恒德(Henry Haughton)⑥的强烈建议下,浦爱德被调到了医院。在以后 18 年的岁月里,她开创了中国医学社会工作的先河,在协和医院组建了一个效率很高的部门。⑦ 因此,北平协和医院

---

① Marjorie King."The department of social service at the Peking Union Medical Hospital, 1920-1937",2013 年 9 月 9 日,见 http://www.amstudy.hku.hk/news/treatyports2011/marjorieking. html。

② Marjorie King.*China's American Daughter:Ida Pruitt(1888-1985)*.Hong Kong:The Chinese University of Hong Kong,2006,p.50.

③ Marjorie King.*Missionary Mother and Radical Daughter:Anna and Ida Pruitt*,Temple University,1985,p.255.

④ Marjorie King."The department of social service at the Peking Union Medical Hospital, 1920-1937",2013 年 9 月 9 日,见 http://www.amstudy.hku.hk/news/treatyports2011/marjorieking. html。

⑤ 1920—1921 年北平协和医学院代理校长。

⑥ 1921—1928 年北平协和医学院代校长、1937—1946 年代理校长。

⑦ [美]福梅龄:《美国中华医学基金会和北京协和医学院》,闫海英、蒋育红译,中国协和医科大学出版社 2014 年版,第 84—85 页。

1921 年成立的是一个完全独立的社会服务部。①

三、首任主任浦爱德

浦爱德(1888—1985),出生于山东省黄县(即今天的山东省龙口市),父母都是美国浸礼会的传教士,很早就来到了中国。浦爱德先后由两个中国保姆带到 12 岁,耳濡目染中对中国乡土文化的认知和认同甚至在某种程度上超过了美国文化。② 由于从小就和中国孩子一起玩耍,浦爱德的山东话讲得和当地人一样好,以至于几十年后人们还能从她流利的北平话中听出山东口音。③

浦爱德从小在烟台的教会学校上学,直到 18 岁时赴美,1906—1909 年在考克斯学院完成她的大学教育,主修文学;④1909—1910 年就读于哥伦比亚大学教育研究生院,主修 19 世纪文学,还学习了慈善课程,并作为纽约慈善学院(即现在的纽约社会工作学院)的一分子,她参观了警察法庭、埃利斯岛、工厂和老陵监狱。同时,她还在 1910 年成为一个贫民窟孩子们的营地辅导员,也生平第一次感染了头虱。⑤ 一年后因学费中断,浦爱德开始在美国谋职。她得到了在纽约多布斯费里(Dobbs Ferry)的圣克里斯托佛孤儿院(St. Christopher's Orphanage)的教职,1910—1911 年间她教三、四年级课程。正当学校要求她次年继续工作时,她的弟弟约翰不幸因病在美去世,于是浦爱德决定回到中国,代替弟弟履行海外服务的职责,以安慰在华父母的丧子之痛。⑥ 1912 年浦爱德重返中国后执教于美南浸信会创办的烟台卫灵女校(Wai Ling

---

① 宗教与社会服务部主任斯沃茨重新制订了工作范围:包括学生工作、医院福音传播工作、学校周日礼拜活动以及学生体育课和各种文娱活动。医学社会服务转到了医院,但该部名称未变,仍为"宗教与社会服务部"。1924 年,中国人朱友渔接替了这一职位,直到 1932 年,1933 年美国基督教青年会的秘书海斯接任,任期两年。(参见[美]福梅龄:《美国中华医学基金会和北京协和医学院》,闫海英、蒋育红译,中国协和医科大学出版社 2014 年版,第 85—93 页。)

② John K.Fairbank, *A China Childhood Foreword*, Beijing: Foreign Languages Press, 2003, p.xiii.

③ Marjorie King, *China's American Daughter: Ida Pruitt(1888-1985)*, Hong Kong: The Chinese University Press, 2006, p.ix.

④ Ibid, pp.36-38.

⑤ Ibid, p.39.

⑥ Ibid, p.40.

School for Girls），出任该校第三任校长。1912—1918 年,浦爱德在烟台与家人生活在一起。她跟着父亲的语言老师学北京话（Mandarin,按:即后来的普通话）,学习中国人的思维方式,并整理了她从小基于中国思维方式和基督教信条,形成了她的成人认同。在这里,她很少接触美国的现代模式的生活,也很少受到中国政治风云的影响,仿佛世外桃源一般。母亲对浦爱德的婚姻日益焦虑,不停地介绍教会中的男子给女儿认识。但是,浦爱德表示她对中国男子更有好感,这大大出乎了家人的预料,因为在意识层面,中国人与美国人不可能谈情说爱的。但是,浦爱德在潜意识里心仪中国男子,已经成为她对传统中国和她的人民的一种深深的爱。[1] 由于与母亲意见不同,使浦爱德陷入了深深的痛苦之中。1918 年,浦爱德再次返回美国,在费城照顾两个上学的弟弟,同时到费城慈善组织会社服务大约 1 年,成为一名社会工作"初学者"[2]。

　　1919 年春,浦爱德获悉洛克菲勒基金会正在招聘北平协和医院社会工作者后,便提交了应聘申请。浦爱德既懂汉语,又从事过社会工作实务,本该是非常合适的人选,但洛克菲勒基金会并没有通过对她的聘任,认为她没有接受过正规的社会工作训练且缺乏医务社会工作经验。当年 10 月得知洛克菲勒基金会仍没有寻找到更合适的人选时,浦爱德再次提交了应聘申请。1920 年2 月,北平协和医学院首任院长富兰克林·钱伯斯·麦克林（Franklin Chambers McLean,1888—1968）亲自批准了对浦爱德的聘任。浦爱德得以获聘的关键因素是麦克林注意到了她曾经的教会教师的工作经历和美南浸信会传教士女儿的家庭身世。她的宗教背景、对中国文化的了解和社会工作实践经历,使她最终被洛克菲勒基金会所选择。因为缺乏专业系统的医务社会工作训练,1920 年浦爱德被派往医院社会工作的发源地——美国麻省总医院工作一年,师从著名的医院社会工作先驱艾达·坎农（Ida Cannon）女士。因此,尽管浦爱德在北京协和医院的社会工作有自己的风格,但仍在很大程度上是

　　① Marjorie King,*China's American Daughter:Ida Pruitt(1888-1985)* , Hong Kong:The Chinese University Press,2006,p.41.

　　② Marjorie King."The Department of Social Service at the Peking Union Medical Hospital, 1920-1937",2013 年 9 月 9 日,见 http://www.amstudy.hku.hk/news/treatyports2011/files/marjorieking.pdf。

坎农和卡伯特二人的"重复"。①

1921 年 5 月浦爱德着手招募社会服务部的社工人员,开始了她的医务社会工作职业生涯,一直到 1939 年结束,前后达 18 年之久。该部不仅是国内创办最早,也是办得最好的医院社会工作部。社会学教授言心哲评价道:"国内各大医院中有社会服务一部者颇多,例如前上海之中山医院,上海之中国红十字会医院,南京之鼓楼医院,重庆之宽仁医院及北平之协和医院等,其中以北平之协和医院办理较有成绩。"②

浦爱德本人尽管从未否定自身的宗教背景,却未在自己的职业目标中加入传教士这一身份。她在社会服务部的年度报告中写道"社会工作存在的主要意义与医生或医院的其他分支一样,是照顾病患,研究并消除引起疾病的因素",而来自大学社会学系的学生经过医务社会工作的专门训练后是最为合适的医务社工。③ 民国时期的医院社会工作实务取得的成就源于中西力量的共同努力,毋庸讳言,最初与近代西方教会的文化传播难以分开。然而民国医院社会工作已不再是传播宗教的工具,而是演变为近代世俗化的社会事业。这在一定程度上与医院社会工作创始人浦爱德的中国文化取向和对社会工作专业性的坚持有关。④

第二节　社会服务部的组织发展

一、工作人员数量的增加

协和医院社会服务部于 1921 年 5 月正式成立,到 1952 年被撤销为止,其

---

① Marjorie King. "The Department of Social Service at the Peking Union Medical Hospital, 1920-1937", 2013 年 9 月 9 日, 见 http://www.amstudy.hku.hk/news/treatyports2011/files/marjorieking.pdf。

② 言心哲:《现代社会事业》,上海商务印书馆 1946 年版,第 296 页。

③ [美]Ida Pruitt 著,甄橙、刘继同校审:《北平协和医院社会服务部 1927—1929 年度报告》,谷晓阳译,《社会福利(理论版)》2014 年第 5 期。

④ King Marjorie. *China's American Daughter：Ida Pruitt(1888-1985)*. Hong Kong：The Chinese University of Hong Kong, 2006：pp.50-51.

历史进程可以大致分为四个阶段：草创期（1921—1928 年）、扩大期（1928—1937 年）、萎缩期（1937—1941 年）和恢复期（1948 年 5 月以后）。[①] 可以说在浦爱德的主持下，协和医院社会服务部发展到了它的顶峰，首先表现在工作人员的扩充方面。

最早与浦爱德一起在协和医院社会服务部工作的有两人，一位是王之明，比浦爱德还稍早一些来到服务部工作，满族人，毕业于蒙藏事务学校（School of Mongolian and Tibetan Affairs），对北京非常熟悉，也对中国北方包括内蒙古和西藏地区的风俗习惯十分了解。另一位是早年浦爱德在烟台卫灵女校任校长时的同事，她生长于中国农村，但通过教会学校了解了许多新事物，浦爱德很看重她对中国大众习俗和常识的了解。[②] 起初的两年，社会服务部是试验性质的，后因成效明显，规模日益扩大。工作人员的素质要求也提高了，各大学社会学系的毕业生得以入职，主要是来自燕京大学社会学系的学生，因为地理位置与协和医院接近，上海大学、金陵大学、清华大学和齐鲁大学的学生也加入到社会服务部的工作中。至 1929—1930 年社会服务部已有工作人员 14 人，具体见表 1-1。

表 1-1　1929—1930 年协和医院社会服务部员工名单

序号	职务	岗位职责	姓名	性别	教育背景	学位	获学位时间	工作经历
1	主任	部门督导 训练新社工 燕京大学讲师 寻亲会、婴儿及外国人协会、妇女救助委员会成员	浦爱德	女	哥伦比亚大学教育学院	理学学士	1910	1918 年 10 月—1920 年 1 月，费城家庭协会 1920 年 1 月—1921 年 1 月，波士顿麻省总医院 1926 年 9—12 月，纽约长老会医院 1921 年 5 月—，北平协和医院

---

① 参见陈洁:《平津两个医院社会服务部的调查》,燕京大学社会学系学士毕业论文,1949年,第22—26页。

② King Marjorie.*China's American Daughter:Ida Pruitt(1888-1985)*.Hong Kong:The Chinese University of Hong Kong,2006,p.65.

续表

序号	职务	岗位职责	姓名	性别	教育背景	学位	获学位时间	工作经历
2	助理	1927 年 9 月一,督导和教育新社工为公共卫生护士授课神经科门诊及病房个案工作	周励秋	女	上海大学 燕京大学社会学系研究生一年级	文学学士	1926 1928—1929	1921 年 9 月 8 日—1922 年 2 月 16 日,1922 年 7 月 11 日—1923 年 9 月 8 日,1926 年 7 月 1 日—1927 年 2 月 28 日,北平协和医院
3	助理	结核病门诊社会服务部行政管理助理	于汝麒	女	燕京大学纽约社会工作学院访问学者	文学学士	1926 1930.2	1926 年一,北平协和医院
4	助理	妇科、产科门诊和病房	朱曦	女	天津 Keen 学校俄亥俄,牛津,西部学院纽约社会工作学院		1923 1927 1927—1928	1929 年一,北平协和医院
5	助理	儿科门诊和内科病房 H-III 的个案工作	钱长本	女	上海中西女塾兰道夫马肯学院纽约社会工作学院	文学学士	1925 1928 1928—1929	1929 年,北平协和医院
6	助理	女外科门诊和 G-III、H-III 病房个案工作女调养院接待员	陶玲	女	中国家庭教育布里奇曼学院毕业燕京大学在 T.Holyoke 的研究生工作哥伦比亚大学	文学学士 理学学士	1919 1923 1923—1925 1926	1926—1927 年,基督教女青年会秘书1927—1929 年,基督教女青年会总秘书1930 年 1 月,北平协和医院
7	助理	女性门诊与内科病房 G-III 梅毒门诊随时待命	林淑云	女	福州育英学校上海圣玛利医院芝加哥培训学校		1910—1912 1912—1916 1918.1—1920.10	1920—1925 年,基督教女青年秘书1925 年 1 月—1930 年 1 月,福音传道社会工作与幼儿教育
8	个案员	男科门诊,H-II 病区和门诊的医疗随访	李恩芙	女	燕京大学	文学学士	1927	1927 年一,北平协和医院
9	个案员	眼科门诊及病房耳鼻喉门诊及病房公共卫生,每周 2 个下午	凌廉贞	女	山东滕州文汇中学燕京大学	文学学士	1920 1925	1925—1928 年,文汇中学教师1928 年 3 月,北平协和医院

续表

序号	职务	岗位职责	姓名	性别	教育背景	学位	获学位时间	工作经历
10	个案员	结核病门诊和病房于汝麒女士离职后，接替其工作	高秀梅	女	燕京大学	文学学士	1925	1925—1926 年，北平布里奇曼学院教学 1926—1929 年，天津 Murray 女子学校 1929 年—，北平协和医院
11	个案员	梅毒门诊	邹玉阶	男	岳州 Huping 学院 燕京大学	文学学士 神学学士	1921 1925	1928 年—，北平协和医院
12	个案员	普通外科门诊及 G-II 病房 男调养院接待员	宋思明	男	燕京大学	文学学士	1928	1928 年—，北平协和医院
13	个案员	内科门诊、H-I 病房和心脏门诊	白端	男	燕京大学	文学学士	1929	1929 年—，北平协和医院
14	个案员	骨科、普通外科、泌尿外科门诊和 G-I 病房	王子明	男	中文教育			1921 年 5 月—，北平协和医院

资料来源：［美］Ida Pruitt 著，甄橙、刘继同校审：《北平协和医院社会服务部 1927—1929 年度报告》，谷晓阳译，《社会福利（理论版）》2014 年第 5 期。

 此外，在社会服务部工作的还有 8 位办事员，即 1 位秘书、2 名打字员、1 名俄语翻译、1 名中文书记员、2 位车夫和 1 位收发员。① 可以说，社会服务部的组织就绪是在 1929 年到 1930 年，这时社会工作人员开始分往门诊处和各科病房服务。"凡门诊处之各科如外科、小儿科、痨病科、花柳科、心脏科、正骨等科，皆有本部职员常川招待。此外，在各该科之病室供职者并兼任门诊处各科招待事宜。"② 到 1938 年，浦爱德已经将社会服务部扩大为拥有 10 名男性、24 名女性工作人员的机构，其中包括两名俄国翻译。③ 到 1939 年发展到

---

① ［美］Ida Pruitt 著，甄橙、刘继同校审：《北平协和医院社会服务部 1927—1929 年度报告》，谷晓阳译，《社会福利（理论版）》2014 年第 5 期。
② 《北平协和医院第二十二次报告书》，1930 年印刷，第 59 页。
③ King Marjorie.*China's American Daughter：Ida Pruitt*(*1888-1985*). Hong Kong：The Chinese University of Hong Kong, 2006, p.65.

最高峰,每个医疗室都有一两位社工人员,①"中国内只有这一处的社会部
(按:指社会服务部),其规模有如此之大"②。

二、工作人员素质的提升

医务社会工作是一个全新的领域,与坎农当初在麻省总医院社会服务部
面临的情形相似,浦爱德最初也没有现成的社工人员可用,发现仅有的经过训
练的社会工作者是基督教女青年会的几个秘书人员,接受的是团体工作训练
而非她要在北平协和医院开始开展的个案工作。③ 因此,浦爱德只能自己培
训所需的医院社会工作人员,协和医院社会服务部创立之初的工作人员都只
有中学学历,为了提升社会服务部的业务水平,浦爱德向医护人员宣传个案工
作的重要性,亲自做病人的个案工作、做家访等等。④

随着 20 世纪 20 年代国内大学社会学系的增多,社会服务部开始招收大
学毕业生。然而,当时的大学生们大都来自富裕之家,醉心于学习西方新的社
会模式。浦爱德把北京看作是一个交叠着帝制和满族风格影响的大乡村,而
不是类似美国城市的大都市,她希望学生们能理解这种社会结构和传统中国
乡村,因而在选择社会服务部社工时,注重对方对传统中国农村结构的理解,
倾向于选择那些来自普通家庭的学生。除了一个学生外,中等收入家庭出身
的学生被挑选到社会服务部,因为他们可以从他们的家庭和邻里那里获得经
验,从而能更好地理解贫苦之人。⑤

在理念上,浦爱德在认为"社会工作者的角色"如下:

---

① 张中堂:《社会服务部二十年》,政协北京市委员会文史资料研究委员会编:《话说老协
和》,中国文史出版社 1987 年版,第 365 页。
② 许烺光:《介绍北平协和医院社会服务部的工作(续)》,《益世报·社会服务版》1937 年
2 月 16 日。
③ Marjorie King.*Missionary Mother and Radical Daughter:Anna and Ida Pruitt*,Temple Univer-
sity,1985,p.265.
④ 吴桢:《漫谈个案工作和个案分析》,《江苏社联通讯》1983 年第 3 期。
⑤ King Marjorie.*China's American Daughter:Ida Pruitt(1888-1985)*.Hong Kong:The Chinese
University of Hong Kong,2006,p.66.

我们这里所说的现代社会工作者的角色不是纯粹的救济者。我们的世界纷繁复杂、多姿多彩。社会工作者承担社会改造者和适应者的角色。所有的社会工作者都要处理个人面临的问题,或是为了个人的福利而制订服务计划。社会工作者的工作就是发现困难与麻烦,促使这个世界适应我们的服务对象,或者促使我们的服务对象适应这个世界。社会工作者有一种观点,有一套知识体系,有一种技术。

社会工作的知识体系就是理解人的需要(这是我们工作中最困难的部分),以及了解在个人或社区层面上有什么资源能够满足这些需要的知识体系。社会工作的技术就是研究:A. 个体,这是通过以下方式进行的:1. 对服务对象及其家庭成员、朋友、雇主等人的个人访问。2. 来自专家的报告,例如医生对他的身体或精神健康状况的诊断报告,心理学家对他智力的测试报告等。为了既了解个体面临的问题,又知道他周围有什么资源可以利用以解决这些问题,我们认为这样做是十分必要的。B. 研究家庭和社区,以便了解家庭和社区当中有什么资源可以用来解决服务对象面临的问题。①

学生社会工作者一旦被选中,就会在工作中被培训。社会服务部的培训是“师傅带徒弟制度”,即以社会工作督导形式展开的,“给每位学生分配少量的个案工作量,而且通过与高资历的个案工作者和督导员一起讨论来悉心督导这个学生”。最初设定的期限一般为三年。根据浦爱德的描述,“绝大多数学生都会在大致相同的时间里经历一个或多或少有些相似的周期。学生在前6个月里都很愉快,他们每一分钟都会学到一些新鲜的东西,每天都会遇到一些新奇的经历。但是,第二个6个月通常是令人沮丧的时期,这些学生变得非常强壮,但是通往出口的道路由于杂草众生而被堵塞了。假如社会工作者能够坚持下去并度过这个时期,在第二年他就能在督导者的督导下从事优秀的常规工作,在第三年里他就能独立工作了。到第三年结束时,他就能在我们自

---

① [美]浦爱德著,刘继同校:《医务社会工作者:他们的工作与专业训练》,唐佳其译,《社会工作》2008 年第 4 期(下)。

己的机构或其他地方制定和实施新的服务项目了。"①

浦爱德除了一周两次讲座外,还亲自组织每天部分工作人员参加的例会。② 在各部门和各小组中,也有一些会议和一定数量的讲座。"每星期二上午8时至9时是全体社工人员例会时间,有时是讨论问题,互相交流经验,由主任主持;有时是请各科大夫讲课,如王大同大夫讲外科学,刘士豪大夫讲内科学,雷门大夫讲精神病学……燕京大学社会学系吴文藻教授还来讲过社会学。主任也在这个时间讲社会服务理论。在讨论问题时,有时发生激烈争论,最后由主任提出决定意见。"③

协和社会服务部对员工培训的重视,也得到该部员工的高度认可。如许烺光就认为"要真真成为一个可以算作有眼光与技术,能独立作一个比较好点的个案服务员,他必须是大学毕业,经过至少三年的毕业后个案工作训练,并兼富于理解力的人。"④吴桢回忆说:

> 我在社会部工作的六年中,有个很深的感受,就是它在培养教育社工人员方面抓得很紧,很得力。社会部安排社工人员定期听生理学、解剖学等医学院的基础课。社会部每周举行一次个案分析讨论会,每个社工人员都要上讲台介绍自己的一个有深度的个案。然后由大家进行讨论,提出各自的意见与建议。效果良好,比我在沪江大学上的个案工作课生动活泼得多。社工人员都很好学,学习气氛较浓,求知欲也很强,相互之间团结友爱,亲如一家。
>
> 记得我在讲台上介绍的一个个案,有一个自杀者的案例。案主是住在西郊的一个中年农妇。她因丈夫遗弃她,儿子不肯赡养她,愤而刎颈自

---

① [美]浦爱德著,刘继同校:《医务社会工作者:他们的工作与专业训练》,唐佳其译,《社会工作》2008年第4期(下)。

② King Marjorie.*China's American Daughter:Ida Pruitt(1888-1985)*.Hong Kong:The Chinese University of Hong Kong,2006,p.66.

③ 张中堂:《社会服务部二十年》,政协北京市委员会文史资料研究委员会编:《话说老协和》,中国文史出版社1987年版,第363页。

④ 许烺光:《介绍北平协和医院社会服务部的工作(续)》,《益世报·社会服务版》1937年2月18日。

杀。在医院耳鼻喉科住院动手术后，失音不能讲话，丧失自谋生活的能力，又无家可归。经过大量工作，医院为她配制了银制的人造气管，她能讲话了，我们为她找了个临时工作。这一个案自始至终都是在浦爱德主任的指导下进行的。她给予我的帮助很大，影响很深。其他社工人员也和我一样，都要有个比较深入、比较复杂的个案在监督员的直接指导下，一步步地学着做。这种师傅带徒弟的办法很有效。我在日后教授个案工作这门课时，也采用这种个别辅导的教学法。①

宋思明写道：

当初入医院工作时，对医学名词、一般疾病情形、病人心理之隔阂，深感困难。嗣由于部主任之安排，常请各医科教授讲演，藉以增加许多知识。同时，于每日暇时阅读病案，对凤不熟悉之医药名词，即翻阅医药词典或向主任或医生请益，并于医生巡视病房时随同听讲。于开个案会议时，亦可学习医学术语。医生在外堂及病室检查病人时，著者亦随同看视。因此，对病情亦可逐渐略知其梗概。如是，在五六年后再与医生谈话及谈病案史，已无若何困难。对于疾病，观其病情，即于诊断、治疗、预测获知一二。②

社会服务部人员壮大之后，开始将一线社工直接分派到医院的每一个科室。得益于这一分科制度，每个社工的工作范围缩小，精力可以集中于一处，与该科室医生接触时间增加，彼此更加熟悉，更易于合作，业务能力也得到了更好的提升。社工"专心致力对每个案皆可作彻底的服务，工作亦由被动的转为自动的"③，"医生渐渐习惯与既定的社会工作者讨论问题"④，"某科医生

① 吴桢：《我在协和社会服务部》，载政协北京市委员会文史资料研究委员会编：《话说老协和》，中国文史出版社1987年，第377—378页。
② 宋思明、邹玉阶：《医院社会工作》，重庆中华书局1946年版，第96—97页。
③ 陈洁：《平津两个医院社会服务部的调查》，燕京大学社会学系学士毕业论文，1949年，第24页。
④ ［美］Ida Pruitt著，甄橙、刘继同校审：《北平协和医院社会服务部1927—1929年度报告》，谷晓阳译，《社会福利（理论版）》2014年第5期。

与社会服务员有熟识之机,而易于合作,个案服务员亦可集中精神于一处,而易于收效。"①

除了在协和医院内对社工人员进行培训外,社会服务部还时常派遣员工到国内外专门学校接受更高的教育。到 1930 年时,朱曦和钱长本两人已从美国纽约社会服务专门学校研究回国,林淑云和陶玲两人也曾留学美国,周励秋获得了燕京大学社会服务系硕士学位,于汝麒也于当年从美国纽约社会服务专门学校肄业。②

随着社会服务部工作人员素质的提升,其地位也在医院里得到提高。医院规定,他们可以享受穿白大褂、在医生食堂用饭、用午茶、有病可住头等病房等等跟医生一样优厚的待遇。③ 后来为了与大夫区别开,在白大褂左方小口袋上绣上"S.S."两个英文字母,即"社会服务"的英文缩写。④

三、机构组织结构的完善

社会服务部是医院直属院长办公室管辖的事务部门,它与医院中的其他各科系平行且独立。从人事编制来看,社会服务部最初编制主要设主任一职,其余二人为助理,结构非常简单。随着工作人员逐渐增加,社会服务部的组织结构也趋于完善。据张中堂回忆,鼎盛时期社会服务部的人事编制相当完备,管理层次比较清晰,分工比较明确,运行效率较高,主要包括以下几个层次:

主任:管理全部的工作及编制任务,其职责还包括负责社会服务部对外联络及推广工作,工作人员的指导与管理,以及对新职员的培训指导等工作。

副主任:协助主任办理行政事务,并帮助解决处理病人的问题。

监督员:辅导初级社工人员的工作。

---

① 李槐春:《医院社会服务之功用》,燕京大学社会学系学士毕业论文,1941 年,第 28 页;许烺光:《介绍北平协和医院社会服务部的工作(续)》,《益世报·社会服务版》1937 年 2 月 16 日。

② 《北平协和医院第二十二次报告书》,1930 年印刷,第 59 页。

③ 吴桢:《我在协和医院社会服务部》,载政协北京市委员会文史资料研究委员会编《话说老协和》,中国文史出版社 1987 年版,第 377 页。

④ 张中堂:《社会服务部二十年》,载政协北京市委员会文史资料研究委员会编:《话说老协和》,中国文史出版社 1987 年版,第 366 页。

高级社工人员:可以在一科及病房独立工作。

初级社工人员:在工作有问题时请示监督员。

学员:在监督员指导下学习。

监督员、高级社工人员、初级社工人员和学员都是个案工作员,他们大学社会学或社会工作专业毕业生,在服务部有半年以上的工作经验。

书记:包括中、英文记录员、打字员,该职务专门整理服务部的个案记录、文字材料、票据、书信报告等。[1]

对协和社会服务部的人员结构,吴桢也有如下回忆:

> 社会部的社工人员也有职称等级。社会部的负责人、主任浦爱德,是出生在我国山东省的美国人。副主任于汝麒是燕京大学毕业生,平时我们都亲昵地喊她"于大姐"。以下有若干指导员或称"监督员",在下面依次是高级社工人员、初级社工人员、学员。一般大学毕业生来社会部工作只能被定为学员,经过时间长短不一的实习期,可被定为初级社工人员。社会学系的毕业生评定为初级社工人员的时间要短些,大约三个月即可。[2]

社会服务部刚成立时工作人员很少,只能在服务部办公室工作,服务由私人或机关所介绍来的病人,或由医师介绍来的病人,或自己有所请求的病人。因为当时一些医生对服务部的工作不了解、不重视,往往有很多病人得不到服务部的专业帮助。随着社会服务部人员的发展,工作范围也大大扩展。大约自 1929 年始,除少数特殊情形外,一切普通病房的病人都由社工经过初步晤谈,以确定是否需要服务。在门诊中每个肿瘤科、心脏科、小儿科的病人及家属也都要经过同样手续。[3] 社会服务部开始按科分配社工,使有社会问题的病人,都能及时得到帮助。而且,社会服务部还仿照当时美国一些综合性医院

① 张中堂:《社会服务部二十年》,政协北京市委员会文史资料研究委员会编:《话说老协和》,中国文史出版社 1987 年版,第 364 页。
② 吴桢:《我在协和医院社会服务部》,政协北京市委员会文史资料研究委员会编《话说老协和》,中国文史出版社 1987 年版,第 377 页。
③ 许烺光:《介绍北平协和医院社会服务部的工作(续)》,《益世报·社会服务版》1937 年2 月 16 日。

的做法,分别在住院处、挂号处和门诊处设立专职社会工作人员。这样,各科社工就不用处理病人医药减免费事宜,而能专注于疾病的治疗,实践也证明效果极佳。①

第三节　社会服务部的工作内容

一、医生和病人之间的桥梁

雷洁琼教授在概括北平协和医院社会服务部的工作职能时曾说过这样一段话:

> 病人到医院来看病不是简单地看完病就走了,医院应该了解病人家庭经济状况有没有困难? 能不能交费? 病人能不能和医生配合好? 他相信不相信医生? 吃不吃药? 只有了解了这些情况,医院才能取得比较理想的治疗效果。不然有些病人由于不信任医生,给他药,也许扔掉不吃,也就治不好病。医院了解病人的家庭情况后,对一些经济上有困难的病人,可以根据实际情况适当减免一些费用。对有疑虑的病人做好思想工作,使他们接受医生的治疗方案。②

社会服务部的主要职责是沟通医生和病人的关系,并且把沟通的范围追踪延伸至病人生活相关的社区之中。对此,张中堂称"社会服务部是医生和病人之间的桥梁"③,宋思明和邹玉阶写道:"医院社会工作,藉调查方法,可以得到关于病人之社会生活状况,并将此种材料,转告医生,以便医生对疾病作明确之诊断,可使病人得到适宜之治疗。……医院社会个案工作员,系医院与

---

① 宋思明、邹玉阶:《医院社会工作》,重庆中华书局 1946 年,第 28—29 页;许烺光:《介绍北平协和医院社会服务部的工作(续)》,《益世报·社会服务版》1937 年 2 月 16 日。
② 雷洁琼:《雷洁琼文集》,开明出版社 1994 年版,第 632—633 页。
③ 张中堂:《社会服务部二十年》,政协北京市委员会文史资料研究委员会编:《话说老协和》,中国文史出版社 1987 年版,第 362 页。

病人中间之媒介。"①吴桢也认为:"社会部的任务首先是帮助病人与医生合作,接受医生的医嘱和治疗方案。"②研究者也得出同样的结论:"社会服务员有如一座桥梁,医生之治疗方法,藉其辅助,始能实行,病人之疾病亦须藉其功能,始能得到治疗之实效,如医院中无社会服务员,医生对于疾病诊断之准确性与治疗之成效,便可因之而减低。"③

社会工作者辅助医生治疗工作主要体现在以下几个方面:

第一,向病人解释病情、治疗方法等。医生因为工作繁忙,很少能将病情、治疗步骤及出院后的休养办法一一告知病人或病人家属,病人往往因为对治疗方法不明了而发生误会。当时人们大都缺乏医疗常识,病人总以为无论什么疾病只要经过医生一看,吃剂药或敷点药便会痊愈,其他一切如体液检查、X光检查与社会事实调查等都是多事之举,于是病人往往有些不耐烦,时常会轻易放弃治疗,这就需要社工人员详加解释。有的病人性格固执,对社工的解释一时很难完全明了,社工还要很耐心地"以平俗语言与浮浅之比喻,多为讲解"。如果病人仍不信任,病情又不是太急重时,社工便"择日作家庭访视,再为劝导"。有时社工也会先帮助病人解决眼前的问题,取得病人信任后再进而辅导他实施治疗。有时病人的问题不方便向医生咨询,也会委托社工代为询问。④

协和医院因病床有限,需要住院的病人往往不能及时入院,还有需要每天到医院换药的病人路途遥远,十分不便,在这些情况下,医生大多介绍病人到其他医院诊治。然而多数病人只信任协和医院,执意不肯转至他院,医生便请社工代为安置。社工为减轻病人的忧疑之心,首先对病人解释医生的态度、患者所得疾病的性质及转院的原因,接着介绍所转医院的大致情况,将所转医院名称、地址写好,并通过电话与该院接洽好一切,然后再给病人写一封介绍信,

---

① 宋思明、邹玉阶:《医院社会工作》,重庆中华书局1946年版,第4页。
② 吴桢:《我在协和医院社会服务部》,政协北京市委员会文史资料研究委员会编:《话说老协和》,中国文史出版社1987年版,第375页。
③ 李槐春:《医院社会服务之功用》,燕京大学社会学系学士毕业论文,1941年,第45页。
④ 宋思明、邹玉阶:《医院社会工作》,重庆中华书局1946年版,第4页;李槐春:《医院社会服务之功用》,燕京大学社会学系学士毕业论文,1941年,第41—42页。

以省去病人的各种麻烦。①

此外,协和医院的建筑面积大、房屋多、机构门类复杂,"病人初入医院时,系完全改换一种新环境,正如迷途羔羊,需要同情者之指引,为之解释医院规章",②因而社会服务部在医院门诊服务台、分科处及住院处都设有社工人员。门诊时,很多病人不知看病挂哪个科,门诊服务台的社工人员在那里专门耐心地回答病人的问题。凡是病人没有钱或钱不够付药费或 X 光费时,分科处有权就减免费签字。住院处社工人员看到有穷苦病人需要住院时,经过了解情况后,也可以决定免费或减费住院。③

第二,有时医生在诊断与治疗时需要了解病人的社会背景,于是社工除与病人晤谈外,还需要做家庭访视,详细观察其家庭环境,必要时还须到病人的亲友、雇主处及其他有关处调查,尽量搜集与病人有关的事实材料供医生参考。④平时,社工所作的个案调查、写的个案史装订在病历里,对医生作医学科研有重要的参考价值,也可以帮助医生作出准确诊断,帮助医生实现他的医疗方案,⑤特别是神经精神科医生,能从中了解到病人得病的原因及所处的环境等情况,对做诊断和开医嘱很有帮助。⑥协和医院规定各科室每周开一次例会,由科室主任会同全体医生至该科病房巡查,社工也随行查房,并与饮食部主管人员、护士一起参会,讨论各项有问题的个案,彼此交换意见,共同促进治疗。⑦

第三,对病人进行随访。随访是指医院对曾在医院就诊的病人以通信或其他方式,进行定期了解患者病情变化和指导患者康复,同时也方便医生对病

① 李槐春:《医院社会服务之功用》,燕京大学社会学系学士毕业论文,1941 年,第 42—43 页。
② 宋思明、邹玉阶:《医院社会工作》,重庆中华书局 1946 年版,第 4 页。
③ 张中堂:《社会服务部二十年》,政协北京市委员会文史资料研究委员会编:《话说老协和》,中国文史出版社 1987 年版,第 363—364 页。
④ 李槐春:《医院社会服务之功用》,燕京大学社会学系学士毕业论文,1941 年,第 42 页。
⑤ 吴桢:《我在协和医院社会服务部》,政协北京市委员会文史资料研究委员会编:《话说老协和》,中国文史出版社 1987 年版,第 376 页。
⑥ 张中堂:《社会服务部二十年》,政协北京市委员会文史资料研究委员会编:《话说老协和》,中国文史出版社 1987 年版,第 362 页。
⑦ 宋思明、邹玉阶:《医院社会工作》,重庆中华书局 1946 年版,第 48 页。

人进行跟踪观察,掌握第一手资料以进行统计分析、积累经验,有利于医学科研工作的开展和医务工作者业务水平的提高。吴桢回忆道:"最使医生感到有帮助的,是社工人员对诊治后的病人按期作随访,随访就是根据医生的指定,对治愈出院后的病人定期信访或家访,或邀请病人来院复查。这种随访制度既能防止病人旧病复发,对病人健康负责,又为医生科研工作提供需要的资料。"①宋思明也认为:"此不特于病者有益,亦于医学进步有莫大之关系。"②因而协和医院的医生时常委托社会服务部"函招旧病人来院复诊"。③

浦爱德十分重视随访工作,她提出"那些从病房里了解社会工作者的病人,可能比那些收到一封由他们从没听说过的人所签名的邀请信更有可能留心随访的邀请。无论当时是多么有用,一个地址经常被证明是不够的。人们在流动,只有通过了解家庭状况、亲戚的家庭住址、交通运输工具、路途需要的时间以及经济可行性,才能维持一个随访服务。由于这个原因,社会工作者被安置到病房,以及为这些病房服务的门诊部中,这样随访服务体系不断发展完善。"④

随访有信访和家访两种。信访时,社工一般把医生提出让病人回答的问题打印成表寄给病人填写,病人寄回后再转交医生。下面是某些随访问题表的格式和内容⑤:

　　　　对外、骨、瘤科病人用者:

　　　　1. 出院伤口情形如何,复发、渐愈、痊愈。

　　　　2. 如复发情形如何,现是否救治,如何治愈,是否再来医院。

　　　　3. 现在工作否,如已工作系何种工作,每日工作若干小时。

　　　　对产科病人用者:

　　　　1. 出院后已照旧工作否? 如已工作由何时起始?

---

① 吴桢:《我在协和医院社会服务部》,政协北京市委员会文史资料研究委员会编:《话说老协和》,中国文史出版社1987年版,第376页。

② 宋思明、邹玉阶:《医院社会工作》,重庆中华书局1946年版,第37页。

③ 《北平协和医院第二十二次报告书》,1930年印刷,第60页。

④ [美]浦爱德著,刘继同校:《医务社会工作者:他们的工作与专业训练》,唐佳其译,《社会工作》2008年第4期(下)。

⑤ 宋思明、邹玉阶:《医院社会工作》,重庆中华书局1946年版,第107页。

2. 月经如常否? 如有病症系何情形?

3. 婴儿由自己哺乳否? 如否,系因乳汁不足或其他原因。

答表人　年　月　日

表格虽然看上去很简单,但是,如果考虑到当时的通信条件和国民的普遍识字水平,被访者能够完整地填好并按时寄回,便是很大的成功。① 社工发信函让病人来院检查,如不按时来院,即须前往拜访。社工有自用的卡片箱,记录病人应返院时间,以备遗忘。② 社工做家庭访视时,"详查其不来诊之原因,如病人认为出院后即表示已痊愈,因而忽略治疗者,服务员即须与之讲解疾病之性质与检查之意义;如为经济问题,当设法补助其车资与减免其医药费;如为职业问题,当向其雇主解释,并为之请假或替请写一体格证明书;总而言之,务使病人达到来诊之目的。"③

社会服务部1927—1929年的工作总结中提到:"1. 外科的常规随访与往年一样,平均复诊率较高。2. 个别病例会应医生要求,进行专门的随访。鉴于掌握所有住院病人的常规信息资料,这使得随访工作比往年更加容易,提高了复诊率,而且病人复诊的益处明显:一是病人回访临床科室,二是有助于获得病人的信息。每科门诊部都向分派到科里的社工提出许多要求,这包括确保病人来复诊,或是获得病人的信息。3. 病房里的社工开启了病人的常规医疗随访工作,要求病人在指定的门诊时间来复诊。"④所以,协和医院的报告中也称赞社会服务部是一个对中国公众的"友谊使者"(mission of friendship),获得了"难以置信的随访效果。"⑤

第四,辅助医院教学、科研、供血等。

---

① 万海霞、彭秀良:《北平协和医院社会工作实务案例(六):随访工作》,《中国社会工作》2015年7月(上)。

② 宋思明、邹玉阶:《医院社会工作》,重庆中华书局1946年版,第37—38页。

③ 李槐春:《医院社会服务之功用》,燕京大学社会学系学士毕业论文,1941年,第44页。

④ [美]Ida Pruitt 著,甄橙、刘继同校审:《北平协和医院社会服务部1927—1929年度报告》,谷晓阳译,《社会福利(理论版)》2014年第5期。

⑤ Marjorie King. *China's American Daughter:Ida Pruitt(1888-1985)*. Hong Kong:The Chinese University of Hong Kong,2006,p.66.

协和医院除医疗工作外,还有教学、科研任务,需做临床实验。社会上有些无依无靠的赤贫者或乞丐身患不治之症,符合医院某种研究课题的需要,这类病人来求医时,社会服务部即安排他们免费住院,如果他们死亡,尸体即供医学院学生做解剖用。① 有时医生需要病愈出院的病人作教学示范,也通过社工去联系病人,病人一般很合作。②

医院还经常需要供血人员,由于人们的思想观念所限,供血人员中有不少贫困潦倒,或是吸鸦片烟、抽白面的瘾君子,或者是街头上的流浪汉,他们也有不少曾是社会服务部的案主。社会服务部在医院需要供血时帮助寻找这些人。③

二、实施"社会治疗"

一个病人来院挂号之后,完成全部的治疗是社会服务部的责任。④ 浦爱德认为,"医院社会服务存在的主要理由与医生或医院其他分支部门存在的理由完全一样:即照顾和关爱病患,研究和消除引起疾病的病因。医院社会工作者使用的疾病定义是现代性的:即所有妨碍一个人享受他完满生命状态的事情都是疾病。社会服务探寻一切失能和疾病的原因,并且努力探寻可以消除这些病因的方式。""即诊断前必须知道导致失能和疾病的所有原因,假如这种治疗不局限于姑息治疗,而是必须对症施治和根除病因的话……病因和治疗方法常常蕴藏在于病人的个性、人格和病人的生活环境之中。"⑤因此,许烺光提出,"在医院社会个案工作中非常要紧的一样,是有系统地搜集关于某病人的人格与环境方面的事实,加以整理与分析,然后再用个案治疗的工作辅助医疗的工作。在医院个案工作中,探究病源与减除痛苦,二者必须兼顾,与医学中之

---

① 吴志端:《四年护理工作忆往》,中国人民政治协商会议北京市委员会文史资料研究委员会编:《文史资料选编》(第34辑),北京出版社1988年版,第106页。

② 张中堂:《社会服务部二十年》,政协北京市委员会文史资料研究委员会编:《话说老协和》,中国文史出版社1987年版,第362页。

③ 吴桢:《我在协和医院社会服务部》,政协北京市委员会文史资料研究委员会编:《话说老协和》,中国文史出版社1987年版,第377页。

④ 许烺光:《介绍北平协和医院社会服务部的工作(续)》,《益世报·社会服务版》1937年2月16日。

⑤ [美]Ida Pruitt 著,甄橙、刘继同校审:《北平协和医院社会服务部1927—1929 年度报告》,谷晓阳译,《社会福利(理论版)》2014年第5期。

任何一部功用相似。"①宋思明将之总结为"社会治疗":"医院社会服务部之成立,即系与医生合作,将病人遗传之要素,以及私人生活,工作状况,家庭现状,疾病发生,种种情况,调查清楚,一方面辅助医生,作迅速及正确之诊断与治疗,同时并因医院社会工作,系为社会治疗,故对于致病之社会原因,及因疾病而生之社会问题,亦逐步加以克服。"②李槐春也持同样的观点:"社会治疗,乃是以种种服务方法,来解除病人之问题,而使之达到痊愈之目的。"③

（一）运用个案社会工作方法

社会服务部的"社会治疗"运用的是个案社会工作的方法,即"从个人、家庭和社区的角度看,每位病人都应单独地予以研究"④。在协和医院社会服务部建立之前,"个案工作在中国尚少有人知道"⑤,"当时个案工作还没有被人使用过。"⑥可以说,个案社会工作在医院的运用大大促进了我国社会工作专业化的进程。许烺光强调,"个案工作与慈善工作不同,如在路上看见一个乞丐,给他几枚铜元之类是慈善工作,但不是科学化的"⑦。他指出个案社会工作的科学性体现在从环境角度理解和干预个人以及个人行为的框架,即"人在环境中"⑧的理论范式,另一方面是助人的目的——"助人自助":

个案社会工作应包有两个原子:即某个人与他的环境。环境包括生物

---

① 许烺光:《介绍北平协和医院社会服务部的工作》,《益世报·社会服务版》1937年2月15日。

② 宋思明、邹玉阶:《医院社会工作》,重庆中华书局1946年版,第1页。

③ 李槐春:《医院社会服务之功用》,燕京大学社会学系学士毕业论文,1941年,第58页。

④ [美]Ida Pruitt著,甄橙、刘继同校审:《北平协和医院社会服务部1927—1929年度报告》,谷晓阳译,《社会福利(理论版)》2014年第5期。

⑤ 许烺光:《介绍北平协和医院社会服务部的工作》,《益世报·社会服务版》1937年2月15日。

⑥ [美]浦爱德著,刘继同校:《医务社会工作者:他们的工作与专业训练》,唐佳其译,《社会工作》2008年第4期(下)。

⑦ 许烺光:《介绍北平协和医院社会服务部的工作》,《益世报·社会服务版》1937年2月15日。

⑧ "人在环境中"是社会工作理论谱系中重要的理想类型,最早出现在1917年芮奇蒙德(M.Richmond)所著《社会诊断》中,将"环境"定义为案主成长和生活的环境以及生平经历,强调利用环境资源以促进案主的改变和提升。(参见Mary Ellen Richmond.*Social diagnosis*,New York:Russell Sage Foundation,1917,pp.8-10。)

的(如食物遗传等等)、社会的(如风俗习惯心理等等)、经济的(如经济组织、个人工作进款、社会之财富等等)。任何人的一生,是个人与环境间继续不断的互相适应进展的过程。当某人的社会性问题发生时,就表明这一过程中有了某种一个或数个或数十个障碍的原子了。社会个案工作是要利用可能的科学方法,来查出这许多因子的所在,然后入手用同样的方法来除去这许多因子,使某人得照旧继续他的生活过程。个案社会工作的第二个特点,是求个人的最大限度的自力更生,而尽力避免为一个受助人营造一个特殊环境来适应他。在这里个案工作所能做的,是设法增加受助人的适应或战胜环境的能力,使他能由环境的阻力中获得他应得的自由。①

宋思明概括医院个案社会工作的科学性即在于其有一定的步骤:"第一须有彻底之调查。第二即根据调查之材料加以研讨,而成立社会诊断(social diagnosis)。第三即按社会诊断而作治疗之计划。第四即按计划实行,以从事社会之治疗。"②

社会调查是社会治疗的根据,当时除了门诊外,对于普通三等病房的病人,社会服务员都要与他们进行面谈,并做社会个案记录。"对于远方之病人,特别要问他来平之情形,如来时带洋若干? 资费之来源,路费共用多少? 共走几日? 来平后住在何处? 如住于店中,每日食住用费若干? 出院后拟住于何处? 所以要记得如此详细,一方面是要明了其经济状况,一方面得以预测其将来会有何种问题发生,得以早为安置。"③外出拜访调查是医院社会工作不可缺少的步骤。浦爱德在与每位社工讨论个案时,必先问对此个案曾否经过调查,如仅凭病人口述获得的材料而未经出外调查,她便表示不满意,即令再去调查。④ 由于个案社会工作是从美国引进的,因此对于它是否能够为中国人所接受,浦爱德心中并无把握。经过一段时间的实践以后,她很高兴地发

---

① 许烺光:《介绍北平协和医院社会服务部的工作》,《益世报·社会服务版》1937 年 2 月 15 日。

② 宋思明、邹玉阶:《医院社会工作》,重庆中华书局 1946 年版,第 42 页。

③ 李槐春:《医院社会服务之功用》,燕京大学社会学系学士毕业论文,1941 年,第 43 页。

④ 宋思明、邹玉阶:《医院社会工作》,重庆中华书局 1946 年版,第 54 页。

现,个案工作完全可以在中国推广。她后来回顾说:"当时个案工作在中国还没有被人使用过。人们的头脑中还存有一些疑问,这些疑问包括:一方面中国的家庭是否欢迎家访,另一方面是否有足够的社会福利机构以便可能对病人进行社会治疗。我们调查发现,一般的病人都非常高兴有人对他感兴趣,也很乐意有人与他一起为他的照顾计划出谋划策。"①社工用于社会调查的工具多样化,总结起来主要有:(1)与病人及相关人员的面谈;(2)家庭访问;(3)各种记录;(4)智力测验与心理分析;(5)身体状况(由医生做出)。②

社会诊断,"系社会个案工作员就调查所得之材料,由证据,理解,经验而得一结论。"③对于社会诊断与医生诊断的关系,许烺光提出社会诊断"也许与医师的诊断有直接或间接关系,就可以助医师作更正确的诊断。也许没有关系,而可以由与医师所提出的理想治疗计划比较,来决定或助成一个合于实际的治疗计划。"④诊断时,许烺光还强调了社会工作的"全人"视角:

> 要把病人看作一个整个的,有一个整个的理解。这样观点,在一个组织复杂的大医院中更为需要。在大医院中医务与一切职务分化的程度较为明细,因这分化的结果,各部自然多有机会专注意于其专司之职务,而对以外的不能顾到。然而每一个病人是一整个的人——他的身体与精神不能分离,他的耳鼻喉与眼不能分离,一切的一切,他是一个整个的。个案服务员在这里的专门工作,是把一个病人看作整个的单位,他要调节医院中各专门部分之所能施与病人之福利,使这福利不成机械式的分化,而是一个整个的。⑤

在制订计划环节,浦爱德和宋思明强调与病人沟通后达成一致意见,以取

---

① [美]浦爱德著,刘继同校:《医务社会工作者:他们的工作与专业训练》,唐佳其译,《社会工作》2008年第4期(下)。
② 许烺光:《介绍北平协和医院社会服务部的工作(续)》,《益世报·社会服务版》1937年2月17日。
③ 宋思明、邹玉阶:《医院社会工作》,重庆中华书局1946年版,第69页。
④ 许烺光:《介绍北平协和医院社会服务部的工作(续)》,《益世报·社会服务版》1937年2月17日。
⑤ 许烺光:《介绍北平协和医院社会服务部的工作(续)》,《益世报·社会服务版》1937年2月17日。

得病人的合作。① 吴桢提出若要使计划更好地实行,就应该使"案主自决":"工作员必须忍耐,最好是用暗示的方法,使案主自动地自己计划出一个计划,那么,案主一定会很愉快地去实行,而收到更圆满的结果。"②

最后是社会治疗阶段,"社会治疗,依一般情况言之,系医院社会工作最重要之阶段。一切调查,诊断计划,皆为实施社会之治疗之准备。社会工作员之从事社会治疗,在解除病人之社会疾病,使之再能自立,以作社会上一有用之人,自身可享受生活之幸福。"③因为病人的社会方面的问题各不相同,所以社会治疗的方式也多种多样。对之,许烺光介绍道:

> 社会治疗的细目很多,有的非常简单,有的非常复杂。许多个案的治疗,要经过数月或更长期的调节(A Series of adjustments),这调节有时需要费许多力,有时不需要费什么力。有的时候是为病人或亲属找事,有的时候是使病人不住在家里,有的时候是为病人的旅行或继续来院设法,有的时候是设法得到家里人的信心,而使他们能合作。对于患慢性症的病人,其疾病长期治疗的须常用访问或其他方法使之不间断地按期来院。这里面有时包括设法多少改变一个病人家庭,在地理上或在经济上。它还包括对病人施以相当的卫生及医药教育,因为有许多病人在病状少减或暂时消灭之后,即不想再来。个案服务员在这里的责任是使他明白症状之减或消灭,并不是证明病已痊愈,若指定之治疗未完,仍随时有再现的可能。一切经过社会部的病人,全由个案服务员向之多少解释医院之一切规程手续或医师建议等等。④

以负责小儿科社工的社会治疗情况为例,展现社会服务部的工作复杂性。具体见表1-2:

---

① [美]Ida Pruitt 著,甄橙、刘继同校审:《北平协和医院社会服务部 1927—1929 年度报告》,谷晓阳译,《社会福利(理论版)》2014 年第 5 期;宋思明、邹玉阶:《医院社会工作》,重庆中华书局 1946 年版,第 72 页。
② 吴桢:《个案工作的技巧》,《西风》1941 年第 63 期。
③ 宋思明、邹玉阶:《医院社会工作》,重庆中华书局 1946 年版,第 74 页。
④ 许烺光:《介绍北平协和医院社会服务部的工作(续)》,《益世报·社会服务版》1937 年 2 月 18 日。

表1-2 小儿科服务报告表（1930年正月至六月）

问题与诊断 / 治疗或服务	关于儿童者								经济问题				身体问题			杂项					总数
	被弃儿童	无父或无母	私生子	缺少家庭抚养力	儿童无人监护	缺少营养食品	孤儿	父母不愿有之儿童	最劳苦者	经济压迫	经济缺乏	闲居者	久病	不治病	家属有病	奴婢	缺乏补救之源	无智识（中医）	无智识性情固执	无问题	
医药类　施济医药等										3	6								1		10
住院安排事	1	1				1				5	5		2			1					16
送病人住他医院											2										2
复诊		1	2	2				3		1	5		1							3	18
安排住调养院		1		1			1		2		1		2		2		2				12
安排出院事										1			2						1	1	5
劳工　介绍职业												2									2
助济病人家属																					
教育类　解说病情				1							1		4					1	1		8
指导卫生事				1						1	1		2						1		6
特别指导													1								1

续表

问题与诊断 治疗或服务	关于儿童者								经济问题				身体问题				杂项				总数
	被弃儿童者	无父或无母	私生子	缺少家庭抚养力	儿童无人监护	缺少营养食品	孤儿	父母不愿有之儿童	最穷苦者	经济压迫	经济缺乏	闲居者	久病	不治病	家属有病	奴婢	缺乏补救之源	无智识(中医)	无智识性情固执	无问题	总数
经济　施济金钱				1							1										2
施济物品	1	1	5	1		1	6	6		7	6		2		1	1		1	1	1	34
出　嗣	1		3					6			1										11
儿童类　寄　养	1		6	1		1		8		1	1		1								20
安排送入慈善院			1			1										1			1		4
代购奶粉						1															1
无问题																				27	27
无问题类　无法支持				1								2									3
暂　定		3	1	3								2	2		1			1	1		14
其他慈善机关用							13												1	1	15
本院自行免费		1					10			5	4		1	1	5	1			1		21
总　数	5	8	18	12	5	5	23	23	2	25	33	4	19	1	5	5	2	1	8	33	232

资料来源:《北平协和医院第二十二次报告书》,1930年印刷,第63页。

（二）为病患链接各类资源

宋思明提出："一位做社会治疗最成功的人，即利用其他机关最多的人。"①浦爱德的个案工作方法由简练的两个步骤组成，第一步是通过调查病人个人、家庭和社区以掌握其基本情况；第二步是为病人寻找恰当的资源。②

一是寻求家庭亲友的合作。协和医院社工非常重视家庭的作用，认为这是中国社会文化的特质和中国家庭制度的优点。浦爱德发现，"社区能够为个案工作提供足够的帮助。尽管中国正式的福利机构比西方国家社区少得多，但也有一定的数量可以利用，而且非正式的或者说自发组织起来的福利机构比较多。从家庭到远房的亲戚都在分担着大大小小的责任。家庭朋友，中年男子，村子或街道中年龄较大的人，雇主，每个人都具有他们所意识到的责任，只是有的大一些，有的小一些而已。"③因此，有的个案或家在外地，或家庭不和，或家人对病人态度冷淡者，社工总设法取得病人家属的支持和合作。同时促进病人的上司与医院合作，协助病人康复。在西方，社会工作多是依托于一些正式的福利机构来进行，而在 1949 年前的中国，正式的福利机构比较少，因此医院社会工作很大程度上须借助于非正式的社会支持网络，如家庭、家族、朋友关系网、雇主等。下面是一则典型案例④：

> 李年四十，以拉人力车赡养一家。妻年三十八岁，平日作些许洗补工作，补助家庭入款。夫妻共有子女五人，三男二女，长子方十一岁，其余均相隔二岁。租房一间，平日无意外事项时，夫妻入款可勉强维持一家生活。其长次二子每日在城内捡煤球（北平穷家小孩多从垃圾堆中捡拾弃置煤渣、煤球、以作煮饭之用），亦可小有补助，不意李某因患漏疮，已半月余未能拉车，家中悉赖典当度日，且已至无可典当之时期。李某来院时，衣服极端褴褛，精神十分萎靡，颇有恨不欲生之势。因经济极端困难，

---

① 宋思明、邹玉阶：《医院社会工作》，重庆中华书局 1946 年版，第 77 页。

② Marjorie King.*Missionary Mother and Radical Daughter：Anna and Ida Pruitt*，Temple University，1985，p.272.

③ ［美］浦爱德著，刘继同校：《医务社会工作者：他们的工作与专业训练》，唐佳其译，《社会工作》2008 年第 4 期（下）。

④ 宋思明、邹玉阶：《医院社会工作》，重庆中华书局 1946 年版，第 74—75 页。

力请将其二小女给人收养,及免费治疗等。著者从彼得到首页之消息后,即为之办理门诊事宜。经医生检查认为须住院割治。适无空床,遂先令回家候床。著者亦即趁此机会前往病人家庭及其所属教会调查。籍知其家确系贫苦,已无可疑。但据其所属教会牧师谈述病人之妻姐,家道尚称小康。其姐夫系在电话局服务,入款尚丰。只以病人顾全颜面,两家颇少来往。其姐妹间亦因些小误会,彼此感情不甚融洽。著者随即拜访其妻姐家,经会谈后颇得其夫妇之谅解,并愿尽力协助。于是著者遂计划将病人之一子一女暂行寄养于其妻姐处,为病人要求免费床住院,再商请其所属教会,在病人治疗期间,由教友捐款项下予病人家庭以经济之协助,俟病愈时再陆续归还。病人出院不能立刻工作时,可送至本院所办之调养院免费住院。此项计划征得病人本人之同意,及各方之赞同后,病人在外候床未久,即由著者安置免费住院。二星期后病人出院,因尚须休养半月,遂送入调养院休养。最后经医生证明,可以工作,病人遂离调养院,自立谋生。其妻姐与病人家之感情,亦自是和好如初。并将其子仍留于妻姐家中,与妻姐家之儿童伴同读书。嗣于病人陆续将教会协助费偿还半数时,即经诸执事教友商决停付。并允其二子免费入该教会小学。于是一家又得完整。病人亦呈现一愉快之面目。

二是寻求社会正式资源。吴桢回忆说:“社会部与其他部门的联系最为频繁,所以社会部既要讲‘social’,即社会交往,搞好与其他部门的关系,又要讲‘service’,为病人服务。”①社会服务部与北平怀幼会、家庭福利会、妇婴保健会和公共卫生事务所等有着密切的合作,社会服务部社工于汝麒、林淑云、于慧珍分别任上述三会的董事。② 据统计,曾经与社会服务部合作的机构还有北平社会局建立的各贫民院、天主教孤儿院(缝纫室)、西山孤儿院、孤儿学校、育婴堂、美国公理会缝纫俱乐部、燕京地毯厂、道济医院、公理会同仁医院、北平中央医院、红十字会医院、燕京大学成福药房、西山疗养院、霍普金斯疗养

---

① 吴桢:《我在协和医院社会服务部》,政协北京市委员会文史资料研究委员会编:《话说老协和》,中国文史出版社1987年版,第377页。

② 《北平协和医院第二十五次报告书》,1933年印刷,第47页。

院、菲利普斯护理之家等。①

　　此外,社会服务部还在医院附近设立了三个病人调养院,其中两个正式的,一个非正式的,以弥补相关医疗社会服务机构的不足。② 两个正式的,一个住男病人,最多可容纳二十四人;另一个住女病人,最多可容纳十七八人,经费由医院承担,社会服务部负责管理。非正式的调养院经费由私人捐助,专为肿瘤科病人居住,最多可住十人,业务由委员会指导,具体事务由肿瘤科的社工人员管理。三处调养院接收的病人有:(1)由远处乡下来医院的病人,在北平无亲友,其所带钱无几,而其病虽应继续诊治,但又不需住院,则送入调养院中。(2)有的病人需一段时间的休养,但在家中或他处无休养的条件,则送入调养院中。(3)有病人自乡下来,本应入院治疗,但医院中一时没有病床,若病人在北平无亲友,也无力在外食宿,则送入调养院中。(4)有时主治医师认为病人有研究的必要,为了使该病人能充分与院方合作,而不至于在医生诊察后即离开北平,也送入调养院中。③ 这些病人如果经济十分困难,调养院会减免或免费收容。社工人员除负责管理外,"关于病人之日常生活,及特别饮食,亦须兼顾"④。社会服务部的"奋斗目标是力争使院里的生活条件尽量达到一个普通工匠之家的水平,并且在现有条件下尽可能做到清洁卫生,干净整洁"。⑤

　　1932年协和医院内添设职业治疗科,由布林敦女士负责指导工作,社会服务部协助办理。职业治疗的工作房设在医院 F 楼地窖的宽大房间里,参加治疗者大多是在调养院住宿的病人。这些病人因患病必须变更职业,经过职

---

　　① [美]Ida Pruitt 著,甄橙、刘继同校审:《北平协和医院社会服务部1927—1929年度报告》,谷晓阳译,《社会福利(理论版)》2014年第5期。
　　② 北平协和医院社会服务部附设疗养院:(一)男调养院,东城外交部街25号。(二)女调养院,东城干面胡同内东罗圈胡同甲2号。(三)男调养院,东城根22号,系骨、瘤二科所办。(参见李槐春:《医院社会服务之功用》,燕京大学社会学系学士毕业论文,1941年,第39页。)
　　③ 许烺光:《介绍北平协和医院社会服务部的工作(续)·注八》,《益世报·社会服务版》1937年2月20日;吴桢:《我在协和医院社会服务部》,政协北京市委员会文史资料研究委员会编:《话说老协和》,中国文史出版社1987年版,第376页。
　　④ 宋思明、邹玉阶:《医院社会工作》,重庆中华书局1946年版,第38页。
　　⑤ [美]Ida Pruitt 著,甄橙、刘继同校审:《北平协和医院社会服务部1927—1929年度报告》,谷晓阳译,《社会福利(理论版)》2014年第5期。

业治疗后，即能学得一种技术，可以自谋生计。一年之中有 300 名住院病人、53 名门诊病人接受了个案形式的职业治疗。①

（三）病患的善后服务

所谓善后服务，指社会治疗结束后的跟进服务，即"对于有特别情形之病人，仍加以指导及辅佐之谓。"②宋思明根据自己多年的工作经验，认为需要善后服务的病人包括：脑科和精神科病人、内科慢性病人、肿瘤科病人、骨科病人、鸦片成瘾者、非婚生子的产科病人以及无人抚养的婴儿。③"病人出院后，并非即与医院脱离关系，病人如无须再来诊治，并且亦无社会问题，服务员于一定时期，仍须作书问候，以明其健康状况。如病人有何疾病问题，服务员便须替为访见医生，得其指导，并覆书详为解释，以使离开医院之病人，仍能到医生之忠告，而恢复其身体之健康。"④

在善后服务方面，社会服务部最具特色的工作当属与北平怀幼会⑤合作安置无人抚养的婴儿了。当时协和医院出生的非婚生子女、贫穷人家因生育过多而无力抚养、或因家庭变故，如父或母病故（在医院接受过治疗）而乏人照料或发育不良、营养不足以及天生低能的婴儿，都需要社会服务部的善后处理。北平怀幼会成立后，凡该会会员，不但须每年捐助五元以上，而且每人须选择一名婴儿抚养于自家中，婴儿的费用由该会供给。后因发生种种问题，怀幼会遂于 1928 年邀请协和医院社会服务部协助办理，将儿童分别寄养协和医院的女调养院和儿童寄宿房舍中，雇佣保姆照顾。虽然该会的主要负责人多

---

① 《北平协和医院第二十五次报告书》，1933 年印刷，第 18 页。
② 宋思明、邹玉阶：《医院社会工作》，重庆中华书局 1946 年版，第 79 页。
③ 宋思明、邹玉阶：《医院社会工作》，重庆中华书局 1946 年版，第 80—82 页。
④ 李槐春：《医院社会服务之功用》，燕京大学社会学系学士毕业论文，1941 年，第 43 页。
⑤ 关于北平怀幼会的起源，有多种说法：宋思明认为是 1926 年浦爱德鉴于协和医院无人抚养的婴儿增多，又没有一适宜机关安置，遂召集多位医学界名流夫人组织的。（参见宋思明、邹玉阶：《医院社会工作》，重庆中华书局 1946 年版，第 82 页。）张中堂回忆是由浦爱德于 1923 年捐助创办，并任委员会主任，因而附属于社会服务部。（参见张中堂：《社会服务部二十年》，政协北京市委员会文史资料研究委员会编：《话说老协和》，中国文史出版社 1987 年版，第 368 页。）而专门研究北平怀幼会的麦佳曾则提出，是 1924 年北平热心慈善事业的名流夫人们因感到当时私生子被遗弃及贫苦家庭无力赡养其子女者日众，遂发起组织这一收养婴孩之机关。因为麦佳曾在研究中均使用的第一手原始资料，故本文采用其说法。（参见麦佳曾：《北平怀幼会的研究》，燕京大学社会学系学士毕业论文，1939 年，第 22 页。）

为协和医院社会服务部的职员,因而与协和社会服务部有极大联系,但事实上该会仍为一独立组织,而非附属于协和医院。由于保姆对于儿童管理照顾不善,致使婴儿死亡率大增,负责怀幼会的委员会认为寄宿方法不完善,提出儿童寄养式照顾。从1931年起,开始正式采用寄养制。当时寄养的家庭只有3家,仍有一部分婴儿在协和医院女调养院及该会的儿童寄宿房舍中养育。1932年社会服务部负责儿科的社工兼任怀幼会的干事,负责办理婴儿的家庭调查与个案记录,只领取一半薪金。寄养家庭增设至11家,同时为了节省经费,怀幼会搬迁至协和医院社会服务部办公,此后怀幼会的各项工作如保姆的训练、婴儿的卫生健康以及寄养家庭的卫生状况等都有了极大的改进。①

怀幼会对婴儿的安置主要有三种方式。一是集体养育。怀幼会"租房一所,雇用保姆若干人,以从事喂护等工作。所收婴儿,多为三岁以下者。每一婴孩,置一小床及其他设备。平日此等婴儿之饮食等皆归医院健康婴儿科之医生检查指导,每月至少过磅一次,以考查其体重之增减,其一切管理等事,皆由该社会工作员负责办理。"②二是收养。社工须对收养家庭做详细调查,特别是要求收养女孩的家庭,因担心女孩长大会被变卖。一般调查的事项包括家庭经济状况如何、家人彼此间感情如何、收养者的父母与叔伯等是否完全同意、其父母是否尚能生养(多半须经产科医生检查)、对婴儿将来提供的教育机会如何、抱养动机如何、家庭文化的背景如何、何人介绍等项。如调查后认为可以收养的,还须有殷实铺保,履行双方签字等手续。婴儿被收养后,社工还应常到收养家庭拜访,并邀请养父母按时带婴儿到医院儿科检查。偶有婴儿被收养两三年后又被养父母送回怀幼会,社工则须再次寻找收养家庭。三是寄养。社工在选择寄养家庭时,需要考虑的条件是:(1)以曾在医院看病的病人家庭为宜,其次是经过有关人士的介绍等。(2)寄养家庭以人口简单、全家成人皆同意者为宜。(3)经济状况能适足,不以补助费为主要入款者。(4)寄养家庭的主妇应性格温和,诚实可靠,对婴儿照管有兴趣,其他家人亦无不良嗜好者。(5)寄养家庭的住室清洁,空气流通,太阳可照射者。(6)寄养家

---

① 麦佳曾:《北平怀幼会的研究》,燕京大学社会学系学士毕业论文,1939年,第23页。
② 宋思明、邹玉阶:《医院社会工作》,重庆中华书局1946年版,第82页。

庭的家人无传染病者。(7)经寄养后一个月调查可靠者。①

　　怀幼会的经费来源主要有三个方面:一是委员会向各界热心儿童福利事业的中外人士募捐;二是儿童家长所付的寄养费用,往往根据其经济情形而减免;三是其他杂项收入,如定期存款利息、卖给收养儿童家长的奶瓶等。怀幼会的组织结构十分简单,设委员会,由浦爱德任主任,另设文书 1 人,会计1 人,聘干事 1 人。一切办事人员除干事外皆为义务性质,由关心儿童福利事业的中外名流夫人担任,而干事也只领取车马费三十元,相当于半薪金。怀幼会附设于协和医院社会服务部内,无须支付房租等费用,所以行政费只包括印刷费、干事家庭访问及调查的车费、邮费、儿童教育费、购买儿童衣服布料费,经费主要用于儿童的寄养费和生活费。②

三、社会服务部的工作成绩

　　社会服务部自成立始,就十分重视个案记录的保存,到 1927 年 3 月总共服务的个案数达 3158 个。有研究者选用其中 2330 个个案从社会诊断的角度分析,发现有 1784 个个案的社会性问题"比较显明而重要"③,具体见表 1-3:

表 1-3　北平协和医院社会服务部病人的社会性问题
(1921 年 7 月—1927 年 3 月)

社会性问题		个案数(个)	百分数(%)
关于疾病 及治疗的	医疗的问题	83	4.7
	无病床	65	3.6
	长期病	200	11.2
	残　疾	60	3.4

---

　　① 宋思明、邹玉阶:《医院社会工作》,重庆中华书局 1946 年版,第 83—85 页。
　　② 麦佳曾:《北平怀幼会的研究》,燕京大学社会学系学士毕业论文,1939 年,第 24—25、26 页。
　　③ 吴铎:《北平协医社会事业部个案底分析》,《社会科学杂志》1931 年第 1 期。李文海主编:《民国时期社会调查丛编·社会保障卷》,福建教育出版社 2014 年版,第 367 页。

续表

社会性问题		个案数(个)	百分数(%)
关于智慧及品格的	脑筋病及脑力低弱	20	1.1
	不健全的习惯	19	1.1
	不健全的品格	53	3.0
	教育缺乏	12	0.7
关于经济及职业的	经济困难	365	20.5
	失　业	82	4.6
	低　薪	22	1.2
	职业失宜	19	1.1
关于社会及政治的	私生子	37	2.1
	孤儿及弃儿	47	2.6
	鳏寡及婚姻不满	25	1.4
	家人分散及不和	21	1.2
	社会地位低贱	19	1.1
	旅　客	469	26.3
	政治失调及内战影响	129	7.2
杂　项		37	2.1
总　计		1784	100.0

资料来源:吴铎:《北平协医社会事业部个案底分析》,《社会科学杂志》1931 年第 1 期。李文海主编:《民国时期社会调查丛编·社会保障卷》,福建教育出版社 2014 年版,第 368 页。

上表中的"旅客",指由外地来北平协和医院的病患,亲友大都不在北平,他们来到北平后,衣、食、住、行,再加上看病、吃药,便发生了许多的难题,需要社会服务部的帮助。此类问题的病人达 469 人,达 26.3%在表 1-3 中占了第一位。

为了便于统计,研究者还从身体、精神、社会和经济四个方面进行了归类,见表 1-4:

表 1-4 北平协和医院社会服务部病人的社会性问题分类
（1921 年 7 月—1927 年 3 月）

问题性质	个案数（个）	百分数（%）
社会的	452	25.3
经济的	258	14.5
医疗的	273	15.3
心理的	21	1.2
社会与经济的	336	18.8
社会与医疗的	119	6.7
社会与心理的	12	0.7
经济与医疗的	165	9.2
经济与心理的	22	1.2
医疗与心理的	15	0.8
社会、经济与医疗的	65	3.6
社会、经济与心理的	18	1.0
社会、医疗与心理的		
经济、医疗与心理的	20	1.1
社会、经济、医疗与心理的	8	0.4
总　计	1784	100.0

资料来源：吴铎：《北平协医社会事业部个案底分析》，《社会科学杂志》1931 年第 1 期。李文海主编：
《民国时期社会调查丛编·社会保障卷》，福建教育出版社 2014 年版，第 369 页。

根据上述病人问题的诊断和分类，由于有的病人的问题不限于一种，每种问题的服务也不限于一次，统计下来，2330 个个案总共受到的服务次数为 6423 次，其中有关医药的社会治疗占 30.9%，纯粹的社会治疗占 69.1%。①详见表 1-5：

---

① 吴铎：《北平协医社会事业部个案底分析》，《社会科学杂志》1931 年第 1 期。李文海主编：《民国时期社会调查丛编·社会保障卷》，福建教育出版社 2014 年版，第 371 页。

表 1-5　北平协和医院社会服务部的社会治疗
（1921 年 7 月—1927 年 3 月）

社会治疗		次　数	百分比（%）
关于医药的社会治疗	书信探病	457	7.1
	解释病症	401	6.2
	卫生指导	360	5.6
	办理入院手续	171	2.7
	督察受治疗的病人	168	2.6
	指导院内手续	120	1.9
	转送其他医院	54	0.8
	使病人得医疗用具	40	0.6
	料理医学研究的材料	33	0.5
	料理出院	26	0.4
	供给医生以特殊诊断的材料	15	0.2
	其　他	139	2.2
	小　计	1984	30.9
纯粹的社会治疗	访问病人	1958	30.5
	收入疗养院	605	9.4
	办理医药免费	287	4.5
	供给疗养生活费	286	4.5
	关于改进生活之劝告与指导	251	3.9
	使得其他的社会服务机关的帮助	184	2.9
	访问病人的戚友	180	2.8
	供给病人衣服	126	2.0
	遣送回家	127	2.0
	介绍职业	96	1.5
	调节家庭	91	1.4
	改正品格	62	1.0
	代病人照顾儿童	65	1.0
	为病人写信	48	0.7
	助理已死病人的丧葬	34	0.5
	其　他	31	0.5
	小　计	4439	69.1
总　计		6423	100.0

资料来源：吴铎：《北平协和医社会事业部个案底分析》，《社会科学杂志》1931 年第 1 期。李文海主编：
《民国时期社会调查丛编·社会保障卷》，福建教育出版社 2014 年版，第 372 页。

至于社会治疗所用的时间,2330 人中,除了 19 人记载不详外,其余 2311 人的情况见表 1-6。

表 1-6　北平协和医院社会服务部的社会治疗时间
（1921 年 7 月—1927 年 3 月）

时　　间	人数（人）	百分比（%）	累积百分比（%）
1 个月以下	667	28.9	28.9
1—2 个月	454	19.6	48.5
2.5—3 个月	208	9.0	57.5
3.5—4 个月	134	5.8	63.3
4.5—5 个月	179	7.7	71.0
6 个月	95	4.1	75.1
7 个月	74	3.2	78.3
8 个月	52	2.3	80.6
9 个月	47	2.0	82.6
10 个月	46	2.0	84.6
11 个月	42	1.8	86.4
1 年	71	3.1	89.5
1 年 2 个月	32	1.4	90.9
1 年 4 个月	45	1.9	92.8
1 年 6 个月	31	1.3	94.1
1 年 8 个月	15	0.6	94.7
1 年 10 个月	34	1.5	96.2
2 年	19	0.8	97.0
3 年	53	2.3	99.3
4 年	9	0.4	99.7
5 年	3	0.1	99.8
6 年	1	0.04	99.84
总计	2311	100.0	

资料来源:吴铎:《北平协医社会事业部个案底分析》,《社会科学杂志》1931 年第 1 期。李文海主编:
　　　《民国时期社会调查丛编·社会保障卷》,福建教育出版社 2014 年版,第 373—374 页。

到了 1929—1930 年度,共有 12 名社工人员被分配到医院各部门、诊室服务。他们的工作情况见表 1-7:

表 1-7　社会服务部工作情况一览表（1929 年 7 月 1 日—1930 年 6 月 30 日）

门诊及病房		社工	职务	专案数目		办理数目
				有问题	无问题	
内科	脑科及疯人院	周励秋女士	助理及指导	124	4	221
	小儿科	钱长本女士	助理	267	71	385
	普通内科及心脏科 I-H	白端先生	专案员	167	104	232
	普通内科及复诊处 II-H	李恩芙女士	专案员	308	93	417
	花柳科门诊处	邹玉阶先生	专案员	671		1896
	瘆病科门诊处	高秀梅女士	专案员	732		1688
	普通内科病房 III-H	林淑云女士	助理	146	66	244
外科	普通外科门诊及病房	陶玲女士	助理	222	108	407
	普通外科 II-G III-H	宋思明先生	专案员	341	75	687
	骨科及泌尿科	王子明先生	专案员	172	124	444
妇科及产科	妇科病室 III-G 产科病室 III-K 及两科门诊处	朱曦女士	助理	368	259	934
耳鼻喉科及眼科	耳鼻科和眼科门诊、病房	凌廉贞女士	专案员	421	62	891
总　计				3939	966	8446

资料来源:《北平协和医院第二十二次报告书》,1930 年印刷,第 61 页。

　　1932 年 7 月 1 日至 1933 年 6 月 30 日的一年中,社会服务部共计办理个案 4901 件,其中 3941 件结案,还有 960 件转入下年度办理。随着社会服务部所接个案增多,"工作日觉纷繁,以故职员十六人皆忙碌异常。"①表 1-8 是 1932—1933 年度社会服务部的工作情况。

---

　　①　《北平协和医院第二十五次报告书》,1933 年印刷,第 45 页。

表 1-8　社会服务部工作情况一览表（1932 年 7 月 1 日—1933 年 6 月 30 日）

问题＼办法	数目	解释病症指导疗养	接洽住院	接洽出院	接洽免费住院	免费治疗	解释医院手续	以衣服或钱财救济	接洽住天然疗养院或寄宿舍治疗	转送其他医院或机关	接洽复诊	送他处治养	接洽减少医药费	不合作	领养	经济缺乏	特别指导	代谋职位	接洽职业治疗	其他	总计
无社会问题者	896																				896
慢性病	909	850	173					65	175	60	236	13		3		21	248		15		2768
急性病	6	66		39				7	1	2							3				124
孤儿		18		5				14		9					1	12					62
私生婴儿				13				5						1	15		2				65
无人管理之儿童																					2
被弃儿童								4				1			1	10					16
缺乏医院知识							250														250
人地生疏	64	96	125	11				4		9		1		1		14	18	1			397
无知识	260	601		3	9	6		11			10		2	61		25	389	1			1373
求援																15	1				50
年老																6		1			6

续表

问题＼办法	数目	解释病症指导疗养	接治住院指导疗养	接治出院	接治免费住院	免费住院	免费治疗	解释医院钱财手续	以衣服或钱财救济	接治住疗养院或寄宿舍	接治天然疗养或设法治养	转送其他院或机关	接治复诊	送他处疗养	接治减少医药费	不合作	领养	经济缺乏	特别指导	代谋位置	接治职业治疗	其他	总计
病床缺乏			243						10	41		52	5		30			31	41				453
家务纠纷									117		9							41	32				199
神经紊乱				8							1							7	11	1			19
暂时残废				8					12		1								17		2		40
永久残废				6				3	5	21		1		2	1			3	3	1			25
营养不良									21		2			1					13				37
赋闲				4		9	44		36				9		30			30		95	4		268
收入不足			1	237		72	923	556		91	11			797		6		49	9		1		2752
赤贫				183		29	356	146		10	23							16	1				764
可备教材													102										102
其他																						85	85
总计	896	324	1516	1177	359	435	110	1329	253	1078	320	177	134	353	70	829	97	23	280	879	98	21	10689

资料来源：《北平协和医院第二十三次报告书》，1933 年印刷，第 46 页。

四、社会服务部的其他工作

（一）为其他机构培养输送社工人才

北平协和医院社会服务部因其设立最早，经验丰富，其他社会服务机关和设有社会工作科目的大学，常常派遣初级社工和学生到协和社会服务部实习，社会服务部便分配各科有经验的社工进行指导。济南齐鲁医院、南京鼓楼医院、上海红十字会医院先后成立医院社会服务部，皆聘请北平协和医院社会服务部督导员予以指导。此外重庆仁济医院与上海仁济医院也先后派人员到协和医院社会服务部实习，期满后回院任社会服务部主任职。同时，浦爱德还派社工人员朱宣慈去南京鼓楼医院辅导医院社会服务工作三个月，1936年派钱且华去山东齐鲁医学院医院社会服务部工作了一年。①

社会服务部还向北平第一卫生事务所、北平精神病疗养院、香山慈幼院以及其他社会福利部门等输送有经验的个案工作者。如派宋思明、白端、刘渝慈、卢懿庄、杜荣三等到北平精神病疗养院，他们出色的工作赢得精神病院的好评；钱且华在第一卫生事务所担任社会工作的负责人；高君哲到北平节制生育指导所主持工作；在社会服务部的帮助支持下，饶毓蔼、许玉珍负责北平怀幼会的工作；邹觉之去家庭福利会工作，组织社会上贫苦家庭的家属学习制作玩具及家庭用具，补助家用。钱且华每周有两个半天专门研究和解决北平市公共卫生示范区家庭中的社会问题；周励秋为协和医学院公共卫生专业的学生们授课；社会服务部主任浦爱德也曾为协和护士学校的学生开设了系列讲座；社会服务部的社工时常受邀到社区健康站和不同学校进行演讲。②1932—1933年度，于汝麒为协和医学院护士学校学生、领班护士及华文学校的学生开会演讲，黄芹厚和于汝麒还到长老会为青年团开演讲会，林淑云为长老会所办妇女工厂的母亲会开演讲会。③

---

① 宋思明、邹玉阶著：《医院社会工作》，上海中华书局1946年版，第9—10页；张中堂：《社会服务部二十年》，政协北京市委员会文史资料研究委员会编：《话说老协和》，中国文史出版社1987年版，第361页。

② ［美］Ida Pruitt 著，甄橙、刘继同校审：《北平协和医院社会服务部1927—1929年度报告》，谷晓阳译，《社会福利（理论版）》2014年第5期；《北平协和医院第二十二次报告书》，1930年印刷，第60页。

③ 《北平协和医院第二十五次报告书》，1933年印刷，第47页。

　　社会服务部还是燕京大学、清华大学、辅仁大学、沪江大学、金陵大学、金陵女子文理学院、岭南大学社会学系学生的实习单位,有的毕业生的论文就是取材于对社会服务部的病人调查。此外,社会服务部还输送有经验的社工人员到高校任教或到外地帮助开展工作。如高君哲到福州联合大学、燕京大学任教;周励秋到金陵大学、燕京大学任教;吴桢到成都华西协和大学、南京金陵女子文理学院、金陵大学任教;刘子耆到重庆仁济医院社会服务部主持开辟社会服务工作;季志亭到上海工部局社会福利处负责工作等。①

　　(二)服务医院同仁

　　协和医学院的职工社会服务部大约成立于 1925 年,受双重领导,行政属医学院,业务指导属医院社会服务部,由社会服务部派人办理全院职工社会福利事业。浦爱德称其为“特殊服务”,一般派一名社工负责,主要工作内容一是为由北平协和医学院提供保险金的雇员安排葬礼,二是调查雇员的家庭情况。医院有些雇员的家庭有权享有协和医学院提供的保险金,当此类雇员死后,保险金的理赔和支付由社会服务部管理,社会工作者还要对死者的家庭现状进行调查,并且需要向审计员(Comptroller)提交一份带有建议的调查报告。虽然每年个案的数目不大,如 1929—1930 年的一年中共处理了 6 个个案,但十分耗时。6 个个案中,2 个雇员家庭的生活来源完全依赖雇员的收入,其他4 个部分地依赖雇员的收入。社工的计划是用尽可能少的钱支付葬礼开支,并将结余的保险金持续性地帮助该家庭,进行投资。保险金的六种投资方式如下:

　　　　方式 1:购买两辆四轮马车和一匹骡子以便出租给那些驾驭牲畜运输车的人,租金是每月 8 美元,收入归入这位遗孀名下,加上该遗孀原有房屋每月 6 美元的租金,能够保证这位遗孀的基本生活。

---

　　① 许烺光:《介绍北平协和医院社会服务部的工作(续)·注十七》,《益世报·社会服务版》1937 年 2 月 20 日;吴桢:《我在协和医院社会服务部》,政协北京市委员会文史资料研究委员会编:《话说老协和》,中国文史出版社 1987 年版,第 377、379 页;张中堂:《社会服务部二十年》,政协北京市委员会文史资料研究委员会编:《话说老协和》,中国文史出版社 1987 年版,第 361—362 页。

方式2：购买3辆人力车，以每辆每月18美元的租金出租。

方式3：余款均分给三个继承人，并且将钱有息借贷出去。

方式4：赎回被抵押出去的土地。

方式5：部分钱财有息借贷，部分钱财投资于养鸭。

方式6：购买一处（2间屋子）小房子。①

1938年，张中堂到职工社会服务部工作，也是该部最后一位工作人员。据他回忆，职工社会服务部有一位社工人员，一位打字员和一位洋车夫。职工社会服务部的任务是安排患病职工的疗养事项，安排因病退职的职工领取退职金，帮助职工家属找工作，借款给职工补助生活或让家属做小生意。所以，职工们都称职工社会服务部是"雇工介绍所"及"小本借贷处"。② 下文是张中堂回忆具体的服务情况：

为了使职工们在工作之余能够参加文娱活动，在东单三条32号成立了职工娱乐部。职工在那里可听音乐、唱歌、打乒乓球、练武术、阅读书报、参加文化学习班。

为了使交不起学费的职工孩子能够上学，举办了一次音乐会来募捐，结果使50多名职工的学童都上了学。

有的职工家属及孩子缺少衣服穿，就把医院不要的旧制服拿给他们穿用。

有时职工需要疗养，我就找工人的主任海丝典女士说明情况，她就拿出几元钱，作为给职工买鸡蛋、牛奶的营养补助费。

药房的工人不好好工作，药房主任要我去给他们讲话，劝说他们好好干。我去了，结果尚好。

医院规定工人每年迟到三次就开除。我认为工人买不起表，时间不

---

① ［美］Ida Pruitt著，甄橙、刘继同校审：《北平协和医院社会服务部1927—1929年度报告》，谷晓阳译，《社会福利（理论版）》2014年第5期。

② 张中堂：《社会服务部二十年》，政协北京市委员会文史资料研究委员会编：《话说老协和》，中国文史出版社1987年版，第366—367页。

好掌握,一年三次迟到就开除太严格了,就向海女士建议,迟到一次可否扣一天工资。她同意了,以后就这样执行了。

当时我还建议上级解决了两个问题:一是成立职工肺病疗养所。本院职工患肺病需去西山疗养院疗养,医学院认为花钱太多,我就写了一个设立两所简易肺病疗养所的计划交给上级。经批准,职工疗养所和职工家属疗养所相继成立,租的都是独院,很是安静。内有简单的床铺及家具,由护理部送去鱼肝油及药品。每所设一名管理员,管理该所一切事务并做饭。结果医学院花了不多的钱而使患肺病的职工或家属疗养得很好。二是提高职工工资。当时物价高且不稳定,工人工资低,生活困难。我就选定了工资15元和工资20元的职工家庭共30家,利用星期日去调查了解他们的生活费用缺多少,作了一个统计,呈请上级报给总务长鲍恩先生及董事会秘书福美龄[按:应为福梅龄]女士。经过董事会讨论通过,总务长告诉我,工人工资已增加,而且增长的幅度都比较大。①

(三)服务伤兵

1928年8月在兰州战役中受伤的士兵转院来到北平,协和医院门诊部一天就接诊了28名伤兵。医院的院长助理从这些士兵支付的开支中划定了一笔专门经费,并要求社会服务部为他们做出相应的安排,这种服务方式扩展到冬季陆续来院的50名伤兵。他们被安排住在哈德门外的一家小旅馆里,一家餐馆负责饮食。绝大多数伤兵没有过冬棉衣,社会服务部联系由一个临时性饥荒救济机构为他们提供棉衣。伤兵痊愈后,社会服务部安排他们返回家乡。通过北平—天津军事总部的安排,每个基本痊愈的伤兵可以得到1张火车票和1美元,每个伤势较重伤兵可以得到1张火车票和4—5美元。针对士兵进行的出院计划常常牵涉许多问题,有时需要安排军官带回那些逃离军营的士兵,有时需要军队医院接回他们的伤病员,有时必须获得通行证以便使已经转

---

① 张中堂:《社会服务部二十年》,政协北京市委员会文史资料研究委员会编:《话说老协和》,中国文史出版社1987年版,第367—368页。

移驻防地的士兵重新回归他们的部队。①

1933 年春,中国红十字会创办战地救护队及北平帅府园后方医院。北平协和医院的人员以纷纷前往参加伤兵人道救护,共计参加者 54 人,包括医师 32 人,四年级学生 9 人,护士 12 人,社工 1 人。②

卢沟桥事变爆发后,二十九军进行了英勇抵抗。社会服务部派出社工协同红十字会、协和医院医生对 500 余名抗日伤兵进行了救护服务,具体见本书第十章第二节的相应内容。

第四节　社会服务部的缩减和停办

一、组织机构的缩减

1937 年,受美国国内经济萎靡的影响,协和医院经费紧张,社会服务部也受到影响,"使十五年来一直扩大的社会部有不能继续发展之动向"③,人员编制缩减,到 1941 年时社工仅有 10 余人。计有主任 1 人,副主任 1 人,社工 7 人,包括督导 2 人,高级社工 2 人,初级社工 3 人,另外有实习生 7 人,书记 3 人。④ 时任主任于汝麒,1926 年毕业于燕京大学社会学系,之后到协和社会服务部工作,1930 年 2 月至纽约社会工作学院访学,富有社会服务经验。社工的资格为大学文法科毕业,曾修有相当的社会学及社会服务学分,并在社会服务部至少有六个月的个案工作训练。社工分科负责,除痨病科与泌尿科、皮肤科与花柳科、耳鼻喉科与眼科合并由 1 名社工负责外,其余每科由 1 名专职社工负责。社会服务部共有书记 3 名,其中西文书记 1 名,中文书记 2 名,负责打印社会服务部个案记录、各种单据、中英文报告,缮写来往书信,通电话及接

---

① ［美］Ida Pruitt 著,甄橙、刘继同校审:《北平协和医院社会服务部 1927—1929 年度报告》,谷晓阳译,《社会福利(理论版)》2014 年第 5 期。

② 《北平协和医院第二十五次报告书》,1933 年印刷,第 1 页。

③ 许烺光:《介绍北平协和医院社会服务部的工作(续)》,《益世报·社会服务版》1937 年 2 月 19 日。

④ 李槐春:《医院社会服务之功用》,燕京大学社会学系学士毕业论文,1941 年,第 28—29 页。

洽各种事务。①

二、服务工作的持续

尽管规模有所缩减,服务部的工作原则和方法依旧,质量并没有下降,工作效率也并未减低,成绩仍甚可观。② 下文以肺结核、梅毒两种病为例进行论述。

肺结核与梅毒是两种慢性疾病,治疗时间长,需要社工长期服务。有研究者选出已痊愈或将痊愈的肺结核病人、梅毒病人各 50 名,统计其社会治疗时间情况。见下表 1-9:

表 1-9　100 名肺结核、梅毒病人社会治疗的时间③

时　间	肺结核病人		梅毒病人		共　计	
	人数	百分比	人数	百分比	人数	百分比
1 年以下	3	6%	0	0%	3	3%
1 年	5	10%	5	10%	10	10%
1 年半	7	14%	7	14%	14	14%
2 年	13	26%	7	14%	20	20%
2 年半	6	12%	5	10%	11	11%
3 年	3	6%	8	16%	11	11%
3 年半	0	0%	2	4%	2	2%
4 年	3	6%	7	14%	10	10%
4 年半	2	4%	1	2%	3	3%
5 年	2	4%	2	4%	4	4%
5 年半	1	2%	2	4%	3	3%
6 年	1	2%	1	2%	2	2%
6 年半	2	4%	0	0%	2	2%

---

① 李槐春:《医院社会服务之功用》,燕京大学社会学系学士毕业论文,1941 年,第 29—31 页。

② 李槐春:《医院社会服务之功用》,燕京大学社会学系学士毕业论文,1941 年,第 28 页。

③ 此表中数据计算略微有误。

续表

时　间	肺结核病人		梅毒病人		共　　计	
	人数	百分比	人数	百分比	人数	百分比
7 年	1	2%	1	2%	2	2%
7 年半	1	2%	0	0%	1	1%
8 年	1	2%	2	4%	3	3%
总计	50	100%	50	100%	100	100%

资料来源:李槐春:《医院社会服务之功用》,燕京大学社会学系学士毕业论文,1941 年,第 60 页。

1. 肺痨科的社会工作

国际上,结核病的治疗历经三大阶段,第一阶段是 20 世纪 30 年代以前,以休养为主,疗效 25%,病死率高。第二阶段,20 世纪 30—40 年代以萎陷疗法和休养为主,疗效 40%,病死率低。第三阶段是 20 世纪 50 年代以来至今的化学疗法时代。①

北平协和医院对肺结核的治疗方法以休养为主,也引进了国际最新疗法——人工气胸手术②,每周二、四、六下午为手术时间。③ 所谓休养即休息,不仅身体要休息,精神也要休息。因为"休息可使脉内血液滞缓,血液迟缓,结核可免破裂,结核内的痨菌与痨菌所发之毒液,就可永远包在结核内,不得出来作祟,再者休息可使呼吸平缓,人得肺痨病犹腿得骨折伤,必得休息,才能痊愈。"④病人休养的房子应当高大,空气干燥流通,最合宜为高山村野的疗养院,同时要与常人隔离,以免传染。结核病人还应多食用有营养的食物,如鱼、肉、蛋、米、面等物,以增强抵抗力。而且,人工气胸手术的治疗通常耗时较长,

① 陈明、张天民:《我国结核病发现的历史、治疗的演变及其发展趋向》,《结核病临床与控制》2002 年第 3 期。

② 所谓人工气胸手术,是应用针管将空气注入胸膜腔,造成"人工"气胸的外科手术,用于治疗肺结核。该疗法由意大利医师佛兰里尼在 1888 年应用于临床,1912 年得到医学界的认可,并逐渐成为欧美治疗肺结核的主要方法。1928—1930 年期间,上海开始应用人工气胸术治疗肺结核,其后,人工气胸术开始在全国范围内应用。(参见何玲:《人工气胸术发展简史》,《中华医史杂志》2010 年第 2 期。)

③ 李槐春:《医院社会服务之功用》,燕京大学社会学系学士毕业论文,1941 年,第 33 页。

④ 卢永春:《痨病论》,中华医学会反痨基金社 1937 年版,第 116、119—120 页。

在初次注气之后,每过一段时间间隔还要进行再次注气以保持肺部的萎陷状态。这样的治疗通常会持续一年到两年的时间。

社工在肺痨科的服务十分繁重。由于肺结核有时发病程度已不轻,却没有自觉病征,因而容易使病人忽视治疗。有时即使出现病征,但因并不十分妨碍工作与行动,病人也不注意,"终而致害"。社工此时的工作多是向病人解释病情与治疗方法,因为养病时期过长而常令病人精神不安,还须注意病人的心理卫生。协和医院内没有肺痨病房,社工需要介绍病人到疗养院休养。因为疗养院价格不菲,在介绍病患入疗养院休养时,社工要根据其经济情形代为办理减免费事宜。

对于在家疗养的病人,社工需要仔细观察其住居环境是否合宜?营养食物是否充足?是否可以充分休息?还须注意疾病的隔离,如果发现家庭成员中一人患肺结核,要立即劝其家庭成员都来医院检查,特别是儿童。社工除口头解释外,还要替其家人安置一切诊查手续。如果发现病人家庭环境不适宜养病,或自远方来京的病人经济上无力入疗养院休养,社工要替这些病人安置寄养家庭,并设法补助其疗养费用。

如果外地病人回家休养,社工要时常与病人通信以了解其疗养状况。病人有疑问时,社工要代病人咨询医生,得到医生的指导后再以书信转告病人。社工在与病人的通信中要注重对疾病的解释,对病人心理的安慰和鼓励,以使病人得到疗养的实效。

善后服务对肺结核病人也很重要。在当时的医疗水平下,病人住在疗养院中直到痊愈,无论是在经济上与时间都是不可能的。因而在病人出疗养院后,社工仍要随时指导,如召病人回院复诊,隔一定时间写信或亲自上门问候以了解其健康状况。病人经过长期疗养以后回到社区时,往往不易适应,社工需要详细了解其日常生活、社区与家人对病人的态度,并随时给予指导。① 以下是三例典型的肺结核个案社会工作的案例。

---

① 李槐春:《医院社会服务之功用》,燕京大学社会学系学士毕业论文,1941 年,第34—36 页。

个案一①：

未婚女性病人，十四岁，察哈尔人，为察省神召会某西籍教士所管之一孤儿，今发现有左右肺部肺结核病，病甚沉重，又有盲目之疾，乃由其保护人请托社会部代为照管。

当日服务员即到眼科给病人挂号，复与病人购买午餐。但因病人须住院割治眼睛，于是服务员又去挂号处与病人办理免住院费与医药费手续，复与其保护人写信，令伊来院代为签字。

在病人住院时期，服务员即到各处代为寻找寄养家，为出院后之疗养地，结果选妥一家，议好每月寄养费九元，其保护人每月给六元，其余由社会部补助。

服务员在病人未出院前，先去访视寄养家，寄养母 A 独自住东房二间，有大炕一座，有被数床，屋内很整洁，服务员将病人病情先为之解释，并且嘱令特别注意病人卧床休养与隔离问题。结果寄养母 A 对此病人之情形，好似很明了。

病人在医院中共住四十日，眼已割治痊愈，由寄养母 A 接回家中。临出院时，服务员对病人讲到休息之重要，且告其寄养母善加看管。

逾数日，服务员到寄养家作家庭访视，见病人与其他儿童共玩，一见服务员来，赶忙躺下休息，于是服务员告寄养母 A，一定要叫病人卧床休养，否则将接病人出来，因为物价高涨，结果寄养费增为十元。

因为病人不知善加休养，服务[员]与保护人写信，请为劝告病人，注意休养问题。

一日，服务员访视病人，见病人坐于炕上，面带喜色。据寄养母 A 言，病人须二白布被单与绒袜，服务员允为购买。

病人来院复查，据医生言，病势并未进步，须要好休养，病人向服务员泣诉，寄养母 A 常令伊帮同缝纫，而不令休息等情，服务员除向寄养母详

---

① 李槐春：《医院社会服务之功用》，燕京大学社会学系学士毕业论文，1941 年，第 62—65 页。

为解释休息之重要外,复至各处代为寻找寄养家。

寄养母 B,为一六十岁之寡妇,自住北房一间,屋内很整洁,以缝纫及售卖花生为生,颇可自足。于是病人便到此寄养家疗养,并由服务员介绍公共卫生护士,去指导病人休养。

一次,病人发烧,诊断结果系出疹子,服务员介绍病人去卫生事务所,复去传染病医院,并付与车钱,后病愈。

在家庭访视时,服务员见寄养家,苍蝇很多,并据病人言大炕上臭虫很多,实有碍卫生,于是服务员与购一门帘并杀虫药水,同时并与购置夏日衣服一并送去。

现在病人,仍在寄养家中休养,每日可少作缝纫,得洋一角,且于每星期日去做礼拜,平日在家除缝纫外,尚读书籍,病势已渐痊愈。

此个案病人,所患系长期肺痨病,须卧床善加休养,然病人为一孤儿,故一切皆由服务员代为安置,除经济上由其保护人员一部责任外,其余皆为服务员代为照管。在这三年中,服务不时去作家庭访视察,详查其休养情形,并遇一切有碍治疗之问题时,则设法速为解决之,所以病人才得安然休养。以一个无家的孤儿,而仍能达到痊愈之目的,若非有服务员伟大服务的精神,与科学服务之方法,恐怕不会有今日之良好结果。

个案二①:

孀妇病人,年二十六岁,河北省人,夫原为厨役,于二十五岁夫即故去,夫家无人,病人便归母家居住,与母日以洗作得以为生。现在病人已怀孕,近日又患咳嗽症,诊查结果系患左肺部肺结核病,须静养。病人问题:经济困难,因之生产问题,产后婴儿保育问题、等等,均颇复杂。

病人目前问题为生产,于是服务员与住院处商酌,予以免费住院生产。产后出院,并介绍公共卫生护士予以卫生指导。

---

① 李槐春:《医院社会服务之功用》,燕京大学社会学系学士毕业论文,1941 年,第 65—66 页。

病人须要与婴儿隔离,以防传染,于是服务员与其院邻商酌,由病人母亲带领婴儿暂与邻人居住,并由服务员予以豆浆营养补助,由其母亲照管。

病人在家休养,由社会部补助营养食品,病已渐愈,每日在家可以与人缝作外活,不足时社会部则少加补助。后来发现病人痰中有菌,对于婴儿,恐怕传染,于是服务员便将其小儿代为寄养在寄养家,寄养费与营养品皆由社会部补助。寄养一年病人已可过常人生活,于是小孩亦被接回,并于每月补助四元以减病人负担,后病人作外活,日可得四角,因而补助费停止。

一次,病人患腿病,须每日来院换药,而病人家又距医院很远,于是服务员便替为找一寄养家居住,每次来诊服务员补助车资二角,饭洋二角,逾二十余日,腿病已痊愈,病人归家。

现在病人已痊愈,然仍按时来复诊检查,并不时与人作些活计,藉以为生。

此个案病人为一青年孀妇,丈夫亡后,心理上受一挫折,复因经济困难,因而致病。病人病后问题颇多,然在服务员辅助之下,医药疗养问题得以解决,婴儿得以保全,疾病得以痊愈。若非服务员精心观察提导,不但病人难以恢复,就是婴儿亦有受染之虞。今母子皆得健康,可见服务员之功效是何等伟大。

个案三①:

已婚男性病人,年三十岁,山东人。在某印刷所任职,月薪二十元,现患左右肺长期肺结核病,须住疗养院休养。

病人生长在河南,时其父在此为官,四岁来北京,六岁入学,十九岁肄业于大学一年级,即可始在书局任事,月薪六十元。至二十二岁时改充现

① 李槐春:《医院社会服务之功用》,燕京大学社会学系学士毕业论文,1941年,第70—72页。

职。二十八岁时，自由结婚，自组小家庭在京度日。自病人病后，其妻、子便随岳母在海甸居住，母亲、兄(为农)、嫂与侄在原籍居住。自有房十余间与田庄数亩，生活不裕。病人之问题，应入疗养院休养。关于院费方面，其友可稍加补助。于是服务员即往西山某医院，代为接洽疗养事宜。

1935 年 5 月 23 日，病人入疗养院休养。六个月后，因友人无力再加补助，故而出院，乃至其岳母家继续休养，但其岳母经济亦很困难，常以典当弥补不足。服务员以病人病势逐渐进步，极愿补助之以完成休养之功，于是便往各处接洽，寻求辅助力，结果商得一美籍军官同意，乐允辅助，因之病人才得以继续休养。

1936 年 5 月，病人忽获一免费车票，复因经济关系，便回原籍休养。然以家中不安，便又赴城内休养，由一邻人侍候，每月须费十八元。但以家中经济困难，费用无着，故又致书于服务员请求借助，于是服务员又往访以前之美籍军官，复得允助，按月由服务员将款与病人寄去，以资继续休养。

1937 年 3 月，病人在天津谋得书记职，月薪三十元，甫数月，又因病辞职，住岳母家，每月由友人少加补助。因家境日窘，妻虽素有目疾，亦欲出来谋职，于是服务员即与之在眼科门诊挂号，免费治疗与配置眼镜，因之目疾霍然而愈。复径服务员介绍，入燕京工厂工作，月入六元，又社会部每月补助十元，于是病人得以在外居休养。但为增加病人收入起见，服务员乃又介绍一病人，至其家中养病，因之每月多得寄养费十二元。1940 年，服务员复介绍协和救济部代为补助，每月二十元，又介绍其子入香山慈幼院，但因查觉有肺痨病，未得允入，乃在家休养。后因生活日高，救济部之补助金每月增为四十元，复由其妻与其友人帮作，月可得十元，全家得以生活。1941 年 1 月，病人在天津华北防疫处谋得一职，月薪八十元，子亦痊愈入学，全家经济又告独立。

此个案病人，为一自食其力之人，如今一病，入款断绝，小家庭因而解组。幸经服务员，事事辅助，始告痊愈。如关于疗养方面，则代为安置适宜疗养院休养，关于经济方面，则代为寻求其他机关与私人辅助，因之病人才得继续休养。

服务员在此个案中,计有三部工作:一为健康指导,如介绍其妻来协和医院治目疾,并代为安置免费治疗与配置眼镜,一为职业介绍,如介绍其妻入工厂工作;一为经济补助,介绍其他病人至其家休养,以增其收入,介绍救济部代为补助。在服务员辛劳指导之下,五年之久,精神如一,终使病人得痊,健康恢复,重新又独立起来。

2. 梅毒科的社会工作

负责梅毒科的社工李善臣对当时梅毒的病程和治疗方法了如指掌,他对研究者口述梅毒的治疗过程:

花柳病之分期:

第一期:自受染起至三个月,身上发现有小疙瘩,然不久即消。如自此时起即按时打针治疗,痊愈时期约在一年后。

第二期:自受染三个月或六个月至一年者,身上发现有红点大疮,腿疼、脱发、嗓哑。如自此时起即按时打针治疗,须一年半余始可痊愈。

第三期:潜伏期,此时期中,病状俱无,病菌多向内侵及神经系统、耳、目、心脏与肺部,对各器官之侵害多为慢性的,而终使之失却其功能而致残疾。病菌只要侵害到神经系统,则痊愈时日就很难说了。

花柳病治疗法:

多为打针治疗,以除病菌之害,打针共有二种,一种皮下打针,一为血管打针,皆为藉药力以加强身体之杀菌力。①

梅毒是一种长期疾病,一般情况下病人仍然可以照常工作,不需要住院或在专门的疗养院休养,但是治疗时病人需要持续打针②,如果间断则前功尽弃,所以病人不能离开治疗地。无论梅毒科的病人是否存在社会性问题,社工

① 李槐春:《医院社会服务之功用》,燕京大学社会学系学士毕业论文,1941年,第37页。
② 德国科学家保尔·艾利希(Paul Ehrlich,1854—1915)在20世纪初发明了治疗梅毒的有效药物"胂凡纳明",商品名之一为"606",使无数病人恢复了健康。(参见傅杰青:《科技史上的一个误传——"606"》,《自然辩证法通讯》1981年第2期。)

都会与他们进行会谈,主要工作是向病人解释疾病及其治疗过程。

协和医院住院部有六个梅毒病床,包括一个女病床,五个男病床。住院病人大多是为了满足医生研究的需要,因而医生往往强令病情很轻的患者住院,许多自觉病情很重的患者却无法住院,导致这两种病患都表示不满。对于前者,社工会先向病人解释沟通,消除其疑惧心理,通过与病人会谈或家庭访视找出其不愿住院的原因,然后再设法解决这些问题,并向病人解释清楚住院手续,"以情感友谊之劝慰,力求得其信任,而使之住院"。对于后一种病人,社工尽力帮忙解决其问题,如果病人的病情已经发展到双目失明,就送到北平市的救济院等合作机关,继续治疗。

梅毒旧称"花柳病",很容易使人产生恐惧厌恶的心理,有些病人怕旁人知晓"有碍于体面",社工就会给病人做特殊的安排:如候诊时,可使病人到社会服务部或他处等候,叫其名字时,则换成其他记号,以免被熟人知晓。总之,社工的做法为了不使生理上的疾病影响到病人的心理健康。如果病人心理问题特别严重时,社工需要请心理学家代为辅助治疗。

患梅毒的病人需要按时到医院打针治疗,但是病人往往因为职业关系而中断治疗。如一个学徒时常请假到医院看病,事实上几乎是不可能的,如果被雇主发现有此恶疾,还有被解雇的风险。病人失业后,社工需要为他们安置职业,因为病人要长期治疗,耽误时间,很难谋得合宜职业。在这种情况下,社工往往设法借给病人本钱,让他们做一点小本营生使能自立生活,继续治疗。

许多自远方来北平求医的病人,往往因为治疗时间过长而发生经济和居住困难,社工会给予经济上的辅助,并代为安置住所,如介绍病人住在社会服务部附设的调养院或北平市内的救济院中。治疗结束后,社工还要给病人路费,送他们回归家乡。

梅毒传染问题也很重要。一人患有梅毒,社工就要说服病人全家都到医院进行检查。许多家庭成员因为没有感觉到病状,或者怕有碍颜面,不愿前来诊查,社工除了向他们仔细解释外,还要与他们建立专业的"友好关系",事事替患者家属着想,提供各种方便,帮助解决他们的困难,"以得其信任,达到诊查之目的"。

梅毒不仅传染,而且遗传,贻害子孙。许多儿童患失明、跛足等残疾,就是因为先天性梅毒导致。所以社工对患有梅毒的孕妇特别注意,在其怀孕时要力劝她按时前来打针治疗。母亲怀孕三个月至九个月时,如果持续按时打针,百分之九十的胎儿可预防遗传梅毒,保证正常健康。

梅毒治疗时期长,功效又很缓慢,病人往往因为病征暂时消失,或因治疗功效过于缓慢而中途放弃治疗。这时社工会按时写信,劝导病人来医院继续治疗。一封信不见效,便继续写书信给予劝告。如果病人仍旧不到医院,社工就需要做家庭访视,详细查明病人不来诊治的原因,再设法解决这些阻碍治疗的问题,以完成治疗。①下面是四个梅毒科的典型服务案例。

个案一②:

> 已婚男性病人,年二十四岁,河北人,一九三四年六月二十一日来花柳科门诊,诊断结果知系患潜伏梅毒病,须打针治疗。
>
> 病人为一小学教员,月薪八十元,家中有祖父与弟,母亲时常出去替人忙作。父亲于十年前外出谋事,迄今无信。家无恒产,病人为家中惟一之生产者。病人生长在原籍,十五岁以前从祖父读书,后至城内就读。十八岁中学毕业,二十二岁即开始教书,二十三岁时结婚,妻因精神不正常,婚后数月即行离婚。病人日下腿部肿痛,腰痛,不能书写,但以经济困难亦未曾就医。近因病势日趋严重,始携洋二十五元来平就医。
>
> 病人为医生研究之一个案,故今其住院当交院费五元,住八日出院。逾二月后,服务员致书复召其前来住院,并请代施以职业治疗,因向职工部(Employment Bureau)致书,替病人请求职业。如此,则病人一方面可以为生,一方面仍可留京治疗。后病人出院,因其在京无居处,服务员便安置伊于社会部附设男调养院中。按时前来打针,与以免费,并替病人在青年会职工部登记。1935年7月26日服务员在精神病院谋得一职,7月29日病人前去任事,暂无工资,后经服务员与精神病院院长商议,结果每

---

① 北平协和医院社会服务部李善臣君口述。转引自李槐春:《医院社会服务之功用》,燕京大学社会学系学士毕业论文,1941年,第37—40页。
② 李槐春:《医院社会服务之功用》,燕京大学社会学系学士毕业论文,1941年,第72—74页。

月与以工资二元,并可在院内用餐,因而自立。逾四月,工资增为三元,一年后病人被移至他部工作,因而不安,深疑自己因过而被移换,但后经服务员探明院长移换病人工作之原意,始知只系一种迁换性质,并非过错所致,服务员复将此意转达病人,再三并力慰之,病人始转忧为安。是时病人工资已增为十元,除自用外,尚可少付一部诊费,生活无虞。1938 年 3 月 18 日,因院内改组,病人被辞,乃住友人家,由社会部每月补助六元食费,并建议病人习学打字与速记。6 月 2 日,病人打针治疗已完毕,病已告痊,赴某地帮同友人做事,得以自营生活。

此个案病人,自 1935 年 1 月 5 日至 1938 年 5 月 26 日,共打十一排针(一排有十六针,须时四个月),费时三年有余。在此期间内,除一二次由病人自己稍付诊费外,其余一切医药治疗费服务员皆与之免费,同时并介绍病人职业,于是病人才不致使治疗中断。

个案二①:

已婚男性病人,年三十八岁,河北人,1931 年 7 月来花柳科门诊。诊断结果系患潜伏梅毒病,须打针治疗。

病人生长在原籍,曾受过一年教育,后即为农,至二十一岁时即外出为兵,迄今已十七载,月薪四元八角,毫无积蓄。家中有妻、女、叔、婶等,十余人以地亩为生,生活不裕。

病人于 1931 年 7 月 18 日住院,六日后出院,因其军队已开走,居住发生问题,于是服务员介绍其到社会部附设男调养院居住,同时服务员又致书与其军队,索要护照以送其回保定。10 月 5 日病人二次住院,十余日后出院,复又住于男调养院中,后因发烧,三次住院,逾数日,出院回保定府去治疗,服务员给以五角食费,并旧衣数件。一年后,病人因患痢疾又来住院,出院后服务员令其住在小店中,而到男调养院中去用饭,后病

---

①　李槐春:《医院社会服务之功用》,燕京大学社会学系学士毕业论文,1941 年,第 74—75 页。

人在小店中为人写账,一年后又为厨役,后卖糖果,近因病辍业,生计困难,于是服务员时加补助,并借与小本,合作小本营生逾半年,卖糖已可生活,并每月将所卖盈余,存于服务员手中代为积储,及遇病不能售卖时,便将小本用去,由服务员随时补助小本。其后服务员感到本小利微,所赚甚少,仍难自立。于是服务员担保病人到妇女红十字会请求借助,结果借到十元,为买售卖糖具之用,服务员又借与五元,为买糖之用。于是病人每日外出售卖,日可赎洋三角,并可日积二十枚,每月还妇女红十字会一元,在其无买卖时,服务员便在经济方面加以补助,后服务员又借与十二元为本钱,日购五角,生活较裕。1940 年,病人已完全痊愈,与友人合开一小铺,日可购一元左右,生活安定。

此个案病人,自 1931 年 7 月 18 日至 1940 年 1 月 30 日,共打十三排针,费时八年有余,在此期间,社工针对其医药治疗费,时加免助,利用小本借贷,以自营生活办法使病人完成治疗。

个案三①:

已婚女性病人,年二十九岁,河北人,于 1937 年 5 月 29 日来花柳科,诊断结果知系患潜伏梅毒病,须打针治疗。

病人丈夫患花柳症已二十余年,今因其幼子发现有先天花柳病,因而服务员令病人亦来检查。病人因乳水不足,幼子缺乏营养,前曾由保婴事务所补助营养。1938 年 9 月 7 日,服务员令病人携其幼子到小儿科诊看,据医生言营养不足,体重太轻,须加以营养补助,于是服务员每日补助鸡子一枚,病人一星期来领一次。病人照管得法,幼子因得健壮,因而停止营养补助。病人因居住距离医院太远,因而服务员加以车资补助,以便母子二人,均能达到治疗之目的。

---

① 李槐春:《医院社会服务之功用》,燕京大学社会学系学士毕业论文,1941 年,第 75—76 页。

此个案病人为一贫妇,自 1937 年 5 月 29 日至 1939 年 9 月 30 日共打七排针,在此二年之久,社工不时写信催令前来打针,并与以经济补助,于是母子二人俱已得痊。

个案四①:

> 已婚男性病人,年三十二岁,河北人,为电灯公司稽察,月薪二十五元,1937 年 1 月 9 日来花柳科门诊,诊断结果,系患第二期梅毒病,须打针治疗。
>
> 病人生长在原籍,受有四年私人教育,自十五岁即来电灯公司为学徒,工资四元,至今在此公司任职,已十七年矣。
>
> 病人家属,皆在原籍,有地十数亩,病人自二十二岁结婚后,仍来京任事,四年前随友人访妓冶游,因而染病。
>
> 病人因经济不裕,一次交十元打针费,颇觉困难,于是服务员便代为安置。今其分五次付与,然病人对于打针似很忽略,故服务员不时与之写信,劝令按时前来,1937 年 6 月 8 日至 1938 年 1 月 22 日,病人不来复诊,在此期间服务员仍按时写信催令来诊,并代为商酌减费事宜。于是病人在这种劝导之下始完成治疗,而得痊愈。

此个案病人自 1937 年 1 月 9 日至 1938 年 10 月 13 日共打四排针,费时一年半有余。在此个案中,病人的经济问题虽不甚大,但病人的治疗态度似很疏忽,因而社工的工作侧重在教育方面,除常向病人解释疾病性质与治疗外,并不时与之写信召令前来就诊。

三、社会服务部的停办

1941 年 12 月太平洋战争爆发,1942 年 1 月协和医院被日军占领,社会服务部也随之停办。② 据吴桢回忆,1941 年北平协和医院被日军占领后,社会

---

① 李槐春:《医院社会服务之功用》,燕京大学社会学系学士毕业论文,1941 年,第 76—77 页。
② 张中堂:《社会服务部二十年》,政协北京市委员会文史资料研究委员会编:《话说老协和》,中国文史出版社 1987 年版,第 372 页。

服务部的社工人员也都各奔前程了。一部分社工人员留在沦陷区,一部分社工人员改业从事其他工作,如教书、做秘书等,也有一些社工人员到了内地。据他所知,钱且华去了重庆中央医院,朱宣慈、李瑾在成都燕京大学继续社会工作,李闇奉在成都儿童营养促进会工作,梁孟娟在中央卫生实验院任外文秘书,吴桢本人则到中央卫生实验院任社会工作室主任。[①]

第五节　复员后的社会服务部

一、社会服务部的恢复

抗战胜利后,北平协和医院于 1947 年 10 月复员。当时"协和基金二千二百万美元,每年可生息六十万美元,现另有历年结存利息百余万美元,协和原有设备据调查结果,损失百分之四十"[②],因此直到 1948 年 5 月,协和医学院及医院才重新开始工作,社会服务部也得以恢复,但人事、组织及工作范围皆不如前。医院最初只恢复了内、外及妇产科三科,且对每日普通门诊人数也有限额,内、外科每日各看初诊病人 15 人,妇产科只看初诊病人 10 人,复诊不限,故每日来诊的病人不多。社会服务部最初只有张中堂[③]和魏景昭两名工作人员,还有一名书记,张中堂为代理主任,此时的工作是不分科系的。7 月,张中堂获联合国社会福利人员奖学金赴美留学,历时六个月。于是,社会服务部又增加了一名社工。1949 年 1 月张中堂回国,担任社会服务部主任一职,负责社会服务部的行政事宜,同时负责内科普通病房的服务工作。接着社会

---

① 吴桢:《我在协和医院社会服务部》,政协北京市委员会文史资料研究委员会编:《话说老协和》,中国文史出版社 1987 年版,第 379—380 页。

② 《协和医院十月复业》,《外交部周报》1947 年第 28 期。

③ 张中堂,1910 年生,山东泰安人,1932 年毕业于燕京大学社会学系,文学士,1932—1942 年任北平协和医院社会服务部初级社工、高级社工、监督员、职工社会服务部主任;1948 年 3 月,正在天津中央医院辅助成立病人服务室(即社会服务部)时,收到北平协和医院院长李克鸿的来信,邀请他担任社会服务部代理主任;7 月考取联合国社会福利奖学金,赴美学习医院社会服务工作,并在匹兹堡大学研究院社会学系学习;1949—1952 年任协和社会服务部主任。(参见张中堂:《社会服务部二十年》,政协北京市委员会文史资料研究委员会编:《话说老协和》,中国文史出版社 1987 年版,第 360、372 页。)

服务部又聘任蒋哲存、杜荣三和邵幼章三人来部工作,蒋哲存担任副主任,三人都是大学主修社会工作的毕业生,在医院社会工作方面也有多年工作经验。[1] 医院其他临床科,如神经精神病科、儿科、耳鼻喉科、眼科和皮肤科也相继恢复,人员增多[2],社会服务部开始分科负责服务工作。

二、社会服务部的工作

社会服务部在医院大楼的第一层,位于门诊部挂号处的对面,占屋三间,一间是主任室,一间是书记誊写文件室,另一间很大,是各位社工的办公室。社工在办公时间内穿白色制服。[3]

张中堂主任认为社会服务部的主要功能在社会服务,如协助医生治疗,调整病人与其社会环境之间关系等,而减免病人的医药费用是其中最不重要的工作,故该社会服务部不直接管理病人医药费用的减免,以免被人们误解为"专司免费的机构"。[4] 但是,现实中因为人员不足、医生不重视等原因,社会服务部的主要工作已沦为对病人经济情况的调查,用以配合门诊处和住院处的减免费工作,只能附带做一些社会服务工作。[5]

门诊部及住院处的职员管理病人减免费用事宜,两处职员都曾受过社会工作的训练,对临时需要经济协助的病人可由谈话中获得真实情况,并及时帮助他们。但是,对不能立刻断定病人经济情况的请求者,两处职员即转介到社会服务部,请代为调查,并征取意见。因此,社会服务部负责调查门诊部和住院处转来的个案的经济情形,然后将调查结果与社工的意见交回,由门诊部挂

---

① 陈洁:《平津两个医院社会服务部的调查》,燕京大学社会学系学士毕业论文,1949年,第26、28、29页;张中堂:《社会服务部二十年》,政协北京市委员会文史资料研究委员会编:《话说老协和》,中国文史出版社1987年版,第372页。

② 陈厚珩:《复员后的协和医院》,中国人民政治协商会议北京市委员会文史资料研究委员会编:《文史资料选编》(第34辑),北京出版社1988年版,第99页。

③ 陈洁:《平津两个医院社会服务部的调查》,燕京大学社会学系学士毕业论文,1949年,第27页。

④ 陈洁:《平津两个医院社会服务部的调查》,燕京大学社会学系学士毕业论文,1949年,第38页。

⑤ 陈洁:《平津两个医院社会服务部的调查》,燕京大学社会学系学士毕业论文,1949年,第36页。

号处或住院处决定病人可减免费用的数目,社工不干预减免的数目。但社会服务部每月做工作月报表时,要向院长室报告患者医疗费用的减免概况。①

社工接到个案后,一般都要做家庭拜访及其他调查工作,例如到病人的受教育机关、职业机关、病人的教师处了解其智力及勤勉情形,由职业机关了解其做事的能力、与人相处及经济收入情况,综合以上材料,可知病人的社会生活史及其疾病的社会原因。社工还经常到病房探视,一方面了解病人的治疗情形,另一方面对病人加以安慰。社工不直接和病人谈论经济和家庭等问题,而是从医生或护士处了解病人在治疗期间遇到的问题,如缺少现款、缺少某种贵种药品等,然后予以适当的帮助。社工还向医生说明病人的家庭背景、社会生活以及疾病发生的可能原因,医生结合治疗要求,确定一个最适合于病人经济情况的治疗方法,由社工帮助病人实行。针对一些精神病人的病情诊断,社会服务部的调查可以起到直接的作用。另外对医院的科学研究,社会服务部也能辅助进行。据1947年到协和医院任院长秘书的陈厚珩回忆:

> 社会服务部工作人员的作用,是调查医师需要了解的某些病人的情况,特别是精神病人的家庭状况或工作环境,以便医师对病情进行分析,作出诊断和采取适当的措施。疑难病症患者在院死亡后,社会服务部的工作人员劝说病人家属同意尸检,以利于医学研究和教学。当时一般的人很害怕尸检,在这种情况下,取得尸检的允诺是一项艰巨的工作,工作人员需要机智和有说服人的能力,必要时也以减免住院费作为条件。②

社工将各方面调查所得的材料进行整理,按照社会服务部要求的格式写成个案记录,包括病人的姓名、性别、年龄、住址、职业、健康情形、居住情况、经济收支状况等,最后是社工的意见及服务计划,用英文写成,夹入病人的病历中,以供医生随时参考。但是,因为社工的工作偏于解决病人的经济问题,时

---

① 陈洁:《平津两个医院社会服务部的调查》,燕京大学社会学系学士毕业论文,1949年,第27页。

② 陈厚珩:《复员后的协和医院》,载中国人民政治协商会议北京市委员会文史资料研究委员会编:《文史资料选编》(第34辑),北京出版社1988年版,第96页。

常外出调查,与医生及护士不常见面,关系不密切。各科医生每日除治疗工作外,还有许多会议,如个案讨论、杂志讨论和病理研究等,偏重于专门的疾病的研究,并无社工参加。①

社工在调查中常发现病人或其家庭对社会有不适应的情形,例如知识水平低、生活不卫生、家庭关系不融洽、与邻居不和睦等,社工会随时为他们调整。"但因社会工作员工作繁忙,此方面的工作多属附带执行,很少有整个具体的社会服务计划者。"②因为社会服务部的工作主要是针对病人的经济状况做调查,以明了该病人缴纳医药费用的能力,很少有其他的社会服务工作,故与其他社会机关的联系并不密切,只是在需要时才为病人介绍,病人自己去社会救济或社会服务机关请求援助。③ 如女病人的营养太差,孩子也不健康,社工就介绍她到儿童福利委员会请求营养补助品,又如病人回家乡缺少路费,社工介绍他们到红卍字会请求补助。社工也有偶尔的随访工作,视工作的闲忙而定。不过,由于社会服务部的社工资质优良,皆为大学毕业生,又受过专门的医院社会工作的训练,至少有两年以上的实务经验,工作态度和蔼热心,能力方面精明强干,总是尽力站在病人的立场,为病者求得疾病的治疗及社会生活的重建,"其中有许多个案是很彻底的完成的"。④

此外,为了培养社工人才,社会服务部开办了进修班,招收各大学社会学系的毕业生,为期一年。1949 年到 1950 年办了第一班,1950 年到 1951 年又办了第二班。学员除学习业务外,还请各科教授讲课,并在门诊及病房实习,毕业后协和医学院发给证书。学员学费免交,待遇是每月 425 斤小米,折合人民币 54.5 元。两期毕业的学员除留在本部工作外,其他人员都到社会福利机关工作。第二期学员培训时正值抗美援朝战争期间,许多志愿军伤员来协和

---

① 陈洁:《平津两个医院社会服务部的调查》,燕京大学社会学系学士毕业论文,1949 年,第 28、32—33 页。

② 陈洁:《平津两个医院社会服务部的调查》,燕京大学社会学系学士毕业论文,1949 年,第 33 页。

③ 陈洁:《平津两个医院社会服务部的调查》,燕京大学社会学系学士毕业论文,1949 年,第 29—30 页。

④ 陈厚珩:《复员后的协和医院》,中国人民政治协商会议北京市委员会文史资料研究委员会编:《文史资料选编》(第 34 辑),北京出版社 1988 年版,第 38—39 页。

医院住院治疗,社会服务部就组织学员成立一个委员会负责服务工作,如发放各地人民捐送来的慰问品、读报、代写信件,并设立文娱室(有象棋、克朗棋、报刊、收音机等),还组织看电影、听京剧等。①

三、社会服务部的取消

1951 年 1 月,协和医学院和医院由人民政府接管。1953 年至 1956 年协和医院推行苏联的"三大制度",在组织上按军队的组织机构和管理制度进行改造,取消了社会服务部、家政科等。②

---

① 张中堂:《社会服务部二十年》,政协北京市委员会文史资料研究委员会编:《话说老协和》,中国文史出版社 1987 年版,第 372—373 页。

② 中国协和医科大学编:《中国协和医科大学校史:1917—1987》,北京科学技术出版社 1987 年版,第 49 页。另据张中堂回忆:"1952 年由于高等院校的社会学系都被撤销,协和医院的社会服务部也随之取消。"(张中堂:《社会服务部二十年》,载政协北京市委员会文史资料研究委员会编:《话说老协和》,中国文史出版社 1987 年版,第 373 页。)因为张的回忆是以全国高校学科调整时社会学的取消时间为依据,比较笼统,故本书采用协和校史中更精确的说法。

第二章　金陵大学鼓楼医院的社会工作

　　第二次鸦片战争后,西方列强通过与清政府签订不平等条约使传教士在中国传教合法化。教会医院作为具有良好传教效果的工具,纷纷在中国建立起来。辛亥革命后,北洋政府对教会医疗事业仍然持保护、支持和利用的态度和政策。①"到1919年,中国共有教会医院326所,分布在22个省,237个城市中。"②1927年南京国民政府成立后,一度将众多教会医院收归国有,但由于列强干涉和资金问题,又将其交还给教会。南京国民政府虽然主张废除不平等条约,但它没有取缔教会医疗事业,相反还给予较多的支持和合作。③

　　教会医院是在传教旗帜下进入中国的,因此建立之初多由教会拨款运营,而对病人实行完全免费医疗,吸引平民入教,有的甚至还给病人提供免费衣食。但是,由于病人的增多和教会拨款的限制,到了19世纪八九十年代,一些教会医院开始实行收费制度。有的教会医院为吸引上等社会的中国人来院治病,开办了收取较高费用的高级病房(或私人病房)。到民国时期,教会医院在收费问题上达成共识,即对病人多少应该收取一些费用,于是实行收费制度

---

　　①　李传斌:《条约特权制度下的医疗事业:基督教在华医疗事业研究(1835—1937)》,湖南人民出版社2009年版,第140页。
　　②　中华续行委办会调查特委会:《中华归主——中国基督教事业统计(1901—1920)》,中国社会科学出版社2007年版,第620页。
　　③　李传斌:《抗战前南京国民政府对教会医疗事业的态度和政策》,《江苏社会科学》2003年第3期。

成为一种普遍的现象。① 不过,实行收费并不意味着教会医院的免费治疗和慈善性质完全丧失,医院的慈善义举主要以三种形式体现:一是对一般病人收取较低的费用,对贫困病人实行免费,花费通过向高级病房的病人收取较高的费用、差会补助以及社会捐款来弥补,一些教会医院还在社会捐赠的基础上设立了救济基金。二是参加地区疫病救济事业和战争救济。三是设立医院社会服务机构,使医疗救助走向专业化。从事医疗卫生事业的传教士们逐渐认识到"中国的卫生问题不是一个孤立的、与其他业务不相联系的问题。疾病、贫困和愚昧是相伴随的,不可能期望人民所面临的这些卫生问题,可以单独解决而不顾及经济和教育方面的发展情况。"②于是,部分教会医院开始建立专门的医院社会服务机构。本章主要介绍南京的金陵大学鼓楼医院社会服务部的历史。

第一节　抗战前的社会服务部

一、早期的南京鼓楼医院

1886 年,加拿大籍传教士兼医生威廉·E.麦克林(William E.Macklin)③受英国基督会(The Foreign Christian Missionary Society)派遣来到南京,以中文名字马林开始传教,同时行医。他选择外侨集中的鼓楼及繁华的城南花市大街(今三山街长乐路附近)开设诊所药房,免费为贫困患者治病,并在患者治愈后劝其信教。1887 年,同在南京传教的美籍传教士美在中(F.E.Mdigs)见

---

① 李传斌:《条约特权制度下的医疗事业:基督教在华医疗事业研究(1835—1937)》,湖南人民出版社 2009 年版,第 318 页。
② 中华续行委办会调查特委会:《中华归主——中国基督教事业统计(1901—1920)》,中国社会科学出版社 2007 年版,第 980 页。
③ 威廉·爱德华·麦克林(William E.Macklin,1860—1947),1860 年出生于加拿大,1880 年在多伦多大学完成医科学习。1886 年受英国基督会派遣来华传教,兼行医,1892 年接受美国基督会援助在南京创立马林医院,1914 年离开医院继续在南京行医。1927 年携妻子及子女回美国定居,1947 年去世。(参见南京市鼓楼医院院志编辑室编:《南京市鼓楼医院院志(1892—1990)》,内部资料 1990 年,第 213—214 页。)

马林的诊所经费紧张,趁美国基督教会召开联会之际募集巨款,同时获国人景维行捐地五十亩,景维行夫人和下关庄效贤氏也慨助款项,马林的诊所遂于1890年开始扩建,1892年一幢假四层的楼房建成,并增添人员设备,命名为"基督医院"(Nanking Christian Hospital),乃鼓楼医院的前身。[1] 马林担任医院院长,他的行医格言是"平等对待王子与乞丐",主张医院为社会各阶层服务。医院规定头等病房每月收费5元,二等病房2元,三等病房则免费。医院每年免费收治贫困患者200—300人次,占全部住院病人的三分之一强。[2]

1911年金陵大学复设医科,马林被聘为卫生防护课教授,兼负责医科学生的实习。1914年金陵大学接收马林医院,改称金陵大学鼓楼医院。[3] 鼓楼医院由一个托管委员会领导,委员会由四个合作教会组成,即北方长老会、南方长老会、美以美会和原创建的基督会。每个教会为医院配备一名工作人员(一般均为医生),并支付工资,各教会每年拨款支持医院,从数百美金至千余美金不等。[4] 鼓楼医院收归金陵大学之后,继续为贫苦病人开展免费医疗服务,1917年医院"为住院病人用掉1817.84块美金,为非住院病人用掉1500块美金,医用用去3317.84块美金。"[5]

北伐战争爆发后,1927年4月南京国民政府接受了鼓楼医院,外籍人员全部撤离,并易名南京市立鼓楼医院。1928年,国民政府军事委员会又通令各部队交还教会医院,国民政府也通令各省市发还教会医院。于是,7月中旬南京鼓楼医院又归还给金陵大学。

除了教会拨款之外,医院业务的不断发展也使医院收入增加。1919年,医院床位增至100张,全年收住病人1747人次,门诊25275人次,总收入

---

① 南京市鼓楼医院院志编辑室编:《南京市鼓楼医院院志(1892—1990)》,内部资料1990年,第1、4页。

② 南京市鼓楼医院院志编辑室编:《南京市鼓楼医院院志(1892—1990)》,内部资料1990年,第214页。

③ 金陵大学秘书处编:《私立金陵大学一览》,金陵大学1933年印刷,第427页;又见金陵大学编:《金陵大学六十周年纪念册》,金陵大学出版社1948年版,第77页。

④ 南京市鼓楼医院院志编辑室编:《南京市鼓楼医院院志(1892—1990)》,内部资料1990年,第4页。

⑤ 《1917年大学医院报告》,南京市档案馆,档案号1010-1-63。

67672.18 美金,其中教会赠款只占 30.66%。① 30 年代,鼓楼医院从建院初期的一座病房楼发展为功能齐全的建筑群,除了门诊、病房和护士学校外,"馀如机器间水炉房及太平间等,院外职员宿舍及家眷住宅,计有大小十幢。"②到 1936 年,"全院职工增至 237 人,病床增至 170 张,病床与工作人员之比为 1∶1.4,全年总收入为 237411.24 元,教会赠款所占比例下降到 14.1%。"③总体上,建院初医院经费全赖美国基督教会提供,随着业务的开展,业务收入占医院总收入的比例逐年增大。

二、社会服务部的成立

1927 年,鉴于一般贫苦患者就医困难与痛苦,鼓楼医院与金陵女子文理学院及南京国际妇女会合办成立社会服务部,④办公室设在在配药处和医院之间,"其主旨为来院求诊之贫病患者,得免费医药治疗,同时亦可使其与社会协调减少除疾病以外之社会问题发生"⑤。1934 年 3 月,社会服务部被允许有权派代表参加医院执行委员会,5 月被医院执行委员会承认作为一个独立的部。⑥

从 1932 年到 1937 年,医院社会服务部在金陵女子文理学院社会工作系主任麦美波·E.莫斯曼(Mossman)小姐和金陵大学社会系教授李威斯·S.史密斯的领导下工作。社会服务部的工作人员基本都是金陵大学或者金陵女子文理学院的老师或毕业生,目的是希望通过社会工作人员更加专业化的工作方式服务病人。社会服务部为了提高工作人员的服务水平,还在 1934 年派潘粹英到北平协和医院社会服务部学习。这一阶段的工作人员平均为两名,具体情况见表 2-1:

---

① 南京市鼓楼展院院志编辑室编:《南京市鼓楼医院院志(1892—1990)》,内部资料 1990 年,第 4 页。

② 金陵大学秘书处编:《私立金陵大学一览》,金陵大学 1933 年印刷,第 428—429 页。

③ 南京市鼓楼医院院志编辑室编:《南京市鼓楼医院院志(1892—1990)》,内部资料 1990 年,第 6 页。

④ 金陵大学秘书处编:《私立金陵大学一览》,金陵大学 1933 年印刷,第 428 页;又见金陵大学:《金陵大学六十周年纪念册》,金陵大学出版社 1948 年版,第 80 页;《南京鼓楼医院社会服务部》,《红十字月刊》1948 年第 32 期。

⑤ 金陵大学:《金陵大学六十周年纪念册》,金陵大学出版社 1948 年版,第 80 页。

⑥ 《金陵大学鼓楼医院报告》(1940 年),南京市档案馆,档案号 1010-1-63。

表 2-1　1932—1937 年鼓楼医院社会服务部工作人员一览表

时　　间	工作人员	备　　注
1932.9—1933.8	朱玉宝	金陵女子文理学院老师
1933.7—1937	潘粹英	金陵大学毕业生,1934 年秋赴北平协和医院社会服务部学习
1934.9—1935.6	邓淑娴	燕京大学毕业生,在南京国际妇女会领取薪水
1935.9—1937	陈品菱	金陵女子文理学院毕业生

资料来源:*Annual Report of The University Hospital*(1918-1949),南京市档案馆,档案号 1010-1-319。

三、社会服务部的工作内容

解决病人的经济问题。社会服务部的工作是运用个案工作方法,"调查病者个人境遇或家庭情形,遇有贫病无资入院医治者,经调查属实,该部亦可设法济助其留疗。对于孤独伶仃,背井离乡之病人,尤为加以安慰,以宽其心而解其病"①。可见,当时病人的主要问题还是经济问题,对此,社会服务部努力通过各种途径予以解决。据调查的 158 起经济问题中,98 起是通过社会和家庭调查、病人亲友、企业老板、慈善家或特殊基金解决的,34 起是通过病人自己解决的,"不是通过像许多人想的将责任推卸到医院身上的方法解决的。"②社会服务部的工作"成效不久即显著,本院与病人均蒙其利焉"③。

辅助医学研究。由于当时的医疗水平和设备条件所限,许多病症医院不能给予适当的治疗,但是这些疾病又具有重要的科学研究价值,因而社会服务处就需要说服这些病人仍入院治疗以配合医学研究。工作人员需要向病人"把医生和病人的关系以医生所决定的治疗过程解释清楚。"④

建立输血制度。当时医院没有现代化的血库,社会服务部考虑到病人需要输血时候寻找输血对象的困难,于 1934 年 3 月建立输血制度,7 月时"已有

①　金陵大学秘书处编:《私立金陵大学一览》,金陵大学 1933 年印刷,第 428 页。

②　*The Social Service Department*(*September 1932 - July 1934*),南京市档案馆,档案号 1010-1-131。

③　金陵大学秘书处编:《私立金陵大学一览》,金陵大学 1933 年印刷,第 428 页。

④　*The Social Service Department*(*September 1932 - July 1934*),南京市档案馆,档案号 1010-1-131。

62 人成为合格的输血者"①,献血者输血后会得到一定金额的酬谢。每次有病人需要输血时,都由社会服务部筹划与安排。

开展针对特定人群的免费门诊计划。1934—1936 年,社会服务部提出了母婴福利计划。在该计划推动下,1934 年秋医院建立了计划生育诊所,希望帮助更多没有受到良好教育的穷苦人通过该诊所受益。对于这一活动的社会效果,《申报》报道说"鼓楼医院举办节育指导后,妇女之感觉过多者,咸至该处请示方法,每月渐增,四月间到院请节育者计有百余人,合于节育条件者八十余人。"②1935 年 12 月,医院建立了免费的健康婴儿诊所,每周有一天下午接诊。但是,前来就诊的大部分是受到良好教育且家庭条件较好的人,使得南京国际妇女会对鼓楼医院社会服务部的免费医疗基金去向和对穷人的态度产生了"误解"。鼓楼医院院长谈和敦在 1935 年 5 月特意写信给南京国际妇女会的 Slocum 夫人解释这一问题,并提出依然十分期待与南京国际妇女会"通过各种途径在有关共同关心的社会服务方面进行合作。"③

据统计,在 1932 年 9 月至 1934 年 7 月接近两年的时间里,社会服务部共接收 526 个病人。"在这 526 个社会病例中,表现了 879 个问题,其中有 798 个得到了有关的治疗,平均起来,每个病人产生 1.67 个问题,其中得到研究和治疗的是 1.51,即每一个问题得到其正确解决的是 0.907。"④此外,潘粹英在北平协和医院社会服务部学习时,了解到与其他社会机构合作的重要性,因而她在 1934—1936 年的报告中指出,社会服务部要"加强与其他社会服务机构的联系。"⑤

---

①　*The Social Service Department* (*September 1932 - July 1934*),南京市档案馆,档案号 1010-1-131。

②　《京鼓楼医院举办节育指导情形》,《申报》1935 年 5 月 1 日,第 8 版。

③　*A Letter to Mrs. B. A. Slocum from J. H. Daniels* (*May 10, 1935*),南京市档案馆,档案号 1010-1-131。

④　*The Social Service Department* (*September 1932 - July 1934*),南京市档案馆,档案号 1010-1-131。

⑤　*Annual Report of The University Hospital* (*1918 - 1949*),南京市档案馆,档案号 1010-1-319。

四、社会服务部的经费情况

社会服务部的资金主要来源于教会资助、医院收入和国内外热心人士的捐助。如在 1931—1932 年鼓楼医院用于社会服务工作的经费来源有:1. 南京国际妇女会在两年时间里分别提供了 400 美元和 500 美元;2. 教会联合会每年拨款 150 美元;3. Buck 夫人为医院的接种工作捐献了 100 美元,并答应捐助 500 美元的黄金。[①] 南京国际妇女会有时也会派遣工作人员,如 1934 年社会服务部工作人员潘粹英去北平协和医院学习期间,南京国际妇女会就推荐燕京大学毕业生邓淑娴到社会服务部工作,并承担了薪水。社会服务部也接收了诸多国内外热心人士的捐助,如 1932—1934 年间,社会服务部就"在一些特殊机关的有志于社会工作的热忱人士中筹募了一小笔基金。"[②]

社会服务部的主要花费分为两个方面,一是工作人员的薪水,二是用于救济贫困患者的支出,例如为病人发放救济物资、提供食物和交通费用等。表 2-2 是 1934—1936 年鼓楼医院社会服务部的支出情况:

表 2-2　1934—1936 年鼓楼医院社会服务部的支出情况

(单位:美元)

	1934.7.1—1935.6.30	1935.7.1—1936.6.30
薪水支出	868	1560
供应支出	32.89	25.65
总支出	900.89	1858.65

资料来源:*Annual Report of The University Hospital(1918-1949)*,南京市档案馆,档案号 1010-1-319。

此外,与社会服务部相关的另一项重要支出是医院对贫困病人减免医疗费用的开支,这些费用一般来自医院的收入。表 2-3 是 1932 年下半年鼓楼医院对住院病人的减免医疗费用情况,表 2-4 是 1931 年至 1936 年医院减免医疗费用的总体支出情况。

---

①　*University Hospital:Partial Analysis of Charity Work(July 1.1932-December 31.1932)*,南京市档案馆,档案号 1010-1-131。

②　*The Social Service Department(September 1932-July 1934)*,南京市档案馆,档案号 1010-1-131。

表 2-3　鼓楼医院对住院病人减免医疗费用统计表
（1932 年 7 月 1 日至 1932 年 12 月 31 日）

（单位:美元）

住院病人来源	月份	人数	天数	病人所负担的费用	机构所负担的费用	共计
南京国际妇女会		7	194	43. 30	93. 00	136. 30
鼓楼医院	7	16	245	120. 02	118. 68	238. 70
	8	16	388	209. 12	174. 88	384. 00
	9	10	155	96. 07	51. 23	147. 30
	10	9	212	186. 40	86. 70	273. 10
	11	17	329	186. 30	209. 30	395. 60
	12	9	221	101. 90	120. 00	221. 90
	总计	77	1550	889. 81	760. 79	1660. 60

资料来源:*University Hospital:Partial Analysis of Charity Work*(*July 1,1918-December 31,1949*),南京市档案馆,档案号 1010-1-131。

表 2-4　1931—1936 年鼓楼医院减免医疗费用统计表　　（单位:美元）

年　　份	支　　出
1931—1932	1279. 37
1932—1933	2505. 82
1933—1934	2759. 21
1934. 7. 1—1935. 6. 30	4157. 06
1935. 7. 1—1936. 6. 30	5985. 01

资料来源:*Annual Report of The University Hospital*(*1918-1949*),南京市档案馆,档案号 1010-1-319。

　　在 1935—1936 年间,鼓楼医院的总支出为 230758. 83 美元,减免费医疗支出为 5985. 01 美元,约占总支出的 2.59%。

第二节 抗战期间的社会服务部

一、服务的短暂中断

1937 年 11 月国民政府做出撤离南京的决定后,鼓楼医院绝大部分医护人员都离开南京,留在医院的只有三名外籍医生和五名护士,社会服务部的工作停顿。但是在 1937 年 12 月至 1938 年 2 月的"南京大屠杀"期间,鼓楼医院临时聘用南京居民百余人,为南京的难民和伤兵进行医疗救治服务。①

二、服务的重新开展

有记载显示,抗日战争爆发后社会服务部工作由宗教部兼理,"工作暂行萎缩"②。而实际上,社会服务部"除了 1937 年到 1938 年外,进行顺利,服务工作甚佳。"③社会服务部在 1939 年初重新恢复工作,并在日伪统治下一直持续到 1941 年 12 月太平洋战争爆发。根据医院宗教部和社会服务部备忘录,1939 年 3 月社会服务部的陈品菱女士作了相关工作报告,表明该部门工作已经逐步恢复。5 月,鼓楼医院高级护校毕业生袁兢如到社会服务部工作。11 月,"Bates 夫人成为医院社会服务部的一员。"④

这一时期社会服务部的工作与之前相比,在具体步骤和服务内容上要求更加完善,要求:"(1)访问病情;(2)做社会和家庭调查;(3)从社会观点去诊断病情;(4)根据这种诊断作社会治疗;(5)记录病情史;(6)把病情指导和贯彻到底。"⑤具体工作主要包括以下方面:

---

① 参见经盛鸿:《南京大屠杀前后的金陵大学(鼓楼)医院》,《民国档案》2010 年第 2 期;张生、陈如芳:《南京大屠杀期间的鼓楼医院》,《北华大学学报》2008 年第 5 期;顾碧:《南京大屠杀前后的鼓楼医院研究》,南京师范大学硕士论文,2009 年;张慧卿:《南京大屠杀前后鼓楼医院的医疗救治》,《档案与建设》2017 年第 1 期。
② 金陵大学:《金陵大学六十周年纪念册》,金陵大学出版社 1948 年版,第 80 页。
③ 《鼓楼医院沿革》,南京市档案馆,档案号 1010-1-281。
④ Report of The Social Service Department(September, 1939-November, 1939),南京市档案馆,档案号 1010-1-34。
⑤ 《金陵大学鼓楼医院报告》(1940 年),南京市档案馆,档案号 1010-1-63。

首先是继续开展针对贫困患者的免费或者半免费的慈善医疗。1938 年 2 月到 7 月,医院每月"赤字 10748.00 美元,这些赤字中,有 5748 美元来自救济基金,为了那些病人免费提供服务。"①据统计"1939 年 7 月至 1940 年 4 月间,医院为病人提供的医药费用减免情况是:1939 年 7 月,660.47 美元;8 月,951.66 美元;9 月,769.08 美元;10 月,527.89 美元;11 月,414.80 美元;12 月,344.50 美元;1940 年 1 月,349.25 美元;1940 年 2 月,239.60 美元,1940 年 3 月,347.50 美元;1940 年 4 月,366.01 美元。1939 年 7 月至 1940 年 4 月间,鼓楼医院为住院病人中贫困患者所提供的费用减免情况是:1939 年 7 月,3600.85 美元;8 月,2199.79 美元;9 月,2368.45 美元;10 月,2834.33 美元;11 月,2473.25 美元;12 月,2997.05 美元;1940 年 1 月,2535.98 美元;2 月,2191.80 美元;3 月,3439.70 美元;4 月,3231.65 美元。"②

其次是帮助解决贫困患者的各种社会问题,包括为病人找工作、寻找失去的家庭、为病人提供衣物、食品和交通费用等,如 1939 年社会服务部工作人员解决的几例个案:

威尔逊医生有一个病人,没有父母,跟祖母一起生活,社会服务部把他介绍到了国际救济委员会,并在他离开医院的时候送给他两美元。

一个叫王又恩的被迫卖淫的女孩,因为女孩的养母(老鸨)经营卖淫场所,警察局和社会服务部合作制定了解决方案:社会服务部的工作人员 Hammond 小姐和陈小姐陪王又恩一起离开南京,到已联系好的上海的"希望之门"学校,并希望学校的医生对她进行必要的照料。

一个病人由于痛疾在鼓楼医院去世,留下了妻子和四个女儿,最大的女儿已经去了中国西部,最小的女儿才十岁,想上学但是没有钱,社会服务部通过 Trimmer 医生的夫人寻求她美国朋友的救济基金帮助这个女孩

---

① *University of Nanking Hospital*: *Proposed monthly Emergency Budget* (*February*, *1938 - July*, *1938*),南京市档案馆,档案号 1010-1-136。

② *Report of The Social Service Department* (*July*, *1939 - April*, *1940*),南京市档案馆,档案号 1010-1-34。

到汇文初级学校上学。①

1939年3月,社会服务部的陈品菱女士在报告中指出,"很多病人康复后不愿离开,因为他们没有地方可去,我们就把他们送到了南京救济中心……如果这些无家可归的病人没有其他生活来源并且能够工作的话,我们就把他们送到棉纺织厂工作。"②为解决贫困患者的食物来源,社会服务部多次将病人送到南京国际救济委员会领取免费大米。据统计,1939年7月到1940年4月,医院每月给予病人的衣物在十至四十几件之间,并有少量的寝具赠予,为贫困患者提供的免费牛奶支出共计282.4美元。③

继续医院的输血工作。1939年3月1日,社会服务部陈品菱提出提高给予献血者的补贴。1939年9月,宗教和社会服务委员会的会议上决定,对献血者的补贴"每献血100CC从两美元提高到三美元"。④

此外,社会服务部工作还开展了相关的公共卫生服务。1939年底至1940年初,社会服务部对Tain Deh学校的同学讲解公共卫生知识。社会服务部还指导到儿科看病的母亲如何看护孩子,如"贫困人家的母亲就被告知,可以用当季的菠菜或者其他蔬菜汁来代替橘子汁。"⑤

三、服务的经费来源

此时期社会服务部的经费来源,既有从医院收入中拨出的,也有美国教会及国内外热心人士的赠款。1939年鼓楼医院的创始人马林与其夫人结婚五十周年的纪念,他们"将珍贵的金婚纪念礼物全部捐赠给鼓楼医院,作为贫困

---

① *Report of The Social Service Department*(*July*,*1939 - August*,*1939*),南京市档案馆,档案号1010-1-34。

② *Minutes:Religious and Social Sub-Committee*(*March 1*,*1939*),南京市档案馆,档案号1010-1-34。

③ *Report of The Social Service Department*(*July*,*1939—April*,*1940*),南京市档案馆,档案号1010-1-34。

④ *Minutes:Religious and Social Sub-Committee*(*September 26*,*1939*),南京市档案馆,档案号1010-1-34。

⑤ *The Social Service Department*(*September*,*1939—November*,*1939*),南京市档案馆,档案号1010-1-34。

患者的医药救济基金。"①表 2—5 是 1939 年下半年到 1941 年初鼓楼医院社会服务部接受赠款的情况。

表 2-5 1939—1941 年社会服务部接收赠款情况

时 间	捐赠者	捐赠数额 (单位:美元)/物品	备 注
1939 年 7—8 月	南京基督教战争救济协会	100	旨在帮助本院出生的贫苦人家的婴儿出院后购买寝具和衣服
	Brady 夫人	6 箱蚊香	Dr Brady 是鼓楼医院医生
	Jones 夫人	50	Jones 夫人是 Trimmer 先生及其夫人的客人,特意捐款给社会服务部帮助医院贫苦孩子
	南京国际妇女会	32.65	
	南京某教堂星期日学校的孩子	1.75	陈品菱女士到该学校做报告,学生十分同情医院贫苦孩子而捐款
	Trimmer 夫人美国朋友的救济基金		帮助一位去世病人的女儿到慧文初级学校上学
1939 年 12 月— 1940 年 4 月	Miss Ely	34	帮助某位黑热病病人
	Rev.Magee	40	帮助一位得了不治之症名叫陶贤营的病人
	Mr.H.L.Sone	提供棉服	
	1939 年 12 月 1 日起获得的定向基金共有 158.66 美元,获得礼物 68.56 美元		
1940 年 11 月— 1941 年 2 月	美国教会	16 件婴儿衣服 和 7 套寝具	
	南京国际救济委员会	25 套棉服	
	1940 年 11 月 1 日起接收到指定基金共计 355.02 美元,礼物 92 美元		

资料来源:*The Social Service Department* (*July* , *1939—August* , *1939* ; *December* , *1939-April* , *1940*) , 南京市档案馆, 档案号 1010-1-34。

由表 2-5 可知,1939 年下半年到 1941 年初,鼓楼医院社会服务部接受赠款的来源中,既有医院原本的合作教会、南京国际妇女会等机构,也有因战争

---

① 南京市鼓楼医院院志编辑室编:《南京市鼓楼医院院志(1892—1990)》,内部资料 1990 年印刷,第 214 页。

而建立的南京国际救济委员会、南京基督教战争救济协会等机构,还有更多国内外热心社会服务的人士乃至教会学校的孩子。

四、服务的再次中断

太平洋战争爆发后,日美关系破裂。1942 年 2 月 12 日,由美国教会创办的金陵大学连同鼓楼医院都被日军侵占,医院社会服务部的工作也再次中断。

第三节　复员后的社会服务部

一、社会服务部的恢复重建

1945 年 8 月 14 日,日本宣布无条件投降,9 月 25 日金陵大学鼓楼医院复名,开始了战后的复员期,之前撤离的老员工纷纷返院,通过修缮房屋,更新设备,医院逐步走入正轨。1947 年 1 月社会服务部恢复设立,由陈张秀芝任主任,人员逐渐扩至四人。[①] 为扩大社会服务工作,经美国中国救委会拨助社会服务经费十五亿元,另建贫民诊疗所,添设免费门诊部,其中包括灭虱站及调养室。[②]

二、社会服务部的业务扩展

战后由于贫苦患者和难民剧增,医院社会服务工作显得更加重要。每天到社会服务部求诊的门诊病人有七八十人之多。[③] 因为鼓楼医院社会服务部成立时间较久,"病人自相传告知者日众",所以自行来服务部求助的贫苦病人占到全部免费门诊人数的一半。还有一些读书人,先是书信向服务部申请,然后再来医院求诊的。另外经介绍到社会服务部的病人因介绍者的不同而分

---

① 金陵大学:《金陵大学六十周年纪念册》,金陵大学出版社 1948 年版,第 80、78 页。一说"二人",见《南京鼓楼医院社会服务部》,《红十字月刊》1948 年第 32 期。

② 金陵大学:《金陵大学六十周年纪念册》,金陵大学出版社 1948 年版,第 79、80 页。

③ 金陵大学:《金陵大学六十周年纪念册》,金陵大学出版社 1948 年版,第 80 页。一说"50人",见《南京鼓楼医院社会服务部》,《红十字月刊》1948 年第 32 期。

为三种:一是医院医生护士或其他工作人员发现确实贫困的就医者,介绍到社会服务部。二是外界公私团体机关或个人、病人亲友介绍的贫困无力就医者。三是社会服务部的工作人员观察发现而劝导来院医治的贫困者。①

随着社会服务部对服务目的和范围的认识加深,医院社会工作重心不仅是提供经济支持,还注重因疾病带来的社会问题的解决,以及疾病预防的知识等。其工作报告中总结道:"本院检查疾病与社会问题之不可分离乃设立本部,直接则去除病者个人的痛苦,使来院就诊之贫苦病人得到免费医药治疗,间接则减少社会问题,帮助解决或预防因疾病而产生的其他问题,期病人痊愈后能继续工作,参加生产,而为国家社会中之健全分子。"②

(一)减免医药费用,代为善后安置

对于门诊病人,在 1947 年一年内,社会服务部工作人员对确认贫寒者免收挂号费者 9691 人,免收或减免药费者 5693 人,免收检验费者 985 人,免收门诊换药费者 3999 人,免收 X 光等费者 79 人,免收手术费者 223 人。连同补助交通费及贷款,整个经济补助共值 2.6 亿元。③

对于住院病人,社会服务处会派工作人员做家庭经济情况调查,确实贫困的免收或减收住院费用,劝导有研究价值的患者住院治疗。除此之外,社会服务部工作人员还与医师合作劝导病人接受指导完成治疗,病者在病愈后欲返乡者,代觅交通工具,出院者设法使之休养安置,病故而无力掩埋者,代为掩埋。④ 如在 1947 年,社会服务部免收或减收住院者 340 人,调查患者家庭经济状况 321 人,劝导有研究价值的病患者住院 32 人,调查患者有关人士 76 次,劝导病人接受医生指导治愈后再行出院者 225 人,代筹出院交通工具者 63 人,代筹出院后休养者 44 人,代筹掩埋者 22 人。⑤

到 1948 年年中,综计一年半中,免挂号者 14886 人,免收或减收药费者

①　《南京鼓楼医院社会服务部工作报告》(1948 年 1 月至 1949 年 6 月),南京市档案馆,档案号 1010-1-17。

②　《南京鼓楼医院社会服务部工作报告》(1948 年 1 月至 1949 年 6 月),南京市档案馆,档案号 1010-1-17。

③　《南京鼓楼医院社会服务部》,《红十字月刊》1948 年第 32 期。

④　金陵大学:《金陵大学六十周年纪念册》,金陵大学出版社 1948 年版,第 81 页。

⑤　《南京鼓楼医院社会服务部》,《红十字月刊》1948 年第 32 期。

10888 人,免费检验者 423 人,免费照 X 光者 124 人,免收或减收住院费用者共 463 人,免手术费者 433 人。①

社会服务部"本以富济贫之原则,利用医院门诊部及住院部特等头等病人收入的盈余以救济无力就医的贫苦大众,并佐以社会上有志于慈善事业之个人或团体的自由捐助以利工作之推进。"②此外,还有许多钱物来自陈张秀芝主任的私人募集,使"贫病患者,受惠良多"。③

（二）辅助医疗,实行社会治疗

病人经医师诊断后,社会工作人员即按照诊断向病人告知病情概况、并照医师开方指示服药方法及普通卫生习惯。为了避免儿童服药的错误,社会工作人员还要当场指导服用方法,借机告知家长如何正确给儿童喂药。④ 其他辅助医药方面的服务还有介绍病人转院、或其他卫生机关、或营养站。经济方面,贷借患者住院费或小本营业资金,补助伙食和交通费用,发放衣被、毛巾、鞋袜、帽子和食品。此外,社会服务部还为患者及其家属介绍职业;或转介其他机关求助,介绍儿童入学并代缴书杂费用;安置弃婴,寄养儿童;为贫困的候诊病人搜集剩余食品充饥;供给病人富于营养的食品如牛奶鸡蛋;代写书信,汇兑款项,代购食品,借阅书报读物;病故而无力掩埋者,代为掩埋等。⑤

总之,社会服务部尽力为病患者解决他们的一切问题,解除他们的疾病和精神痛苦。据统计,1948 年 1 月至 1949 年 6 月,医院共为 561 位住院病人,21633 位门诊病人以及 333 位黑热病患者提供免费服务,为 1743 人提供特别营养,2648 人提供衣物救济,36 人提供小本借贷,17 人提供职业介绍;寄养弃婴 44 人;埋葬尸体 18 具;其他服务(教育、工赈或介绍其他机会)132 人。⑥

---

① 金陵大学:《金陵大学六十周年纪念册》,金陵大学出版社 1948 年版,第 80—81 页。

② 《南京鼓楼医院社会服务部工作报告》(1948 年 1 月至 1949 年 6 月),南京市档案馆,档案号 1010-1-17。

③ 《南京鼓楼医院社会服务部》,《红十字月刊》1948 年第 32 期。

④ 金陵大学:《金陵大学六十周年纪念册》,金陵大学出版社 1948 年版,第 80 页;又见《南京鼓楼医院社会服务部》,《红十字月刊》1948 年第 32 期。

⑤ 《南京鼓楼医院社会服务部》,《红十字月刊》1948 年第 32 期;又见金陵大学:《金陵大学六十周年纪念册》,金陵大学出版社 1948 年版,第 81 页。

⑥ 《南京鼓楼医院社会服务部工作报告》(1948 年 1 月至 1949 年 6 月),南京市档案馆,档案号 1010-1-17。

（三）救助儿童

这一时期社会服务部关于儿童社会问题也形成了较为完整的处理方案：（1）针对弃婴的处理：在医院门口及附近发现弃婴后，社会服务部与医院弃婴室合作，首先请医师给婴儿检查确定有无疾病，健全者寄养至婴儿室，有疾病者送往小儿科病房。如有家庭申请领养婴儿时，社会服务部工作人员必须经过家访调查其家庭状况、经济情形、父母教育程度等，务必代弃婴寻觅一适宜合理的家庭。之后，工作人员还应随时调查婴儿在领养家庭中情况，是否有合理的生活，是否有正常的发展。（2）针对年龄稍长孤儿的处理：年长的病童孤儿被弃于街头，无亲无家，踯躅无所依附，偶有投奔到鼓楼医院，社会服务部先安排医治其疾痛，然后设法安置于泰东孤儿院、圣心儿童园或者其他儿童教养院等机构，以免再彷徨街头。（3）针对失学儿童的处理：自强上进的学龄儿童一旦因家境清寒无力继续，社会服务部则代为介绍给学校请求减免学费，在可能范围内帮助部分学杂费以免半途失学。①

（四）救助黑热病

1948 年，苏北皖北流亡到南京的难民中患黑热病者较多。该病须长期系统治疗，如不及时治疗极易致死。鉴于此，社会服务部便请本院内科医师吴锡琛大夫、贾爱美护士与该部合作，设黑热病免费门诊部，患病先经内科医师检查，确定是黑热病患者后，转往黑热病科，间日来院长期注射针药并供给特别营养品，发给衣服以御寒冷，频频相劝务必继续来院注射直到治疗痊愈。② 患者每日下午前来注射针药。1948 年上半年，社会服务部的工作重点是为患黑热病的儿童服务，供给他们特别营养，"半年来受惠儿童达二百人"③。

（五）指导学生实习

金陵大学社会学系社会福利行政组、金陵女子文理学院社会系每年有不少学生到社会服务部实习，"本部除为彼等介绍工作范围外，当予各方医院个

---

① 《南京鼓楼医院社会服务部工作报告》（1948 年 1 月至 1949 年 6 月），南京市档案馆，档案号 1010-1-17。

② 金陵大学：《金陵大学六十周年纪念册》，金陵大学出版社 1948 年版，第 81 页；《南京鼓楼医院社会服务部工作报告》（1948 年 1 月至 1949 年 6 月），南京市档案馆，档案号 1010-1-17。

③ 金陵大学：《金陵大学六十周年纪念册》，金陵大学出版社 1948 年版，第 81 页；又见《南京鼓楼医院社会服务部》，《红十字月刊》1948 年第 32 期。

案工作之实习指导。"①

第四节 解放初期的社会服务部

从 1949 年 4 月南京解放至 1951 年 6 月人民政府接办医院,这是鼓楼医院的一个过渡时期。这段时间里,医院经营困难较多,经济状况多有不利。

南京解放之前的社会服务部主要在"以富济贫"的原则下开展工作,从特等病房收入中拿出一部分来垫付三等病房贫困患者的费用。南京解放后,富裕阶级病人减少,医院的经济困难加重,开展社会服务工作也面临诸多困难。这一时期医院的社会服务工作依然是从免费登记、免费检查、免费医药费用、免费手术、免费 X 光和荧光镜检查、为病人提供食物或者交通费用等方面开展。但在服务患者的数量方面,1949 年 7 月,免费登记人数一度达到了 1763 人次,而到 1950 年 3 月,这一数字下降到了 603 人次。②

1950 年朝鲜战争爆发后,所有美籍人员全部离院回国。1951 年 6 月,南京市人民政府接办医院,易院名为"南京市人民鼓楼医院"。11 月,医院进行机构调整,成立医务部,护士部、宗教部和社会服务部被撤销。③

---

① 金陵大学:《金陵大学六十周年纪念册》,金陵大学出版社 1948 年版,第 81 页。
② 王丽:《鼓楼医院社会服务事业研究:1892—1951》,南京大学 2014 年硕士论文,第 48 页。
③ 南京市鼓楼院医院志编辑室编:《南京市鼓楼医院院志(1892—1990)》,内部资料 1990 年,第 258 页。

第三章 各地教会医院的社会工作

第一节 上海仁济医院

一、仁济医院简史

鸦片战争时期,1843 年受英国伦敦会派遣的传教士雒魏林(William Lock-hart,1811—1891)①到达上海,于 1844 年 2 月在上海大东门外创办西医诊所,是上海开埠后第一所西医院,也就是仁济医院的前身。医院一开张,大量的病人就蜂拥而至。这些病人不仅有来自上海城区的,还有来自苏州、松江和崇明岛等郊县的。② 至 1845 年底,不足两年时间,医院已接诊病患 19000 余人次。③ 后来医院在搬至山东路后,病患人数增加更多。1844—1856 年间,总医治 15 万人次,1860 年 16113 人次,1861 年 38069 人次。④ 在 19 世纪 70 年代

① 雒魏林,1811 年出生于英格兰的利物浦,在伦敦盖伊(Guy)医院和都柏林的米斯郡(Meath)医院接受医学训练,1834 成为英国皇家外科学会会员,1939 年 1 月到达澳门,开始在伯驾的医院里工作,1840 年到舟山并在当地创办了一所医院,1843 年到上海,1844 年 2 月开办仁济医院并主持医院达十四年之久,1857 年返回英国,1861 年再次来华,在北京创办了另一所医药传道医院,即后来闻名全国的协和医院。

② Lockhart W."Report of the Medical Society's Hospital at Shanghai".*Chinese Repository*,1844,13(8):408-410.转引自袁媛、严世芸:《雒魏林和他创办的上海仁济医院》,《医学与哲学》2016 年第 9 期。

③ 王尔敏:《近代上海科技先驱之仁济医院与格致书院》,广西师范大学出版社 2011 年版,第 4 页。

④ 王尔敏:《近代上海科技先驱之仁济医院与格致书院》,广西师范大学出版社 2011 年版,第 29 页。

仁济医院每年门诊治疗的病例均在万例以上,且不断攀升,1882 年达到 18885 例,1883 年达到 21279 例,1887—1895 年维持在年两三万余例。①

　　仁济医院创立时,所需的款项全部是由医务传道会出面募捐的。自 1844 年仁济医院创建一直到 1904 年,前后六十年,医院都是免费给病人治病,分文不取。② 早期的仁济医院不但为人治病,遇到饥荒之年,还会设粥厂施舍饥民。小刀会占领上海时期,清军与小刀会会众交战,医院同时为两方的伤者治疗,直到 1855 年上海恢复平静。尽管如此,医院的财政状况并不糟糕。医院的主要收入来自上海工部局、法租界工部局、会审公廨以及社会各界人士的捐款。此外,还有不定期的特别捐款。因此,在 1904 年之前,医院的财务收支是基本持平的。时人称赞上海仁济医院说,该院治病"莫不竭尽心力,施医送药不惜工本,具见西医之仁心可嘉"③,其医生"艺术之精,存心之厚,不愧仁济之名"④。台湾著名史家王尔敏先生也不由称赞道:"这所医院创建之崇高理想,纯为华人病者服务,一直免费医病,确不愧承当仁济声名,才中国人实有显著贡献。"⑤

　　1904 年以后,随着病人人数的不断上升,医院的经济压力加大。从 1905 年起,仁济医院也开始实行收费制度。⑥ 从此仁济医院在经费来源上有了医院收费一项,而且数量不断增加,1905 年仅有 1848 元,1912 年则高达 12313 元。⑦ 在收费制度下,上海仁济医院的"常诊挂号钱十文,不另取资,出诊银十两,贫病不计,上等病房每日取资洋五角,中等免费,惟日收饭金一百五十文。"因此,上海民众愿往该院就医,时人也认为仁济医院的做法"诚

　　① E.S.Elliston, *Ninety-five Years: a Shanghai Hospital* (1844-1938), p.34.转引自李传斌:《晚清教会医院慈善医疗演变述论》,《安徽史学》2015 年第 6 期。
　　② 王尔敏:《近代上海科技先驱之仁济医院与格致书院》,广西师范大学出版社 2011 年版,第 23 页。
　　③ 《体仁医馆施诊》,《申报》1872 年 12 月 2 日。
　　④ 《仁济医馆移居改造》,《申报》1873 年 8 月 1 日。
　　⑤ 王尔敏:《近代上海科技先驱之仁济医院与格致书院》,广西师范大学出版社 2011 年版,第 23 页。
　　⑥ 王尔敏:《近代上海科技先驱之仁济医院与格致书院》,广西师范大学出版社 2011 年版,第 23 页。
　　⑦ E.S.Elliston, *Ninety-five Years: a Shanghai Hospital* (1844-1938), p.34.转引自李传斌:《晚清教会医院慈善医疗演变述论》,《安徽史学》2015 年第 6 期。

善举也"①。由于仁济医院的良好声誉,民国时期沪上各界人士对其捐助也源源不断,如 1924 年 7 月 17 日上海工商界领袖"朱葆三先生捐助洋三百元,并经募陆维镛君洋三百元,程霖生君、四明银行各助洋二百元,范回春君、交通银行、兴业银行、中华银行、高明煤号、诒经堂、宁商总会各助洋一百元,周茂兰、顾炳麟、何积嶓、包达三诸君各助洋五十元,广东银行、上海联保公司各助洋二十五元。"②上海商业巨子冯炳南将其子婚礼上所收的部分礼金也捐赠给上海仁济医院。③ 1945 年 10 至 11 月间,仁济医院又接到英国红十字会、上海市卫生局、益昌照相材料行和市民詹沛霖捐赠的各种用品和钱款。④

二、社会服务部(课)简况

上海仁济医院后来成为上海圣约翰大学的校医院,1937 年抗战前开始设立社会服务部。⑤ 在社会服务部工作的是几名女传教士,主持者是一位陈女士。⑥ 两年后,《申报》对该部工作做了如下报道:

> 社会服务部的成立虽不过两年多的历史,然而成绩斐然,为许多病人解除他们心头的烦恼。他们遇到病人有难以解决的问题时,像忧虑失业,亲属失散,缺少物质上的资助等,便帮助他们去查讯或设法补救。又有慢性病患者,或残废的病人,没有亲属家庭照料的,医院方面也不怕费事,为他们寻找适当的慈善机关,或别家医院,收留这班不幸的病患者。为了赤贫的病人,更为他们筹措衣履或生活上的必需用品;出院之后又轮流的去访问,总使病人在精神方面获得安慰。⑦

① 《上海之建筑·仁济医院》,环球社编辑部编:《图画日报》(第 2 册),上海古籍出版社 1999 年影印本,第 146 页。
② 《上海仁济医院来函》,《申报》1924 年 7 月 17 日,第 4 版。
③ 《俭朴之婚礼》,《申报》1936 年 9 月 24 日,第 14 版。
④ 《仁济医院来函》,《申报》1945 年 12 月 23 日,第 6 版。
⑤ 《上海市卫生局关于仁济医院与同仁医院工作的来往文书》,1948 年。上海档案馆,档案号 Q400-1-2519。
⑥ 《仁济医院希望有一具铁肺:巴德生院长访问记(下)》,《申报》1939 年 7 月 5 日,第 12 版。
⑦ 《仁济医院希望有一具铁肺:巴德生院长访问记(下)》,《申报》1939 年 7 月 5 日,第 12 版。

社会服务部还负责给病人传教,教病人做手工,为病人置备图书、儿童玩具等。抗日战争爆发,许多民众倾家荡产、妻离子散,当他们身负伤病时,恶劣的心境经常使"长时间的治疗,医好的是'病',而不是'病人'。"因此,社会服务部的宗教和人性化的服务是十分必要的,使"医院中不仅仅乎充满了药的气味;在病人性灵的救济、精神的安慰上,却下了一番重要的功夫。"①

可能在抗战后期社会服务部停止了工作,据档案记载,抗战胜利后"社会服务课"在洪瑞雲护士主持下恢复工作,后由陈瑛女士负责。在组织系统设置方面,医院下设医务部、护士部、会计部和事务部四部。社会服务课与储藏、采购、出纳、庶务等并列从属于事务部。② 社会服务课并未像其他医院一样与医务部等并列,可见其地位较低一些。该课主要工作"为处理贫苦病人免费治疗事宜,并于彼等出院时施送冬衣鞋袜等物,对无家可归之病人又须接洽转送孤儿院及其他救济机关,以谋善后。"③该课下有两名"服务员",见表3-1。

表 3-1　上海仁济医院社会服务课工作人员调查表(1951 年 4 月)

职　别	姓　名	科别	何时进院	学　历	资　历
社会课服务员	李锦珠	事务	1947-03	明德女中肄业	仁慈小学校教员
社会课服务员	沈优学	事务	1946-06	开明中学初中毕业	／

资料来源:《上海仁济医院填报工作人员调查表》,1951 年。上海档案馆,档案号 B242-1-377-30。

该课施送的各类物品大都由各慈善机关捐赠,因经费、人员都较缺乏,社会服务课的工作也备受掣肘。④

社会服务课的救助工作一直延续到解放初期。1951 年 4、5 月的服务情况见表 3-2 和表 3-3:

---

① 《仁济医院希望有一具铁肺:巴德生院长访问记(下)》,《申报》1939 年 7 月 5 日,第12 版。
② 《上海仁济医院概况》,1951 年。上海档案馆,档案号 B242-1-377-4。
③ 《上海仁济医院关于医务、经济报告》,1946 年。上海档案馆,档案号 B242-1-377-94。
④ 《上海仁济医院关于医务、经济报告》,1946 年。上海档案馆,档案号 B242-1-377-94。

表 3-2　1951 年 4、5 月份社会服务课处理案件数目表

月　份	门　诊	住　院	其　他	合　计
4	481	232	503	1216
5	509	185	417	1111

表 3-3　1951 年 4、5 月份社会服务课减免收费人数表

月　份		门　诊	住　院
4	全　免	953	15
	减　费		100
5	全　免	1181	26
	减　费		102

资料来源:《上海仁济医院关于简略工作报告》,1951 年。上海档案馆,档案号 B242-1-377-19。

第二节　各地教会医院

一、岭南大学附属博济医院

博济医院是中国第一所西医院,1835 年由美国传教士伯驾(Peter Parker)创办①,初设于广州十三行新豆栏(今十八甫一带),专门治疗眼科疾病,故又称新豆栏眼科医局。博济医院还创下了不少纪录:中国第一例眼科手术,1880年创办了第一份医学杂志《中华医报》,中国第一例西医手术——膀胱取石,中国第一例病理解剖,拍了中国第一张医学 X 光片等等。② 1866 年,伯驾开设了一个医学班训练他的中国助手,命名为博济医学堂,这也是中国最早的西

① 《中国首家西医院(孙逸仙纪念医院)今年 170 岁》,《广州日报》2005 年 3 月 30 日;《中国首家西医院 180 岁》,《南方日报》2015 年 11 月 2 日;[美]卢茨著:《中国教会大学史》,曾钜生译,浙江教育出版社 1987 年版。

② 陈国钦、袁征:《瞬逝的辉煌——岭南大学六十四年》,广东人民出版社 2008 年版,第 79 页。

医学校,孙中山曾于 1886 年在这所医学堂求学一年。①

1928 年,广州医学传教会向岭南大学校董会建议接管博济医院,1930 年接办工作完成。1933 年,岭南大学附属博济医院设立社会服务部,对患者提供诸多服务,例如对"贫苦乏资调理者则代向医生酌求减轻医药等费,又如病者之不愿施用手术者则劝导之,病未愈而经济困难不能住院疗养者则代设法,失业者则代谋职业,家庭有不睦者则为之调解"。②

二、齐鲁医院

1890 年,美国长老会传教医师聂会东(James B.Neal)夫妇来到济南,将原来的教会诊所扩建,名华美医院,即齐鲁医院的前身。华美医院附设有医学堂,1903 年华美医院与青州、邹平和沂州的教会医院合并,称"济南共合医道学堂"。1917 年,齐鲁大学成立,设有文、理、医三个学院,医学院即由"济南共合医道学堂"而来,声名鹊起,有"南湘雅,北齐鲁"之誉。③ 齐鲁医院作为齐鲁大学医学院的附属医院,也是近代山东医疗水平最高的医院。

齐鲁医院在成立初期就附设社会服务部,创始人麦教士负责管理病人费用的减免及病愈出院病人的随访工作。1920 年,社会服务部的工作内容是:寒假期间,应美国红十字会之请,派医科教授 5 人、学生 30 人分赴济南周边四县办理灾民赈务一月,协助卫生、赈粮、社会调查三方面工作。1925 年,特聘请毕业护士一人,专司社会施药及家庭卫生事宜,注重社会卫生事业。④

1934 年齐鲁医院扩建,到 1935 年 11 月初步完工。新医院所收费用低廉,因为有医学院补助经费,"除特别室外,所收费用不足病人所消费者三分之一,且有贫穷病人分文不收者,约在全数病人十分之二三"⑤。这时,医院社

---

① 陈国钦、袁征:《瞬逝的辉煌——岭南大学六十四年》,广东人民出版社 2008 年版,第78 页。

② 私立岭南大学附属博济医院:《私立岭南大学附属博济医院 101 周年年报》,1936 年,第16 页。转引自左芙蓉:《基督宗教与近现代中国社会工作》,民族出版社 2016 年版,第 32 页。

③ 陶飞亚、刘天路:《基督教会与近代山东社会》,山东大学出版社 1995 年版,第 217 页。

④ 《山东大学齐鲁医院志》编纂委员会:《山东大学齐鲁医院志 1890—2000》(内部资料),2000 年印刷,第 82 页。

⑤ 齐鲁大学新医学院编:《济南私立齐鲁大学新医院开幕典礼纪念册》,1936 年,第 4 页。

会服务部由增设的社会服务股办公室领导。社会服务股办公室不仅负责社会服务部对院内病人的服务,也注重医院对社会的公益性服务。如1935年9月,社会服务股办公室派医生多人前往灾民医院服务,为病员诊治疾病万余人次。①

1938年,齐鲁大学社会学家杨懋春被医院社会服务部聘请,"到各男病房去与病人谈话,对他们作心理、家庭及人际关系等方面的辅导,劝说他们遵守医生和护士的嘱咐,诚心与医护员工合作,以使治疗工作加速和更加有效。此三项辅导工作被证明极有助于医疗、护理,以后一直受到该院重视"②。此外,齐鲁大学也在正觉寺街设立社会服务处,在象山镇等4处设有乡村服务站,内建小学、示范农场、医疗站和布道站,并与齐鲁医院的社会服务部协商,派出医师带领学生到医疗站诊治病人,中外籍医护人员也常到济南周围农村巡回医疗,宣讲卫生知识,并借此宣传基督教义。③ 1941年太平洋战争爆发后,齐鲁医院被日军占领至抗战胜利。济南解放前后,住院处的张玉英曾在社会服务部工作,再后该部被撤销。

现齐鲁医院发展为山东大学的附属医院,称"山东大学齐鲁医院"。

三、华西协和大学医院

1905年,英、美、加三国的五个基督教会决议在中国西部创办一所"规模宏大、科学完备"的高等学府,地址定在成都。1910年3月11日,华西协合大学举行开学典礼,1914年开设医科,将成都仁济、存仁医院作为教学医院。医院设有社会服务部,"开展医药社会服务工作,如门诊病人挂号、免费医药、住院病人的慰问及家庭活动等。服务部还与其他机构相互配合、联运,以发挥社会服务的最大效力。"④当时华西协和大学社会系将"尽量适应中国科学化的

---

① 《山东大学齐鲁医院志》编纂委员会:《山东大学齐鲁医院志1890—2000》(内部资料),2000年印刷,第82页。

② 《山东大学齐鲁医院志》编纂委员会:《山东大学齐鲁医院志1890—2000》(内部资料),2000年印刷,第82页。

③ 《山东大学齐鲁医院志》编纂委员会:《山东大学齐鲁医院志1890—2000》(内部资料),2000年印刷,第82—83页。

④ 郑尚维、石应康主编:《四川大学华西临床医学院·华西医院史稿》,四川辞书出版社2007年版,第46页。

社会工作之需要"①作为办学宗旨之一,华西协和大学医院社会服务部成为社会学系学生们实习的重要场所。② 社会服务部与社会系彼此相助,"均有严密之教学规程"③。

四、湖州福音医院

湖州福音医院最早是基督教会 1903 年设立的医疗所,定名为湖州博习医院。1910 年孟杰医生被教会派到湖州,在他的努力下,1915 年医院迁至马军巷,增加床位 60 张,改名为吴兴福音医院。1922 年孟杰医生向洛氏基金会及本地慈善家募集巨款,建立新院,可容病人 160 余。医院内设手术室、实验室、X 光室、门诊办公室、图书室及药房等。④ 医院对贫苦病者可减免医药费用,院内也设有"社会服务部","组织妇女做手工艺品,如被单、枕套绣花和各种玩具,等举行义卖,用这些钱救济贫穷病人。"⑤

解放后,湖州福音医院改组为中国人民解放军九八医院,存续至今。⑥

---

① 华西校史编委会:《华西医科大学校史(1910—1985)》,四川教育出版社 1990 年版,第46 页。

② 华西校史编委会:《华西医科大学校史(1910—1985)》,四川教育出版社 1990 年版,第116 页。

③ 《复员后之华西大学医学院》,《华西医讯》1946 年 3 卷第 3 期。

④ 张铮夫:《吴兴福音医院》,《福音光》1935 年第 10 期。

⑤ 湖州市政协文史资料研究委员会编:《湖州文史》(第五辑),杭州东方印刷厂 1987 年印刷,第 189—190 页。

⑥ 朱仰高:《湖州杂识》,三秦出版社 2003 年版,第 90 页。

第四章　南京中央医院的社会工作

20世纪30年代,国民政府在国外医疗保健制度的影响下开始推行公医制度,以增进国民健康。1941年国民党五届八中全会通过了《实施公医制度以保证全民健康案》,该案认为国民的健康绝非个人康乐问题,"医疗卫生事业完全由国家经营,所需经费均由国库或地方自治经费项下支给,全国民众都有无条件享受之权利。"①在公医制度下,一批中心医院初具规模,医院社会工作也有所开展。南京中央医院成立于1929年,作为民国时期在首都兴办的规模最大、设备最完善的国立医院,其医院社会服务部在公立医院中也最有代表性。

第一节　抗战前的南京中央医院

一、社会服务科的设立

南京中央医院的前身是1929年1月筹建的中央模范军医院,由卫生署次长刘瑞恒负责筹办,占地50亩,有活动木屋13座及X线机等医疗器械,设置临时床位300张。1930年1月国民政府行政院以南京人口日增,市民就诊日众,下令将中央模范军医院改名为中央医院,划归卫生署直接管辖,并由卫生

---

① 卫生署:《卫生建设五年计划草案提要》,1946年。转引自黄庆林:《国民政府时期的公医制度》,《南都学刊》2005年第1期。

部长刘瑞恒兼任院长。中央医院开诊后,门诊、住院病人激增,原有院舍已感不足,且木制房屋在酷暑严寒季节影响病人诊疗。于是1931年国民政府拨出一笔款项,并得华侨胡文虎捐助建筑专款银元三十七万五千元,兴建医院大楼,1933年6月竣工。①

1932年7月1日,涂庆钊先生接受南京联青社②之聘,到中央医院创办社会服务事业。他救济贫病同胞,襄助医师调查家庭状况,并予以相当社会治疗。一年之后,中央医院鉴于这项工作的重要性,乃于1933年7月15日设立社会服务科,聘请尤浩德女士为事务员专门办理社会服务事宜。③ 尤浩德,祖籍福建晋江,毕业于金陵女子文理学院,时年24岁。④ 当时该科仅一人,后逐渐增加。社会服务科列于医务部下,与各科室并列同级。⑤

二、社会服务科的工作内容

社会服务科的职责为:救济贫穷病人,通过调查病人家庭状况,予以相当的减免费治疗及免费输血;劝导病人家庭卫生;对于无家可归的病人或出院后尚需休息者,由该科转送救济院收容;出院欲回家者,由该科资助旅费,并发给新旧单棉衣衫。此外还代为埋葬死亡的贫苦病人,以及贷助资本、介绍工作等。⑥

自1932年7月涂庆钊到南京中央医院办理社会服务事项起,到1933年底的一年半的时间里,南京中央医院的社会服务事业取得了如下成绩:共救济贫苦病人529人,其中男350人,女120人,儿童59人;已出院者511人,未出院者18人。⑦ 具体如下:⑧

① 《院志》编写办公室:《南京军区南京总医院院志(1929—1994)》,1995年印刷,第1—2页。

② 联青社(Y's Men's Club),是基督教青年会的附属组织,主旨是为了集合力量更好地服务青年会,热心社会服务事业。1924年,上海基督教青年会成立中国第一个联青社。之后,天津、青岛、北平、福州、南京、香港、厦门、苏州、济南、广州等地相继成立。

③ 《中央医院年报:民国二十二年》,南京中央医院1933年印刷,第43页。

④ 《中央医院年报:民国二十二年》,南京中央医院1933年印刷,第157页。

⑤ 《内政部中央医院调查委员会报告书》,1934年印刷,第1—2页。

⑥ 《内政部中央医院调查委员会报告书》,1934年印刷,第34—35页。

⑦ 《中央医院年报:民国二十二年》,南京中央医院1933年印刷,第43页。

⑧ 《中央医院年报:民国二十二年》,南京中央医院1933年印刷,第43—47页。

1. 免费及减费住诊。对于来院求诊的贫苦病人和育婴堂等慈善机关送来的病人，社会服务科予以免费者为数甚多。一年半来，经社会服务科审核给予免费者 361 人，减费者 76 人，其他签字证明准予延期纳费者 92 人。

2. 免费及半价挂号。社会服务科对于贫苦病人给予免费或半价挂号并施免费药品。

3. 病室慰问。平时如果没有意外的事情发生，社会服务科的服务员每天下午四点至六点到三等病室与病人作简短谈话，借以了解病患的需求。

4. 家庭探访。家庭探访是社会服务员的主要工作，因为要给予社会救济，必须了解被救济对象的家庭实情。1933 年 7 月 15 日之前，涂庆钊忙于门诊指导和办理贫苦病人的入院手续，很少有空余时间兼顾家庭探访工作。7 月 15 日社会服务科成立后，虽然添加了工作人员，但对于家庭探访工作还是没有办法做到全部实行。究其原因有以下四点：一是三等病房的病人多数是工人，他们来自离南京城数十里或百里之外的村落，路途遥远。二是一些下层军人，并无家室。三是南京市内多处交通不便，服务员难以到达。四是社会服务科还担负着预备和传唤输血者的职责，要花费很多工作时间。

5. 联接病人亲友与医师。有病人亲友前来医院探访病情，社会服务科负责引见。医师要求病人家属来院领回病人或商讨治疗方法，也需要社会服务科负责通知、传达。

6. 改良病人的家庭生活环境。一年半来，经服务员指导改良居住环境的有三家，分别给予报纸糊贴墙壁、芦席铺地和棉被御寒。

7. 家庭卫生指导。如社会服务员劝导肺结核病人自备饮食器皿，不要随地吐痰，多事休息等。又如服务员教导沙眼病人一定要自备面巾和手巾等。

8. 转介病人。无家可归的病人或者出院后还需休养的病人，社会服务科即函转南京救济院收容。一年半来有 7 人被送至救济院。对于医治无望的贫病军人，经医师诊断后，也由社会服务科办理转送到陆军医院。一年半来共转送了两名军人。

9. 惠助川资。凡有贫苦病人出院后想回家者，即由联青社惠助川资。一年半中，领川资者计 20 名。

10. 发给新旧单棉衣衫。一年半中，到社会服务科领衣裤者计 20 名。

11. 补助照 X 光费、拔牙费和输血费。贫苦病人无力缴费者,由联青社代付。一年半中,联青社补助照 X 光费者 3 人,拔牙费者 1 人,输血费者 3 人,另外还有 8 人给予免费输血。

12. 代为申请抬埋费。无人认领或赤贫的病人病故,社会服务科代为从医院事务部申请发放洋十二元,再交人办理抬埋事宜。一年半中,社会服务科共代为申请抬埋费者 30 人。

13. 贷助资本。有能力而无资本经商者,青联社贷助十元或二元。一年半中,领该项贷本者 6 人。

14. 介绍工作。病人出院后无业者,社会服务科帮助介绍工作,计介绍者 5 人。

15. 教授缝纫。社会服务科帮助给出院病人介绍工作并非易事,因此,该科添设缝纫一门,由尤浩德女士亲自指导剪裁,制就布猫三十余件,均已出售。

16. 输血事宜。社会服务科还接受内科的嘱托,承办了医院的输血事宜。因为当时人们视输血为畏途,虽然经服务员多方解释仍不能使献血者释疑,所以此项工作在起初十分困难。于是社会服务科改变策略,给予每位献血者检验费伍角,每 100CC 输血费大洋参元,若头、二等病房的病人愿意多付,亦听其便,才使得贫苦之人踊跃前来应征献血。开办半年以来,来院应征预备献血者约有 150 名,检验及格者有 90 名。此外,南京鼓楼医院也曾用过两次南京中央医院社会服务科的献血者。

17. 其他。如发给病人白米和其他物品,解决汽车撞伤病人的交通事故纷争等。

由于医院业务快速发展,不可避免会出现医疗纠纷和医患矛盾。1934 年就是南京中央医院的多事之秋。是年 5 月份,一名 7 岁幼童因牙根化脓在中央医院施拔牙术,术后继发蜂窝组织炎,二次手术后死亡。① 接着,一位 16 岁的女孩在盲肠手术两个半小时后突然呼吸骤停,抢救无效死亡。② 两名死亡

---

① 《中央医院幼童开刀致死》,《中央日报》1934 年 5 月 12 日,第 10 版;《安烈士之子在中央医院治牙毙命案》,《中央日报》1934 年 6 月 24 日,第 10 版。

② 《女孩陈允之患盲肠炎,中央医院割治殒命》,《中央日报》1934 年 5 月 23 日,第 10 版。

患者的家人都到法院提起诉讼。① 8 月,许佛成之子在中央医院诊治后死亡。② 9 月,监察院一女职员在中央医院做小产手术后住院二十余日竟告不治。③ 其兄向内政部举报,请求整顿该院。④ 12 月底,山东省政府驻南京办事处处长唐佛哉夫人吞食鸦片烟送中央医院抢救无效死亡,唐的副官怒称中央医院是"杀人场"。⑤ 在此情形之下,1934 年内政部调查委员会到南京中央医院调查时,建议社会服务部的职能应该扩张,尤其应注重医院各部门包括医务、事务和护士部与病人之间的沟通和信息交流。如果病人有误会时,社会服务部应该详细为之解释,直到其满意为止。如果医师和护士有不称职的地方,社会服务部应该通报各科主任转报院长,"以凭依章办理。"⑥至于社会服务部是否开展此项业务,效果如何,尚需进一步挖掘史料来探明。

第二节　复员后的南京中央医院

抗战爆发后南京中央医院西迁,社会服务部停办。⑦ 医院先迁汉口,再迁长沙,1938 年 7 月复迁贵阳,其间主要在各地前线收治重伤官兵,施行手术。1938 年一部分医院医务人员调至重庆,在重庆歌乐山建立中央医院,称中央医院正院,贵阳为分院。1942 年两院分立,重庆歌乐山中央医院正院改称重庆中央医院,贵阳分院改称贵阳中央医院。⑧ 抗战胜利后,贵阳中央医院结束,大部分人复员南京中央医院。⑨ 其余的医护人员,分别调到天津和广州,

---

①　陈雁:《民国时期的医患纠纷与解决途径:以 1934 年南京中央医院被控案为中心》,《贵州大学学报》2014 年第 5 期。

②　《许佛成之子中央医院诊治毙命》,《中央日报》1934 年 8 月 3 日,第 7 版。

③　《监院女职员朱青莲中央医院治小产殒命》,《中央日报》1934 年 9 月 11 日,第 7 版。

④　《朱青莲中央医院治病致死事》,《中央日报》1934 年 9 月 13 日,第 7 版。

⑤　张国柱:《南京中央医院草菅人命之写真》,《国医正言》1935 年第 10—12 期。

⑥　《内政部中央医院调查委员会报告书》,1934 年印刷,第 43—44 页。

⑦　《南京中央医院社会服务部工作报告:民国三十六年一月至六月》,1947 年印刷,第 2 页。

⑧　《中央医院》,行政院新闻局 1947 年 9 月印刷,第 2 页。

⑨　周士彦:《我院前身——中央医院的创建与发展》,《医学研究生学报》1989 年第 2 期。

充实当地的中央医院。① 重庆的中央医院,则继续保留。

一、社会服务部的恢复

1946 年 2 月,贵阳中央医院在南京复院,4 月即恢复设立病人服务室,②以期解决贫苦病人的医疗问题。服务室主任由王杰仪③担任,服务员有洪祥辉、张先梅、吴连荆、刘淑元和孙慧娟五人。④ 抗战前社会服务科初建时,对服务人员的资质似无特别要求。⑤ 复员后,南京中央医院对社会服务工作人员的选聘标准开始严格。因为"其工作之冗繁,较一般社会工作人员更甚,其所具备之条件,自较一般社会工作人员,更为严格"⑥。选聘标准主要如下:

1. 学识经验方面,必须具有大学社会工作专业教育或接受社会工作专门训练,有普通一般社会工作之经验,更应具有医学常识,稍能了解医学上疾病治疗和药物的名词。而且,因为患者在疾病痛苦时心理会发生不正常,所以社会服务部的工作人员还应具有社会心理学的知识,了解心理和精神分析,具备应付不正常心理者的技能。

2. 个人性格方面,应有健康的身体,更要有耐劳任怨的精神,诚恳忠实的

---

① 程本礼:《记贵阳中央医院》,贵阳市政协文史资料委员会、贵阳市卫生局合编:《贵阳文史资料选辑》(第 39 辑),贵阳南明民政印刷厂 1993 年印刷,第 172—173 页。

② 此时虽称"病人服务室",但次年的年度报告中却称"社会服务部",因此文中统一称"社会服务部"。(参见《南京中央医院社会服务部工作报告:民国三十六年一月至六月》,1947 年印刷。)

③ 王杰仪,美国哥伦比亚大学研究院获硕士学位,1930—1931 学年任燕京大学社会学系教师,负责教学和儿童福利工作(参见齐钊:《许仕廉对社会学中国化的贡献》,《中国社会科学报》2016 年 5 月 30 日,第 7 版。);30 年代早期还担任北平家庭福利协济会董事(参见彭秀良:《我国最早以家庭社会工作为主的服务机构——北平家庭福利协济会》,《团结报》2013 年 8 月 1 日,第 7 版。);抗战期间曾任中国儿童保育会江西分会常务理事会各委员会主任,与蒋方良、雷洁琼、熊芷等为救护难童而奔走(参见朱剑华:《一年来的江西保育工作(1939)》,《保育生通讯》1997年第 1 期。);40 年代初任金陵大学社会系社会福利行政组教师(参见金陵大学编:《金陵大学六十周年纪念册》,金陵大学出版社 1948 年版,第 22 页。);抗战胜利后,担任南京中央医院社会服务部主任。

④ 南京中央医院编:《南京中央医院三十五年度年报》,南京中央医院 1946 年印刷,第 64页;《南京中央医院社会服务部工作报告:民国三十六年一月至六月》,1947 年印刷,第 2 页。

⑤ 《内政部中央医院调查委员会报告书》,1934 年印刷,第 35 页。

⑥ 《南京中央医院社会服务部工作报告:民国三十六年一月至六月》,1947 年印刷,第4 页。

态度,富有创造力,镇静沉着,上进好学。①

3.工作态度方面,能了解病人的身心痛苦而予以同情,有正确的客观态度,实事求是,不以感情用事,能组织工作,使工作系统化,给予求助者帮助时,应使求助者了解帮助的意义,注意发展其人格,使其能自力更生,恢复其原有社会地位。①

二、社会服务部的工作内容

南京中央医院复员后,设备逐渐充实,业务迅速扩大。战前南京中央医院门诊病人平均每日不过四百人,复员后增至每日达七百人。1947年以来各科门诊更加拥挤,每日平均达八百余人,于是该年春又在院址对面的政治公园中建门诊部,拥挤情形也逐渐改善。病床设置战前仅有220张,复员后逐渐扩充,1946年底已有352张,至1947年6月扩充至582张。② 社会服务部的业务范围也日渐扩充,共有四大部分:③

(一)门诊部分

1.门诊免费

凡经济确属困难的门诊病人均可向社会服务部申请免费,经详细观察及谈话后以决定免除部分或全部医药费用。1946年4—12月的九个月中门诊免费人数为10584人,挂号医药费用计11837830元(具体见表4-1)。④ 1947年1—6月份的门诊免费情况见表4-2。

表4-1　南京中央医院门诊免费人数及费款统计表(1946年4—12月)

月　份	免费人数	免费款额(元)
4	552	522150
5	1281	1151500

---

① 《南京中央医院社会服务部工作报告:民国三十六年一月至六月》,1947年印刷,第4—5页。

② 《中央医院》,行政院新闻局1947年印刷,第3页。

③ 《南京中央医院社会服务部》,《红十字月刊》1948年第33期。

④ 南京中央医院编:《南京中央医院三十五年度年报》,1946年印刷,第65页。

续表

月　份	免费人数	免费款额（元）
6	1392	1225150
7	1456	1289960
8	1438	1174200
9	1478	1382600
10	1082	1445200
11	831	1315920
12	1054	2331150
合　计	10584	11837830

资料来源：南京中央医院编：《南京中央医院三十五年度年报》，1946 年印刷，第 65 页；又见《中央医院》，行政院新闻局 1947 年 9 月印刷，第 18 页。

表 4-2　南京中央医院免费门诊人数、免费人数百分比及费用表（1947 年 1—6 月）

月　份	门诊人数	免费门诊人数	百分比（%）	经费（元）
1	19421	754	3.8	2105850
2	26023	1877	7.4	5788100
3	31643	2378	7.1	7196700
4	36434	2553	7.1	8042400
5	35733	1891	4.9	8131200
6	34828	1656	4.9	8972500
总计	184082	11109	/	40236750

资料来源：南京中央医院编：《南京中央医院社会服务部工作报告：民国三十六年一月至六月》，1947 年印刷，第 15 页。

社会服务部还对 1947 年 1—6 月份的门诊免费病人进行了统计分析。结果表明，在门诊免费的病人以男性为多，约超女性一倍以上；年龄以二十岁到三十岁的最多，年纪越大者，申请免费的越少；职业方面，申请免费门诊患者中以无业者为最多，共计 4762 人，几乎占总人数 11119 人的一半，其中包括难民、乞丐。其次是工人和军警，工人在当时工业不景气的情形下，所谓工人也只是小工、零工而已，军警界虽然来申请的以士兵为多，但将官、校官也不少，原因应是军警待遇太菲薄的缘故。①

　　1947 年度南京中央医院门诊总数为 251880 人,综计门诊优待公教人员14826 人,减免费用 192592800 元。门诊救济贫困病患 22416 人,免费款为147983350 元。与上一年相比,1947 年约增加救济人数为 120% 弱,救济医药等费用更因物价高涨,增加了 11 倍之多。② 1948 年 1—6 月份,半年中免费门诊人数总计为 10313 人,费用共计 7337008000 元。③

　　2. 襄助进行治疗

　　在门诊治疗的患者,大致病势不十分严重,一经治疗即不再继续诊治,最终可能延误治疗。例如花柳病患者,经过医师诊治注射后局部痛苦减轻,于是便不再求医根绝,常导致疾病复发或传染他人,为害社会。此种患者需要社会服务部工作人员向他详细解释,劝导他继续作检查验血,诊治注射,直到完全治愈为止。④ 还有的住院病人出院以后,因病未痊愈,需由住院医师指定时间继续来院复诊。但是,病人如经常因隔时过久而遗忘,便由社会服务部发出通知,促使病人继续来院会诊。⑤

　　(二)住院部分

　　1. 免费住院

　　当时中国的医药事业尚未普及到乡村地区,住院治疗是"带点贵族化性质的事",加上物价高涨,医药费用昂贵,一般乡村中贫苦老百姓虽然有病,也很少有住院治病的打算。面对此问题,社会服务部工作人员经过调查,确实贫困者给予免费住院治疗。有时甚至"还要费一番唇舌,向其劝导,使其了解自己的疾病和住院治疗易收效果的关系。"⑥自社会服务部复员以来,免费住院治疗人数都占到总住院人数的 10% 以上,具体见表 4-3 和表 4-4。

---

①　南京中央医院编:《南京中央医院社会服务部工作报告:民国三十六年一月至六月》,1947 年印刷,第 16、18 页。
②　南京中央医院编:《南京中央医院三十六年度年报》,南京中央医院 1947 年印刷,第 3—4、64 页。
③　《南京中央医院社会服务部》,《红十字月刊》1948 年第 33 期。
④　南京中央医院编:《南京中央医院社会服务部工作报告:民国三十六年一月至六月》,1947 年印刷,第 14 页;又见《南京中央医院社会服务部》,《红十字月刊》1948 年第 33 期。
⑤　《南京中央医院社会服务部》,《红十字月刊》1948 年第 33 期。
⑥　南京中央医院编:《南京中央医院三十五年度年报》,1946 年印刷,第 66 页。

表4-3 南京中央医院住院人数与免费住院人数百分比（1946年4—12月）

月　份	住院总人数	免费住院人数	免费人数占总住院 人数的百分比（%）	费款数额
4	386	59	15.3	1524385
5	473	64	13.4	1099650
6	489	53	10.6	1051620
7	507	57	11.2	1764460
8	625	71	11.4	3104600
9	637	72	11.3	4417350
10	591	63	10.7	4304240
11	609	68	11.4	6451510
12	639	76	12.1	6985480
共　计	4953	583	12.1	30713295

资料来源:南京中央医院编:《南京中央医院三十五年度年报》,1946年印刷,第66、67页;又见《中央医院》,行政院新闻局1947年9月印刷,第19、20页。

表4-4 南京中央医院住院总人数、免费住院人数、百分比及费用表
（1947年1—6月）

月　份	住院总人数	免费住院人数	免费人数占总住院 人数的百分比（%）	费用（元）
1	605	91	15.01	7644150
2	619	94	15.04	16879350
3	700	128	18.30	23641280
4	673	109	16.35	22892140
5	704	128	18.20	32870080
6	698	133	19.95	45851600
总数	3999	683	17.10	149778600

资料来源:南京中央医院编:《南京中央医院社会服务部工作报告:民国三十六年一月至六月》,1947年印刷,第6、8页。

社会服务部工作人员还对 1947 年 1—6 月份免费病人的特征做了相应分析,对一些涉及社会问题的现象提出相应的对策建议。① 如性别方面,免费住院患者中男性为 439 人,女性为 244 人。究其原因,第一,在中国女人经济尚无能力独立,多依赖丈夫,所以妻子生病时,丈夫多愿竭力设法以付医药费。第二,女子好面子,以申请免费为多羞,非万不得已,不愿申请免费。第三,女病人中有产科病人要求免费。第四,医院患者中男性本身就较多。科别方面,以内科免费最多,外科次之,产妇科更次之。因为医院病床以内外科较多,产妇科次之,且慢性病例亦较其他各科病人多,免费的病人也就随之增加了。籍贯方面,以江苏人为最多,共 325 人,占全数二分之一。其次为安徽人,共 80 人。因为医院位于南京,苏北逃到南京的难民很多,自然免费病人也是江苏人最多。安徽毗邻江苏,交通方便,因而安徽省免费病人也较其他省份为多。年龄方面,免费住院病人的年龄以 21 岁到 30 岁的人数最多,有 227 人,其次是 31 岁到 40 岁,有 113 人(见表 4-5)。人在 21 岁到 40 岁时,应该是年轻力壮,抵抗力最强,身体最健康的时候,然而免费住院病人中最多者却属这两种年龄组的人。究其原因,卫生常识之缺乏,公共卫生之不普遍,环境卫生之恶劣,均属主要因素加之又受到经济压迫,营养不良,也易染疾病。②

表 4-5 南京中央医院社会服务部免费住院病人年龄分布表(1947 年 1—6 月)

年龄 (岁)	1—10	11—20	21—30	31—40	41—50	51—60	61—70	不明	总计
人数	64	122	227	113	65	40	11	41	683

资料来源:南京中央医院编:《南京中央医院社会服务部工作报告:民国三十六年一月至六月》,1947 年印,第 10 页。

1947 年度南京中央医院住院病人总数为 10319 人,优待公教人员住院为 1202 人,减免费款为 363784006 元。救济贫病免费住院为 1702 人,免费款为

---

① 南京中央医院编:《南京中央医院社会服务部工作报告:民国三十六年一月至六月》,1947 年印,第 6—8 页。

② 南京中央医院编:《南京中央医院社会服务部工作报告:民国三十六年一月至六月》,1947 年印刷,第 6—8 页。

1035842540 元,人数亦较上一年多 200%强。① 1948 年度 1—6 月份免费住院总人数为 926 人,支出免费住院费用总计 6209673050 元。②

2.为病人担保住院医药费用

凡公教人员、小商、苦工在入院时不能缴纳款项者,由社会服务部负责担保,准先住院,然后在规定时间内由病人或其家属负责到住院处缴清。③

3.供应特别营养

住院病人一般比较虚弱,需要特别的营养补充,如外科病人,加强特别营养,可使其伤口早日复原,内科病人则可增强其体力。凡是经医师证明确实需要加强营养,而病人家庭因为贫苦没有能力提供,经调查属实,"该部随时免费供应"④。例如某次一个贫苦的妇科病人,来到医院请求免费治病,经医生诊治需要手术,但因身体太弱,开刀前应加强特别营养。社会服务部遂每日供给该病人猪肝、鸡蛋、牛奶、肉食等,一个多月后,此病人身体较强壮,医师才为她实施手术,病乃得痊愈。1946 年 4—12 月期间由社会服务部供给特别营养的病人共计 115 人,费用共达 2060120 元。⑤

此外,战后行政院救济总署(简称"行总")收到大批联合国善后救济总署的援助物资,由于医药救济也属于行总救济项目之一,所以社会服务部开办后得到行总大量的津贴和捐赠物资。"凡本部免费住院及门诊病人,除津贴伙食费外,尚捐送大批牛奶、奶粉、鱼肝油等,凡贫病需要营养滋补者,一经医生证明,本部均免费赠送。1946 年九个月中,本部共发出鱼肝油 863 磅,奶粉651 磅,牛奶 217 听。"⑥

1947 年度上半年中,行总赠予的鱼肝油、牛奶等除外,社会服务部供给特

① 南京中央医院编:《南京中央医院三十六年度年报》,南京中央医院 1947 年印刷,第 3—4、64 页。
② 《南京中央医院社会服务部》,《红十字月刊》1948 年第 33 期。
③ 《南京中央医院社会服务部》,《红十字月刊》1948 年第 33 期。
④ 《南京中央医院社会服务部》,《红十字月刊》1948 年第 33 期。
⑤ 南京中央医院编:《南京中央医院三十五年度年报》,南京中央医院 1946 年印刷,第 68 页;又见《中央医院》,行政院新闻局 1947 年 9 月印刷,第 21 页。
⑥ 南京中央医院编:《南京中央医院三十五年度年报》,南京中央医院 1946 年印刷,第 70 页;又见《中央医院》,行政院新闻局 1947 年 9 月印刷,第 21—22 页。

别营养者 106 人,费用共计 4143500 元。①

4.输血急救

凡病重生命危殆,如急性伤寒患者,或施行手术后流血过多者,经医师诊治其必须输血时,社会服务部尽力提供协助。② 对贫穷病人,社会服务部也可提供免费输血,只是需要经过调查手续。1946 年九个月中输血人数计 41 人,费用共计 2019400 元。③ 1947 年全年输血急救人数为 59 名,费用11328000 元。④

5.实物救济

如果贫穷患者病愈出院时衣履不全,社会服务部会为其购买衣服鞋袜、赠送寒衣、杂粮等。⑤ 如果病人残废了,社会服务部替病人定制拐杖,以便其出院行走。如果病人住院时间较久,其理发费用也由社会服务部支付。⑥

6.安置病愈出院无家可归的残老、弃婴

免费病人中,有年老无人奉养、无家可归的人,病愈出院时,社会服务部即代其向市政府救济院养老所申请收容,使其获得政府之津贴。残废的送入残疾所,或者伤残重建(按:即康复)医院,无家可归的儿童送到贫儿院。医院里的弃婴也日益增多,有的因为是私生子被遗弃,有的是因为家境清寒无力抚养,社会服务部请婴儿的父母签字盖章,暂由医院的婴儿室抚养,社会服务部供给牛奶、鱼肝油精等食品,使这些小生命得到周全的照拂。同时社会服务部代为寻找领养父母,婴儿如果没有被领养,三四个月后就被转送到天主堂婴儿院抚养。⑦ 如果有人需要领养孩子时,可以到社会服务部申请,由该部派服务员调查其家庭状况、经济情形、父母教育程度以及家庭亲属是否都同意领养孩

---

① 　南京中央医院编:《南京中央医院社会服务部工作报告:民国三十六年一月至六月》,1947 年印刷,第 11 页。
②　《南京中央医院社会服务部》,《红十字月刊》1948 年第 33 期。
③　南京中央医院编:《南京中央医院三十五年度年报》,南京中央医院 1946 年印刷,第 68 页;又见《中央医院》,行政院新闻局 1947 年 9 月印刷,第 21 页。
④　南京中央医院编:《南京中央医院三十六年度年报》,南京中央医院 1947 年印刷,第 64 页。
⑤　《南京中央医院社会服务部》,《红十字月刊》1948 年第 33 期。
⑥　南京中央医院编:《南京中央医院三十五年度年报》,南京中央医院 1946 年印刷,第 69 页。
⑦　南京中央医院编:《南京中央医院三十五年度年报》,南京中央医院 1946 年印刷,第 69 页。

子。如果收养家庭能够合乎条件,服务部与其签订字约,之后才能带领孩子回家。回去之后,社会服务部随时派服务员上门调查、指导,如果发现其父母或家庭中有不利于婴儿发展的情况时,社会服务部就立即领回婴孩。① 1947年1—6月共救助弃婴69人,补助费用计179700元。② 全年由社会服务部调查申请领养者后,已有十名弃婴被领养,还有十余名弃婴待领养。③

7. 资助旅费

申请免费病人中,许多来自异乡或解放区的患者,因为没有家属或亲友在南京,导致接济断绝。这类患者除住院等各项费用免于缴纳外,在病愈出院时,社会服务部为了避免其流落街头,会视其旅途远近,酌量资助旅费。④ 还有一些无家庭无亲友孤独在外的人,遇到意外事件后,由警察送到南京中央医院医治,到病愈出院时,社会服务部不仅免其医药费用,还要资助旅费,送其还乡。1946年9个月中资助旅费的共有639人,用费计249600元。⑤ 1947年全年共遣送回乡人数47名,费用1338200元。⑥

8. 代埋尸体

无主病人因病死亡,社会服务部负责雇佣人工将其埋葬。1947年全年埋葬尸体47名,费用3053000元。⑦

9. 书报供给

慢性病患者和在休养期中的病人,久卧床榻,需要有适当的消遣,否则"精神必日趋颓唐"。恰好从1947年4月15日起,中国红十字会总会推出了流动图书供应服务,选定南京中央医院和鼓楼医院,暂以住院的外科病人为对

---

① 南京中央医院编:《南京中央医院社会服务部工作报告:民国三十六年一月至六月》,1947年印,第11页;又见《南京中央医院社会服务部》,《红十字月刊》1948年第33期。

② 南京中央医院编:《南京中央医院社会服务部工作报告:民国三十六年一月至六月》,1947年印刷,第12页。

③ 《南京中央医院三十六年度年报》,南京中央医院1947年印刷,第64页。

④ 《南京中央医院社会服务部》,《红十字月刊》1948年第33期。

⑤ 南京中央医院编:《南京中央医院三十五年度年报》,南京中央医院1946年印刷,第69页;又见《中央医院》,行政院新闻局1947年9月印刷,第21页。

⑥ 《南京中央医院三十六年度年报》,南京中央医院1947年印刷,第64页。

⑦ 《南京中央医院三十六年度年报》,南京中央医院1947年印刷,第64页。

象,先行试办。供应的书籍以小说、画报、杂志为主,每两周调换一次。① 社会服务部便从红十字会总会、学生救济委员会等处借来大批杂志、小说、书报等,转借给患者阅读,每星期并予更换。②

10. 职业治疗

对慢性病患者和在休养期中的文盲患者,最初社会服务部教给他们缝纫和其他简易手工,让他们代缝制衣裤,赠送给出院时贫苦无衣着的患者。一方面病人可借此消遣;另一方面,无衣着的贫苦患者可得实惠。③ 后来,社会服务部为了促进病人早日痊愈,并鼓励其生产,开始举办职业治疗。因病残疾,不能继续原来工作的患者,社会服务部在其休养期内教以适当工作,使其病后能自力生活。④ 社会服务部也为贫病疗养所的慢性病人举办职业治疗,授以手艺训练,患者中有一技之长者均能参加。⑤ 当时社会部还派来一位外籍专家担任指导工作,凡慢性病人中对手工艺有兴趣者均可参加。⑥

11. 调解社会和家庭矛盾

意外伤害的外科病人,遇到需要追究法律上的责任问题时,社会服务部的工作人员会协助解决。例如某患者被汽车压伤腿部,依照法律肇事人应当担负受伤者的全部医药费用。然而,肇事人不愿补助医药费用,受伤者愤恨交织。双方引起争执,互视为仇雠。此种情形下,社会服务部工作人员尽力在双方之间斡旋解释,最终使得肇事人自动担负一笔医疗费用,也使受害人得以安心调治。其他家庭不和、婚姻问题等也由社会服务部工作人员按社会个案工作方法尽量设法解决。⑦ 例如婆媳之争,也影响了家中为子为夫的男子,于是一个美满家庭常为争吵空气所充溢,家庭间人人互相仇视,

---

① 《中国红十字新闻》,《红十字月刊》1947 年第 16 期。

② 《南京中央医院社会服务部》,《红十字月刊》1948 年第 33 期;又见南京中央医院编:《南京中央医院社会服务部工作报告:民国三十六年一月至六月》,1947 年印刷,第 13 页。

③ 南京中央医院编:《南京中央医院社会服务部工作报告:民国三十六年一月至六月》,1947 年印刷,第 13 页。

④ 南京中央医院编:《南京中央医院三十六年度年报》,南京中央医院 1947 年印刷,第 64 页。

⑤ 南京中央医院编:《南京中央医院社会服务部工作报告:民国三十六年一月至六月》,1947 年印刷,第 20 页。

⑥ 《南京中央医院社会服务部》,《红十字月刊》1948 年第 33 期。

⑦ 《南京中央医院社会服务部》,《红十字月刊》1948 年第 33 期。

不能和洽。于是,社会服务部工作人员在访问病人家庭时,尽力与其婆婆、丈夫谈话,疏通他们彼此间心理,也使该病人最终能原谅老年人的固执,体贴丈夫的为难,而能恪尽孝道,恢复其家庭和谐时的生活。① 社会服务部的工作人员洪祥辉还强调了社工人员在解释医患误会中的作用,促进病人能接受医生的治疗方案。他说,"除病情以外,仍有许多社会问题,为病人和医生所不能解决者,尚需社会工作人员的协助和处理",其中包括"解释病人的误会"。比如"病人住院,自应遵服医生的治疗计划,按科学的步骤,实施调治,但常有少数病人,固执成见,病根未愈,因家庭或其他社会环境所逼,不依医生劝阻,亟要回家。或因医疗已告完成,无须住院,医生要其自行休养,而不肯照行。在医护人员方面,均系专门技术知识,每因工作的关系,有时不明病人所处的境地,时常容易发生误会,急需社会工作人员,以工作的经验,温和的态度,从中调解,免除病人及家属的误会,使病人心地宁静,日[益]健康。"②

(三)出院后服务工作

1.职业介绍

社会服务部为出院后无家可归的青壮年代谋工作,使他们暂时得以栖身。③ 病愈出院的贫苦病人中也有不乏一技之长者,但自谋工作困难,精神消极,经社会服务部调查其能力后,常代其寻觅工作,使其自力更生。④

2.小本借贷

在免费的患者当中,有很多因病而失业的工人和小商贩,病愈后无法马上恢复工作,最低生活难以维持,社会服务部就贷给他们少量资本,使其能经营小商贩,贷款则分期归还。⑤

---

① 南京中央医院编:《南京中央医院社会服务部工作报告:民国三十六年一月至六月》,1947 年印,第 13—14 页。

② 洪祥辉:《介绍医院的社会服务部》,《红十字会月刊》1947 年第 18 期。

③ 南京中央医院编:《南京中央医院三十五年度年报》,南京中央医院 1946 年印刷,第 69 页。

④ 《南京中央医院社会服务部》,《红十字月刊》1948 年第 33 期。

⑤ 《南京中央医院社会服务部》,《红十字月刊》1948 年第 33 期;又见南京中央医院编:《南京中央医院社会服务部工作报告:民国三十六年一月至六月》,1947 年印刷,第 13 页;南京中央医院编:《南京中央医院三十六年度年报》,南京中央医院 1947 年印刷,第 64 页。

3. 附设贫病调治所

贫病调治所由美国援华会捐资兴筑,1948年6月工程完竣,内设床位40余张,收容贫病调治者。① 许多病患远道来到首都南京中央医院求医,但是因为医院床位有限,往往不能立即收治,致使患者所带医药费用几乎用在旅费上,一旦入院,只能向医院申请救济。也有一些已住院的贫苦患者,病虽然尚未痊愈,但已不再需要进一步治疗,只需要在医生的观察下休养一段时间。这些病患出院返回家乡后再往返医院实属不易,不出院又占用病床,妨碍其他病患入院。南京中央医院举办贫病调治所,正可以解决此类问题。② 一方面,"籍简单工作,使所收容之慢性患者能有轻松之肢节运动,助长其健康进展,以缩短其痊愈期,完成医护方面最后阶段之功效"。另一方面,调治所内还设有各组工艺,患者可以利用休养时间学习职业技能,提高谋生能力,"实现药物治疗与职业治疗之双重任务"③。这虽是根据当时实际情况而采取的一种权宜措施④,但是能在协助贫困病患完成治疗中起到重要作用。

(四)教学训练工作

1. 指导各校学生实习

为提高学生的实际工作能力,南京的中央大学、金陵大学和金陵女子文理学院的社会学系都以南京中央医院社会服务部为他们的实习场所,时常派同学到社会服务部实习,由该部主任及工作人员担任指导。

2. 到护士、助产学校开设讲座

社会服务部应中央高级护士职业学校⑤、中央助产学校之请,派工作人员

---

① 《南京中央医院社会服务部》,《红十字月刊》1948年第33期。

② 南京中央医院编:《南京中央医院社会服务部工作报告:民国三十六年一月至六月》,1947年印刷,第20页;又见南京中央医院编:《南京中央医院三十六年度年报》,南京中央医院1947年印刷,第2—3、64页。

③ 南京中央医院编:《南京中央医院三十六年度年报》,南京中央医院1947年印刷,第2—3页。

④ 《院志》编写办公室:《南京军区南京总医院院志(1929—1994)》,1995年印刷,第5页。

⑤ 国立中央高级护士学校由卫生署1932年在南京成立,是当时国内第一所由国家创办的护士学校。校舍设在南京中央医院内,便于教学实习。(参见王爱月:《国立中央高级护士学校在贵阳》,贵阳市政协文史资料委员会、贵阳市卫生局合编:《贵阳文史资料选辑》(第39辑),贵阳南明民政印刷厂1993年印刷,第145页。)

前往各校开设医药社会个案工作课程，"听课同学极为踊跃。"①

综上所述，正如社会服务部的工作人员洪祥辉所言，该部的工作内容可以归纳为两类：一是医药治疗协助。"社会工作人员，对于病人个案作翔实的调查。将所得资料，报告医生，协助明了病情，实行医疗计划。如认确系贫苦，酌量予以减免费用，和医疗上需要的种种资助。"二是社会治疗协助。"病人有因环境不良或家庭纠纷，社会工作人员用着同情的态度，和蔼的语调予以安慰，协助病人解决困难，如衣服旅费的资助、职业的介绍、家庭的调解、无家可归者的安置，都分别处理，务使病人的社会问题，得到圆满的收获。"②

三、社会服务部的工作方法

社会服务部的工作方法也主要采用个案工作方法。该部社会服务员洪祥辉介绍他们的工作方法时说："当问题发生的时候，用个案的方法，先和病人作个别谈话，然后到家庭或机关拜访，将一切患病的个案，家庭环境，经济力量，和所经过程，逐一详细调查，依照每个病人实际的需要，分别给予治疗—精神—经济上种种的帮助。"③具体的工作步骤，社会服务部在其1946年和1947年的工作报告中都做了较详细的说明，下文将转述之。

1. 申请。凡贫病或有其它社会问题的患者，无论患者本人申请，或由医师、护士介绍，或服务人员发现其有救助的必要，工作人员都应当立即接受其申请并登记卡片，以免遗忘。

2. 调查。接受申请后，工作人员应当立即前往家访，调查申请人的家庭状况、经济状况以及一切社会环境，必要时还应当访问申请人的亲友或工作机关。这样，一方面可以全面了解申请人的实际情况；另一方面也为申请人调整各方面关系，使亲友和机关帮助解决申请人的困难和问题。

3. 诊断。社会工作人员对"有社会问题"的人的诊断，犹如医师对疾病的诊断。社会工作人员将调查所得的各方面资料加以仔细分析，对问题的症结、

---

① 《南京中央医院社会服务部》，《红十字月刊》1948年第33期。
② 洪祥辉：《介绍医院的社会服务部》，《红十字会月刊》1947年第18期。
③ 洪祥辉：《介绍医院的社会服务部》，《红十字会月刊》1947年第18期。

问题发生的原因及影响等做一精细的诊断。

4.设计。即针对问题各方面的症结,设计解决各项困难的计划。由于社会问题的复杂性,决非社会工作人员单独所能解决的,必须征得患者本人和其亲友的合作,有时还需借重患者的工作单位和其他社会机构的襄助,因而设计服务计划时必须结合社会工作人员和申请者双方的意见,共策其行,才能收事半功倍之效。

5.实施。有了解决困难问题的计划后,社会工作人员应当和申请人本着计划既定的步骤逐渐实施,同时双方应该更加密切联系与合作,并随时讨论困难,这样才能有完满的结果。有时因环境阻碍太多,虽然工作人员有很好的计划,却难实施,有时认为很困难的事,但因申请者或其家庭亲友的合作,或环境的变迁,问题却迎刃而解。总之,社会服务部的目的是在尽力助其自助,使其亲友及各有关方面都能尽力帮助,努力合作。

6.记录。医院社会工作应用个案工作方法解决就诊病人的社会问题,所有个案材料都应填写记录。它是社会工作人员的工作根据,也是对每个个案所发生的问题进行研讨的凭借。此外,如果将这些材料加以分析整理公诸社会,也可以使公众了解社会问题,以便改进社会制度,谋求社会福利。

在上述的各步骤中,社会服务部最为重视的还是个案调查,认为"个案调查为社会救济中最切要之工作,虽明知贫苦需要救助者多,但盲目的救济,反养成一般依赖性,而使整个救济蒙受影响。"[①]所以,在1946年的工作报告中单列"三、个案调查——会谈访视"项目对社会服务部的工作方法进行说明。其中调查步骤分为三步来进行,"凡来本室申请救助的人,第一步询明其姓名年龄籍贯住址职业家属和疾病,记载卡片上,注明申请日期及申请号数,交由本室工作人员调查。第二步会谈,根据卡片的登记,工作人员即至病房与病人谈话,如病人病重,即不扰其精神,如病势较轻,即详细询其一切有关事项,如疾病来源,疾病状况,家庭人口,家庭状况,亲友关系,经济情形及目前困难等等。第三步访视,根据会谈所述,工作人员往访其家庭亲友或其作机关,以明

---

① 南京中央医院编:《南京中央医院三十五年度年报》,南京中央医院1946年印刷,第67页。

事实之真伪,进一步了解其实际情形及问题的结症"。1946 年的九个月中社会服务部共调查的个案计 886 例,家庭访视达 1178 次。①

四、社会服务部的经费情况

1946 年 4 月社会服务部成立到年底的总支出情况见表 4-6。

表 4-6　南京中央医院社会服务部费用支出总数表(1946 年 4—12 月)

项目	门诊免费	住院免费	输血免费	特别营养免费	资助旅费	其他救济	合　计
支出(元)	11837830	30713295	2019400	2060120	249600	1216497	48096742

资料来源:南京中央医院编:《南京中央医院三十五年度年报》,1946 年印刷,第 70 页。

复员后社会服务部的经费主要来自行总与社会部的津贴。1946 年计社会部按月补助 100 万元,自 6 月份起,共计 700 万元。行总依据逐月住院及门诊免费人数计算补助数字,各月不同,住院免费病人每人每日津贴自 500 元增至 1500 元,门诊免费病人每人津贴自 100 元增至 500 元,按月以面粉折算。②

1947 年度南京中央医院住院病人总数 10319 人,较上年的 7444 人增加了 2875 人。门诊总数为 251880 人,较上年的 201462 人增加了 50148 人。由于时局动荡,民生凋敝,越来越多的就医者不能照章缴费,所以社会服务部的门诊部分较去年约增加救济人数为百分之一百二十弱,其救济医药等费用因物价高涨,达到一亿四千八百万元,与去年相比增加 11 倍之多。住院部分本年度人数亦较去年多百分之二百强,该项救济费用达十亿以上。③ 加上对公教人员的优待,两项合计共为 1740202696 元,占到医院全年总收入的 24.77%。④ 但是,因为内战国民政府库款支绌,不能及时补助社会服务部经费。南京中央医院乃国立医院,"以国家医院立场,对公教人员须有优待,对贫苦病人更须设法救济"。所以,"义之所在,未敢稍馁"。社会服务部的经费

---

① 南京中央医院编:《南京中央医院三十五年度年报》,南京中央医院 1946 年印刷,第 67—68 页。

② 南京中央医院编:《南京中央医院三十五年度年报》,南京中央医院 1946 年印刷,第 69 页。

③ 南京中央医院编:《南京中央医院三十五年度年报》,南京中央医院 1946 年印刷,第 64 页。

④ 南京中央医院编:《南京中央医院三十五年度年报》,南京中央医院 1946 年印刷,第 4 页。

除了政府和行总的补贴外,其余由院方"另设法筹拨",应该有较多部分来自医院的收入,另外还有向社会的募捐。①

五、与其他社会机关的联系

社会服务部为了工作的便利,也积极与政府有关部门和相关社会机构取得联系,一方面希望它们能协助本部门的工作,另一方面也竭力协助各有关机关的工作。这些机构主要有社会部、行政院善后救济总署、南京市立救济院、红十字总会、学生救济委员会、南京各大学社会学系以及青年会、妇女指导委员会等。②

（一）社会部。社会部是领导全国社会救济工作的最高机关,除了补助社会服务部经费外,该部的社会福利司还经常联系南京中央医院社会服务部共同合作。如社会部发布某项全国性社会工作的计划时,社会福利司都会邀请南京中央医院社会服务部出席会议,参与讨论,贡献意见。同时,社会部还对南京中央医院社会服务的各项工作予以技术上的指导。如南京中央医院的贫病疗养院成立后,社会部派外籍专家指导其职业治疗工作。

（二）行政院善后救济总署。南京中央医院社会服务部自开办以来,得到行总配给的大量物资,有奶粉、鱼肝油、布匹、自行车、以面粉折合津贴贫苦病人之伙食费用等。1946年秋行总开始扩大救济工作,发起冬赈,在南京市区设立四个救济站,南京中央医院社会服务部被设为第四救济站。于是,社会服务部10月份开始襄助行总的冬赈工作,共登记申请救济贫民1100户,调查了400余户,共计发出面粉629袋,单衣120件,棉衣171套。③

（三）南京市立救济院、首都实验救济院。南京市立救济院里收容的受救济者如果患有疾病,都到南京中央医院免费治疗,均有社会服务部给予接洽。每天至少有二十几个儿童免费治疗皮肤病、眼病、癞头等疾病。南京中央医院

---

① 南京中央医院编:《南京中央医院三十五年度年报》,南京中央医院1946年印刷,第70页。

② 南京中央医院编:《南京中央医院社会服务部工作报告:民国三十六年一月至六月》,1947年印刷,第18—19页。

③ 南京中央医院编:《南京中央医院三十五年度年报》,南京中央医院1946年印刷,第70页;又见《中央医院》,行政院新闻局1947年9月印刷,第22页。

社会服务部面对来院求医的无家可归的残疾老弱患者,也随时可以向救济院申请收容。① 1947 年 9 月社会部在南京又设立全国性实验救济机关——首都实验救济院。该院收容的贫困患病人员,也会委托南京中央医院社会服务部免费诊治。②

(四)红十字总会。社会服务部的工作也得到红十字总会的不少帮助。红十字总会有流通图书服务,每星期调换一次,所以南京中央医院的住院病患可以得到阅览新书、新杂志的机会,不致与社会脱节。

(五)学生救济委员会。学生救济委员会对需要医药救济的学生也都送到南京中央医院治疗。因为该会对学生患者申请救济的手续要求较为详细,所以凡需要医院证明的事项全由社会服务部负责代办。社会服务部因工作繁忙,也会给学生救济委员会去函申请学生襄助,该会中有勤工俭学的学生就会派到社会服务部。

(六)南京各大学。社会服务部与南京的中央大学、金陵大学和金陵女子文理学院的社会学系都有密切联络。各大学社会学系都以南京中央医院社会服务部为他们的实习场所,由社会服务部指导学生们的实习工作。

(七)其他机关。如基督教女青年会、妇女指导委员会、慈爱育婴院以及其他医院的社会服务部等,都与南京中央医院社会服务部有着密切联系。各机构本着互助合作的宗旨,使各自的工作都得到许多便利,"也比较易于进行发展"。③

---

① 参见《市立救济院为收容贫妇高张氏、病贫吴克俭、周海与中央医院的往来笺函》,南京档案馆,档案号 1013-1-111;《南京市立救济院关于黄宪弟曾因参加抗战工作双目失明、恳请中央医院全免医药等费为其治疗的公函》,南京档案馆,档案号 1013-1-364-2;《南京市立救济院为送该院育幼所院民陈正九现患眼疾请转恳中央医院准予全免医药住院手术等费治疗的公函》,南京档案馆,档案号 1013-1-364-33;《南京市立救济院关于送该院孤儿张湛恩、庄云青到中央医院治疗的函》,南京档案馆,档案号 1013-1-364-35;《为准中央医院函以孤儿杨木春、魏如才恳予收容等希查明收容具报的训令及救济院呈文和杨魏入院调查表、通知书》,南京档案馆,档案号 1013-1-222。

② 参见《首都实验救济院为介绍贫户免费诊治请惠予合作给中央医院社会服务部的公函》,南京档案馆,档案号 1012-1-40;《首都实验救济院为陈定闲、范焕文、黄谦夫自病请优待致中央医院的函》,南京档案馆,档案号 1012-1-44。

③ 南京中央医院编:《南京中央医院社会服务部工作报告:民国三十六年一月至六月》,1947 年印刷,第 18—19 页。

六、社会服务部日渐衰退?

据档案资料显示,1948 年 3 月的南京中央医院病人服务部设主任 1 人,员工人数不明。① 在 1948 年 8 月份出版的《红十字月刊》中有报道对该部工作做了较为全面的介绍。② 由此,我们只能了解 1946 年 4 月至 1948 年 8 月南京中央医院社会服务部的具体情况。在 1948 年 11 月份的人员统计表中,"病人服务室"一栏已显示为空白。③ 社会服务部的情况因史料缺乏,不知其详。是否因为时局的日渐不力,南京中央医院的社会服务日渐衰退? 只能期待新的史料发现了。

---

① 《南京中央医院一九四八年门诊住院统计表》,第二历史档案馆,档案号:12—3387。
② 《南京中央医院社会服务部》,《红十字月刊》1948 年第 33 期。
③ 《南京中央医院一九四八年门诊住院统计表》,第二历史档案馆,档案号:12—3387。

第五章　各地中央医院的社会工作

　　抗战胜利后,为了发展卫生事业,1946 年召开的全国卫生行政会议决定,在南京、天津、重庆、广州和兰州各设中央医院一所,均隶属卫生部,作为政府训练医学人员的中心机构,同时建立华东、华西、华南、西北及华北五大医事中心。各中央医院除负有示范使命,办理一般医疗业务外,"更致力于病人服务与救济,使贫苦病人亦能获得医疗之便利"①。五所中央医院虽然行政经费各自独立,但组织结构相同,均要求设置"病人服务部",与各科室、事务部、人事室、会计室、秘书室并列。②至于贫病救济和病人服务的效果,据行政院新闻局称"各中央医院均尽最大之努力,积极办理,因免费而减少之收入有达全院总收入百分二十者。我国过去医疗事业尚欠发达,对于贫苦病人尤少救济,今各重要都市中央医院之设立及其措施,实为推行公医制度,与普及医疗事业之先声,对于人民健康之保持与疾病之治疗当有所贡献也。"③但考诸史料,我们发现各地中央医院的情况并不完全相同。

第一节　天津中央医院

一、社会服务部发展概况

　　抗战胜利后,国民政府卫生部接收天津日本陆军医院,于 1946 年 11 月成

---

① 《中央医院》,行政院新闻局 1947 年 9 月印刷,第 1 页。
② 《中央医院》,行政院新闻局 1947 年 9 月印刷,第 2 页。
③ 《中央医院》,行政院新闻局 1947 年 9 月印刷,第 38 页。

立天津中央医院。医院经费由卫生部供给，并接受美国援华会及联合国善后救济总署的大批医疗器材、药品的援助。12 月医院开始门诊，设病床 80 张，婴儿床 10 张，后陆续增开病室，增设病床至 150 张。门诊人数也从 1946 年 12 月的 1272 人增至 1947 年 6 月的 4595 人，半年中约增 4 倍，可见医务发展至为迅速。①

中央医院组织规程中规定必须设立病人福利室，因此天津中央医院在建院之始就设有病人福利室，即后来社会服务部的前身。社会服务部最多时只有 3 位工作人员，2 位社会工作员中 1 人任主任，还有 1 位书记，都是女性。天津中央医院组织庞大，科系繁多，而社会服务部只有 3 位工作人员，故不能按科系分配。社工只是对普通病室及普通门诊处缺少医药费用的贫苦病人负责，在门诊部社会服务部办公室内接待病人或其家属时，社工只着便服，前往病房或诊疗科的时候，才穿白色制服。

社会服务部原有两个办公室，一在住院处，一在门诊部，后合并在门诊部大楼第一层靠近挂号处，占屋一间。此一间屋又分为三小屋，一为主任室，一为工作员和书记的办公室，外间为等候室。因为保密原则，社工不愿在与病人谈话时有他人窥听，所以让其他病人在门诊部候诊室等候，外间小屋遂空而不用。②

天津中央医院社会服务部的历史大致可分为三个阶段③：

（一）草创期（自 1946 年 12 月至 1947 年 8 月）

病人福利室也是 1946 年 12 月开始工作，当时工作人员只有二人，均由南京中央医院社会服务部派遣而来，工作内容偏重于为贫苦病人解决经济问题，很少针对病人的社会性问题进行全面的社会治疗。工作方法也很简单，只是在医院内与申请减免的病人进行面谈话，并无家庭拜访和其它调查工作，对工作的进展情况也没有详细的记录或个案历史的记载，每月向院长室交一份月

---

①　《中央医院》，行政院新闻局 1947 年 9 月印刷，第 33 页。

②　陈洁：《平津两个医院社会服务部的调查》，燕京大学社会工作系学士毕业论文，1949年，第 43、44、45 页。

③　该划分是根据燕京大学陈洁的调查资料总结而成。（参见陈洁：《平津两个医院社会服务部的调查》，燕京大学社会工作系学士毕业论文，1949 年，第 41—43、55—56 页。）

报表,报告减免费用的数目即可。

（二）调整期（1947年8月至1949年3月）

1947年8月,病人福利室重新整顿,更名社会服务部,社工人数由2人增为3人。社会服务部人员组织简单,分工并不严格,三人常互相帮忙,对个案的处理多采用闲谈的方式,共同商讨适当的方法。社会服务部初创之时,对病人申请减免医疗费用接受与否,须先写意见呈报院长室等候批准。这种方法既浪费时间,也不合理,于是社会服务部向医院争取到了对病人是否资助的决定性权力,从而提高了工作效率。1948年4月,社会服务部的人事稍有变动,主任去职①,由社工升任,又增聘1名社工。②

（三）萎缩结束期（1949年1月至1950年4月）

1949年1月平津战役中,天津中央医院部分房屋毁于炮火,但大体尚完整,故解放后立即复业,但社会服务部因经费拮据,工作范围缩小。1950年4月中央医院被人民政府接收,改名为天津市立总医院(现为天津医科大学总医院)。社会服务部何时被撤销,笔者尚未看到有关史料。

二、社会服务部的工作内容

（一）为贫苦病人减免医疗费用③

1.门诊部

医院门诊部的病人经介绍来社会服务部请求协助,社会工作员乃根据请求者的外貌及服装判断其经济能力,并用非正式的闲谈方式,获得病人的家庭状况、经济情形及职业机关等情形,如果觉得病人确实贫苦,其病症是有痊愈的希望,且又不违背社会服务部的工作原则时,就设法为之减免费用。如果发现该病人并不十分困难,只是希望得到便宜,社会工作员就以该病人不合社会

---

① 主任张中堂原为北平协和医院社会服务部员工。此时协和复院,张中堂被聘为社会服务部主任,因而从天津中央医院社会服务部离职。

② 第二历史档案馆保存的天津中央医院职员名册表中显示有"病人福利室"一栏,但此时期无主任和员工名册,原因值得探究。(参见《天津、广州中央医院门诊住院统计表、组织系统表及有关文书》,第二历史档案馆,档案号:12—3388。)

③ 陈洁:《平津两个医院社会服务部的调查》,燕京大学社会工作系学士毕业论文,1949年,第50—53页。

服务部所要求的资格为借口,拒绝帮助。

　　社工获得了病人经济及社会生活情形后,与病人商讨关于医药费的问题,尽力使病人自己承担大部分的费用,社会服务部作部分补助。如病人的情形实在困难,社会服务部又不能补助太多,社工乃与病人的主治医师商讨用较便宜的药品或手术。在减免费用的数目磋商确定后,社工在病人的医药单或手术单上注明减免的数目,病人即可自己去收费处缴款、取药或做手术。因为社工人手不够,故对门诊部的病人并不做深入的调查及服务,只在小册子上登记每个案减免费用的数目,也无个案记录。病人得到减免费用的援助,或社工的指导后,此个案即结束。

　　2. 住院部

　　未住入病房的病人持医生开具的住院证到社会服务部请求减免费用时,社工先与其主治医师商谈,了解其所患疾病的治疗方法、步骤及所需的时间,然后向病人解释,同时也将社会服务部工作的资助能力告诉病人,征求病人及其家属的合作,使病人尽力缴纳预缴金办理入院手续,同时预备手术后的输血费及消炎片。如果病人家属愿意输血代替购买血浆,以节省相应费用,社会服务部准许病人在痊愈出院时减免部分费用。如果病人实在没有能力办理入院手续及其他自备的血浆、药品时,社会服务部就斟酌情形,让病人缓些时日再入院治疗,或直接写通知单给住院处,允许病人免费入院治疗。

　　已住入病房因经济发生困难而来社会服务部请求者,社工也从问询、拜访和调查入手,查明病人的真实经济情况、社会生活状况后,等其出院时,再决定减免的款数。社工会随时到病房去探视病人治疗的情形,由病人和护士的谈话中观察其部分的社会生活,然后再去做家庭拜访及其他有关方面的调查,记录此病人的个案情况夹入病历中,以供医生治疗时参考。在病人治疗期发生经济问题时,例如无钱买血或消炎药片等,社工随时设法为病人解决问题,或代找亲属输血,或由社会服务部通知药室先发出血浆或药品,总以不耽误医疗为目的。

　　病人痊愈出院的前一两天,社工即通知其家属设法筹款并在家庭中安置一病人休养的床位。医生开具出院证后,由社会服务部向住院处获得病人的详细账单,社工根据病人担负的能力及其住院期所花费的项目斟酌减免,减免的项目多限于医院不出本钱的如住院费、手术费、检验费等项可免缴,其他药费、杂费等视情形减免,伙食费一项多不减免,除非赤贫者才能享有完全免费的权利。确定减免费用的数目后,社工也要征得病人家属的同意后,才在账单上注明减免费用数目,由病人的家属去住院处办理出院手续。

病人在院内死亡,家属需按照出院手续领取尸体。此时病人家属的态度常很强硬,不肯再缴纳所欠的院费,社工只好宽大限度,允许其缴纳非常少的款数,或允许以后分期还款,领出尸体。事实上,领出尸体后,病人家属即避不见面,社会服务部也毫无办法。

据统计,1946 年 12 月刚开始门诊时,门诊减免费人数仅有 79 人,减免金额 22 万余元。① 1947 年起开始收留减免费住院病人,减免费用数增加。1947年上半年具体减免费用人数及金额情况见表 5-1。

表 5-1　天津中央医院病人福利室贫病减免费月报表(1947 年 1—6 月)

种类 月份	门诊减免费人数 (人)	住院减免费人数 (人)	减免费金额 (元)
1	35	3	485100
2	95	8	900200
3	42	16	5437100
4	107	16	3229950
5	81	11	6914500
6	90	13	7667800
总计	450	67	24634650

资料来源:《中央医院》,行政院新闻局 1947 年 9 月印刷,第 37—38 页。

1947 年全年的贫病减免费用人数及所占百分比情况见表 5-2 和表 5-3。

---

① 《中央医院》,行政院新闻局 1947 年 9 月印刷,第 37 页。

表5-2　天津中央医院病人福利室减免费用人数情况表（1947年1—12月）

月　份	总病人数（人）	受惠人数（人）		百分比（％）
		免	减	
一月	1329	14	24	2.85
二月	2126	46	56	4.8
三月	3082	25	33	1.9
四月	4298	73	50	2.9
五月	4975	52	40	1.9
六月	4594	70	33	2.2
七月	6192	119	47	2.7
八月	5784	118	36	2.6
九月	5868	42	43	1.4
十月	6082	51	83	2.2
十一月	5085	74	123	3.8
十二月	5040	88	133	4.3
总计	54173	1473		2.7

资料来源:陈洁:《平津两个医院社会服务部的调查》,燕京大学法学院社会工作系学士毕业论文,1949年,第68页。

表5-3　天津中央医院病人福利室免费项目统计表（1947年1—12月）

项　别	百分比（％）
挂　号	0.12
住　院	7.5
药　品	5.8
Ｘ　光	3.4
检　验	2.6
手　术	7.0
材　料	3.1
杂　费	8.1
伙　食	7.3
接　生	0.014

资料来源:陈洁:《平津两个医院社会服务部的调查》,燕京大学法学院社会工作系学士毕业论文,1949年,第68页。

由表 5-3 可见,贫苦病人受到社会服务部的经济协助者占全医院病人数的百分比总计是 2.7%,之所以受惠人数很少,除了因为社会服务部组织力量弱小外,还与社会服务部的救助规定有关。社会服务部规定,病人来本部请求减免费用时,必须持有社会机关或私人的介绍信,如果由本院各部门介绍,也要有该部门如住院处、挂号处或各科系的医生的"转条"。因为当时人们误以为社会服务部就是免费的部门,常有病人听传闻后来该部请求免费,目的是想节省一些费用。社会服务部为避免此种弊病,就有了这种"转条"的规定,但也并非严格执行,如果请求者确实贫苦,社会服务部仍会视具体情况而定的。①

对于贫苦病人的求诊,医院也颁布了《卫生部天津中央医院救济贫苦市民诊病办法》。但是,社会服务部并不刻板地依照规则而行,一方面因为规则条款十分简单,原则性强,而每个贫苦病人的社会背景、当前处境皆不相同,"刻板的规则实行起来有失服务的意义"。② 另一方面,可能出于工作量太大的考虑,社工有时还会利用章则的规定作为搪塞病人的借口。对社会服务部接受病人申请的数目,医院并无一定的限度,院长室并不过问,社会服务部会视整个医院工作的繁忙程度及请求者的实际情形而定。实践中,工作人员有权决定接受病人申请的条件,这些条件约略如下:(1)真正穷苦,如乞丐或其他入不敷出的劳苦工人。(2)所患疾病有治愈的希望、治疗期不需要太长久的病人。如患肺结核等的病人,因病程太长,社会服务部就不愿接受。(3)病患者为年轻有为者。(4)所患疾病是医生感兴趣而愿意研究治疗的病人。一般而言,社会服务部对符合上述四种情形的病人常能给予协助,但是对门诊部病人中的请求者,条件较苛刻。因为门诊部的费用包括挂号费、药费及手术费,病人都应当及时缴纳,不能等到社会服务部调查之后的帮助。另外,社会服务部不愿使病人觉得很容易地就能得到减免费用,于是尽力劝说病人自己担负大部分的费用。③

---

① 陈洁:《平津两个医院社会服务部的调查》,燕京大学社会工作系学士毕业论文,1949年,第50页。
② 陈洁:《平津两个医院社会服务部的调查》,燕京大学社会工作系学士毕业论文,1949年,第55页。
③ 陈洁:《平津两个医院社会服务部的调查》,燕京大学社会工作系学士毕业论文,1949年,第47—48页。

1948 年 6 月,美国援华会给天津中央医院 25 张优待病床的津贴费用,但因为物价暴涨,每日所得的款数不敷这些床位的用度。于是,社会服务部变通办法,将 25 张床位所得的款项总数用于补助贫病的医药费用,对美国援华会的月报表中仍称有 25 张优待病床。美国援华会在 9 月停止了此种款项的补助,社会服务部的经费只能完全依赖医院,工作范围缩小,接受病人的限额变得非常严格。[①]

到了 1948 年 7 月,由于时局更加不力,据档案资料显示,与往年相比,救助力度明显降低。如表 5-4 是 1948 年 10 月份天津中央医院社会服务部贫病减免费情况。

表 5-4　天津中央医院社会服务部贫病减免费月报表(1948 年 10 月份)

种类 ＼ 优待方式	免费(人)	减费(人)	总计(人)
门诊人数	16	31	47
住院人数	0	15	15
共　计	16	46	62

种类 ＼ 部门	门诊(元)	住院(元)	共计(元)
挂号费	0.07		0.07
住院费		84.13	84.13
药费	41.28	56.34	97.62
X 光费	3.33	14.68	18.01
检验费	1.16	62.95	64.11
手术费	2.34	48.03	50.37
材料费	0.20	31.69	31.89
杂　费		48.87	48.87
伙食费		19.00	19.00

---

① 陈洁:《平津两个医院社会服务部的调查》,燕京大学社会工作系学士毕业论文,1949 年,第 54 页。

续表

种类 \ 部门	门诊(元)	住院(元)	共计(元)
接生费			
证书费		0.30	0.30
敷料费		10.49	10.49
换药费	0.39		0.39
麻醉费		7.52	7.52
其　他		21.52	21.52
总计(元)	48.77	405.50	454.29

资料来源:《天津、广州中央医院门诊住院统计表、组织系统表及有关文书》,第二历史档案馆,档案号:12-3388。

(二)为有需求的病人提供服务

社工在办公时间内,也做外出的拜访、调查或联络工作,目的在证实以前所得到的材料,同时更进一步地明了病人社会生活的实际情形,当发现有不调适的社会关系时,即为之调解。病房巡视也是工作的一部分。社工到病房探视病人,与病房的医生及护士交换意见,互相供给关于病人的社会背景及生理治疗状况的知识,使医生能设法采用一适合病人社会生活及经济情形的治疗方法,社工也遵照医生计划帮助病人完成其治疗。在病人出院时,社工对其家属作卫生及护理的指导,视情形再去其家庭作随访的工作,探视其疾病的痊愈情形。有的病人出院后,仍须按规定的日期来门诊室部复诊或换药,社工也在门诊部作随访的工作。

社会服务部的主要功能在为病人解决医药费用上的困难,对个案的其他方面的服务工作不多,偶尔也有贷款给贫苦病人作营业小本之用,等他赚回后再归还本部,亦有为犯罪的病人出庭证明其精神病等个案,但这种服务工作很少。对住院处的病人,多少还能有些社会服务的计划,对门诊部的病人则无个案记录,更没有经济援助以外的服务工作。① 因此可以说,社工家庭拜访和调

① 陈洁:《平津两个医院社会服务部的调查》,燕京大学社会工作系学士毕业论文,1949年,第49、53页。

查工作的目的,是为了了解病人的真实经济状况,以便决定是否为其减免医药费用,而不是为了帮助解决病人的社会问题,进行社会治疗。

（三）为病人链接各项社会资源

因为工作之需,社会服务部要与其他社会机关有所联系,例如病人治疗需要特种药品而医院没有,社工设法恳请慈善机关捐款购买,或找寻其他医药机关匀让;有的病人入院治疗,家庭无人供养,社工设法为其家庭成员介绍职业等。一般情况下,与社会服务部有固定联系的社会机关有天津儿童福利站、儿童急救供应站、华北国际救济委员会等,社会服务部可以从这些机关得到食物、营养品和营业贷款等。院方也曾指定由社会服务部接管美国援华会及联合国救济总署对医院补助的救济物资及药品。1948年初,善后救济总署增送大批血浆,也由社会服务部接受管理。

除上述的各社会机关外,天津市的其他慈善机关如红蓝卍字会等,社会服务部也常代病人请求协助,使病人出院后,社会生活的重建得益不少。但是,社会服务部并未与多数的社会服务机关建立固定的联系。①

三、社工与医护人员的关系

天津中央医院的组织很庞大,科系繁多,而社会服务部只有3名社工,故不能按科系分配。社工只对普通病室及普通门诊有经济问题的病人负责,主要是对缺少医药费用的贫苦病人负责。病人的个案记录多供本部决定减免费用数目之参考,对医生的治疗工作补助不大,因而社工与各科系的医生联系也不多。社工对某个案不知应否接受时,需要知道该病人治疗所需步骤时,才去找医生商讨。医生对某患者病症感兴趣,需要社会服务部补助医疗费用时,才到社会服务部找社工商讨,二者很少有经常的联系。平时社工作病房探视时,多是探视病人,偶与医生相遇时商讨一下,也是临时性的。各科医生在科主任医师领导下,每周有病理讨论会,但无社会工作人员参加,院方也没有明确的方针指示社会服务部的工作方向。社会服务部只要不违背医院规定的基本原

---

① 陈洁:《平津两个医院社会服务部的调查》,燕京大学社会工作系学士毕业论文,1949年,第46—47页。

则,可随时根据需要为病人服务。①

社工与护士虽无经常的联系,但对于一些个案常会互相供给关于病人各方面情况的信息。社工到病室巡视时,也随时与护士讨论,交换意见。社工是大学毕业生,护士是中学毕业生,因而社工的工作功能虽然不为护士所了解,至少没有轻视的态度,彼此能融洽合作。②

第二节　重庆、兰州、广州中央医院

一、重庆中央医院

重庆中央医院的前身即南京中央医院,1939年11月由一部分原南京中央医院的医务人员迁移至重庆歌乐山成立,主要负责重庆的空袭救护以及各地的传染病防治,此外还与国立上海医学院、重庆市民医院合作设立联合门诊部,方便重庆市区病人治病。③ 1944年2月奉行政院令,医院迁至高滩岩与红十字会重庆医院合并改组,改名为重庆中央医院。④ 战争期间政府全力培植重庆中央医院,因而该院内容充实,供应齐全。抗战胜利后,重庆中央医院的设备在南京中央医院复员时并未迁走,新的设备、药品又源源而来,所以在新设的四个中央医院中,重庆中央医院"实在是得天独厚了"⑤。而且,复员以后,重庆中央医院经过新一轮合并后由四个单位组成:重庆中央医院、高滩岩肺病疗养院、沙坪壩医院和磁器口的四一医院。⑥ 重庆中央医院同肺病疗养院都在高滩岩。重庆中央医院有病床300张,各科兼收。疗养院有病床100

---

① 陈洁:《平津两个医院社会服务部的调查》,燕京大学社会工作系学士毕业论文,1949年,第43—44页。

② 陈洁:《平津两个医院社会服务部的调查》,燕京大学社会工作系学士毕业论文,1949年,第56页。

③ 《中央医院》,行政院新闻局1947年9月印刷,第22页。

④ 《中央医院》,行政院新闻局1947年9月印刷,第22页;又见王与仁:《痛苦者的慰安——重庆中央医院剪影》,《新重庆》1947年第1卷第2期,第75页;行政院新闻局编:《中国红十字会》,行政院新闻局1947年印行,第9页。

⑤ 《重大医学院及渝中央医院概况》,《华西医讯》1946年第3卷第4期。

⑥ 《中央医院》,行政院新闻局1947年9月印刷,第25页。

张,专收肺结核患者。沙坪坝医院改为中央医院沙磁分院,有病床 100 张,也是各科兼收。接收的军政部在磁器口所办的四一医院有病床 65 张。① 医院经费主要靠国库拨支,设备方面也靠政府的供给,病房中的衣服被褥等大多是联合国善后救济总署供给。1946 年召开的全国卫生行政会议决定增加重庆中央医院的病床至 800 张,房舍也再行添建,药物器材尽量优先供给。②

重庆中央医院的社会服务部是复员时成立的,"对于病人家庭访问、环境调查,经济援助,都直接或间接地帮了病人及医生不少的忙。"③当时报道带有宣传的味道:

> 当时的物价,冠生园早点包子已卖到四百元一个,我们只要同样花上四百元,就可以门诊一下,把医学士、医博士们弄得手忙脚乱。就是一文莫名的,也有病人服务部来替你设法。使痛苦得到解除,精神得到慰安,这种慈惠力实在太伟大了!
>
> 现在他们更偏重在医护学理的探讨和医护教育的研究。一切措施,都为便利病人着想。扩大图书馆、办理护士学校,专设病人服务部。④

社会服务部由范希纯⑤主持,因其工作出色,薪资从 280 元调至 320 元。平行相比,当时医院中的主治医师薪资是 260—400 元,住院医师 240 元,助理医师 140—200 元。⑥

---

① 《重大医学院及渝中央医院概况》,《华西医讯》1946 年第 3 卷第 4 期;又见王与仁:《痛苦者的慰安——重庆中央医院剪影》,《新重庆》1947 年第 1 卷第 2 期,第 75 页;《重庆市医疗卫生机构概况》,《新重庆》1948 年第 2 卷第 1 期。

② 《重大医学院及渝中央医院概况》,《华西医讯》1946 年第 3 卷第 4 期。

③ 《重大医学院及渝中央医院概况》,《华西医讯》1946 年第 3 卷第 4 期。

④ 王与仁:《痛苦者的慰安——重庆中央医院剪影》,《新重庆》1947 年第 1 卷第 2 期,第 75 页。

⑤ 范希纯,女,生于 1917 年,四川盐亭人,1939 年毕业于燕京大学社会学系,先后担任华西大学英文教师、华美女中校长、中华教育文化基金董事会董事、燕京大学社会学系讲师,1946 年 8 月 1 日入职重庆中央医院担任事务员,1947 年 1 月调任病人服务室主任,直到 1949 年 10 月。曾著有论文《近今中国农民运动》,译有《基督教与合作运动》一书。(《内政部重庆中央医院人员任用审查表及有关文书》,第二历史档案馆,档案号 12(4)-130。)

⑥ 《内政部重庆中央医院与重庆实验救济院人员名册及考绩表》,第二历史档案馆,档案号 12(4)-128。

二、兰州中央医院

兰州中央医院原为西北医院,成立于 1941 年春,由中央大学教授张查理主持,1943 年兰州西郊新院址落成,设置病床 70 张,后病床增设至 150 张。1947 年,因得美国医药援华会及联合国善后救济总署等机关捐赠药械约 100 吨,总值约 128 亿元,设备更加完善。西北医院于 1947 年起正式改为兰州中央医院,业务更见扩充。据 1947 年统计各科门诊总人数为 31197 人,"较上年度增加百分之一百二十五强"。①

鉴于"公医制度之目的在于例贫病患者亦能获得治疗之机会",兰州中央医院对于贫苦病人也积极办理救济。如 1946 年因免费施诊而少收的款项达 17579680 元,几乎占到医院全部总收入的 20%。② 具体各年免费施诊与医院业务比较情形见表 5-5:

表 5-5 兰州中央医院免费施诊统计表

类 别	1944 年	1945 年	1946 年	1947 年 1—6 月
门诊总人数	31109	41236	49803	31197
出院总人数	1195	1245	2153	976
配方总数	19363	6915	39414	26780
免费配方总数	3824	7715	11898	1330
完全免费住院人数	45	72	112	63
部分免费住院人数	349	279	187	111

资料来源:《中央医院》,行政院新闻局 1947 年 9 月印刷,第 32 页。

三、广州中央医院

1946 年春,贵阳中央医院的部分人员到广州筹建广州中央医院③,年底建

① 《中央医院》,行政院新闻局 1947 年 9 月印行,第 30—31 页。
② 《中央医院》,行政院新闻局 1947 年 9 月印行,第 32 页。
③ 周士彦:《我院前身——中央医院的创建与发展》,《医学研究生学报》1989 年第 2 期。

成门诊部二层楼,12月2日开始门诊。从开业到1947年6月,该医院的业务表中未见到社会服务部的相关内容。① 此外,从医院的组织结构人员配置方面看,1948年6月和1949年9月广州中央医院的职员名册表中虽有"病人福利室"一栏,但均无一人,其余各科室也有工作人员缺编现象。②

---

① 《中央医院》,行政院新闻局1947年9月印行,第27页。
② 《天津、广州中央医院门诊住院统计表、组织系统表及有关文书》,第二历史档案馆,档案号12-3388;《内政部广州中央医院职员名册、考勤月报表及有关文书》,第二历史档案馆,档案号12(4)-128。

第六章 各地公立医院的社会工作

第一节 国立上海医学院附属医院

国立上海医学院初名国立中央大学医学院,由南京中央大学 1927 年在上海创办,1932 年奉教育部令改组独立建院,定名为国立上海医学院,开始与中央大学分立。医学院共有三个附属医院,分别为上海红十字会总医院、澄衷肺病疗养院和中山医院。①此三所医院均设有社会服务部。

一、上海红十字会总医院

1909 年,中国红十字会发起人沈敦和先生筹资在上海建造"大清红十字会总医院暨附设医学堂"(今华山医院),是国人最早在上海地区创办的医院,1910 年 5 月竣工,占地 14 亩,建成医院和医学堂楼房各一座。医院设病床 50张,分内、外两科,聘任著名英国籍医师柯师负责管理,英、美等国医师担任医疗和教学。辛亥革命后,医院改名"中国红十字会总医院",由中国红十字会会长沈敦和亲自担任院长。② 由于财力不足,1913 年与美国在华哈佛医学堂

---

① 《国立上海医学院一览:中华民国二十五年度》,1936 年印刷,第 16、18—19 页。
② 复旦大学附属、中国红十字会华山医院编:《光荣与梦想——华山医院百年纪事》,复旦大学出版社 2007 年版,第 35—36 页。

签订五年合作办院协议,由美国人胡登博士担任院长①,并与麻省总医院缔结为姐妹医院,成为哈佛医学院在世界上的第 15 家联合医院。② 1918 年,哈佛医学堂合约到期,医院又与安息日会签约,合办三年,由兰迪司医师任院长。1921 年合同到期,医院收回自办,并创设中国红十字会总医院护士学校,随着病人不断增多,医院陆续新建病房,并添置医疗设备。

1928 年 7 月,中央大学医学院与中国红十字会商定合作关系,接办中国红十字会总医院为实习医院,后改名为中国红十字会第一实习医院。医院设有病床 300 余张,门诊病人每日在 300 号左右。③

据查,在医院 1933 年的年度报告中尚无关于社会服务部的记载④,但在 1934 年的年度报告中则记载社会服务部的职员已有 7 人,赖斗岩⑤任主任,其余 6 位职员分别是姚慈蔼⑥、张佩英⑦、严芝云、朱忍秋⑧、沈复生⑨和黄淡云。⑩ 由此可以断定,中国红十字会第一医院社会服务部成立于 1934 年。在 1935 年的年度报告中,社会服务部的职员减少了沈复生,其余 6 人没有变动,

---

① 复旦大学附属、中国红十字会华山医院编:《光荣与梦想——华山医院百年纪事》,复旦大学出版社 2007 年版,第 2 页。

② 《复旦大学·中国红十字会·华山医院·华山之路》,2015 年 8 月 20 日,见 http://www.huashan.org.cn/show/huashanzhilu。

③ 《国立上海医学院一览:中华民国二十五年度》,1936 年印刷,第 18 页。

④ 《中国红十字会第一医院国立上海医学院第一实习医院报告:民国二十二年度》,1933 年印刷。

⑤ 赖斗岩,毕业于美国支加哥大学,获得博士学位,1936 年著有《公共卫生学》一书,曾任湘雅医学院、上海医学院教授,1945 年冬随联合国救济总署到青岛工作,后任青岛市立医院院长,同时兼任市卫生实验所所长,解放前赴美。

⑥ 燕京大学社会学系毕业生。

⑦ 曾任中国红十字会总医院儿科门诊儿童卫生护士。(参见《中国红十字会总医院国立中央大学医学院第一实习医院报告·职员一览》,上海红十字会总医院 1932 年版,第 8 页;《中国红十字会第一医院国立上海医学院第一实习医院报告:民国二十二年度》,1933 年印刷,第 9 页。)

⑧ 曾任护士。

⑨ 1932 年曾任中国红十字会总医院电话员。(参见《中国红十字会总医院国立中央大学医学院第一实习医院报告·职员一览》,上海红十字会总医院 1932 年版,第 5 页。)

⑩ 《中国红十字会第一医院国立上海医学院第一实习医院报告:民国二十三年度》,1934 年印刷,第 6 页。

赖斗岩仍担任主任一职。① 但是，上述历年报告中均无社会服务部的工作报告内容，实为憾事。

1948年，《申报》倡议读者捐款资助贫困妇女到医院免费生产，上海多家医院参与，红十字会医院社会服务部工作人员陈敏出席了有关会议。② 由此可知，上海红十字会医院社会服务部在当时是仍然存在的。

二、上海澄衷肺病疗养院

20世纪上半叶，肺结核是中国流行最广也是最致命的疾病之一。人们提到这个疾病时，都会谈虎色变，并相信"十痨九死"的说法，中国患肺结核的死亡率比欧洲、北美和亚洲其他国家都要高得多。随着大量农村人口的涌入，上海成为世界上最大的城市之一。1949年之前的上海，被归为城市贫民的人口高达100万，他们住在黄浦江边拥挤的棚户区，为结核病的传播创造了理想的条件。据调查显示，上海纺织厂每10个工人就有7人染上肺结核病。③

1933年6月在政府的努力下，澄衷肺病疗养院④建立，并作为国立上海医学院第二实习医院，专门收治肺科病人。疗养院设病床150张，中华慈幼协会还捐建病房一所，作为儿童疗养院⑤，是我国第一个为儿童设立的肺病疗养机构。⑥ 医院可以提供很大的空间以便病人可以到处走动，成为当时上海市最大的肺结核治疗机构。

该院何时设立社会服务部，因资料所限，尚不清楚。但新中国成立后的一则史料表明，该院对社会服务部人才的要求甚高。据档案记载，1951年，社会服务部人员不敷用，拟聘请资深社工高真女士为社会服务员。高真曾于1946

---

① 《中国红十字会第一医院国立上海医学院第一实习医院报告：民国二十四年度》，1935年印刷，第8—9页。

② 《本报贫妇助产 举行检讨会议》，《申报》1948年4月8日，第4版。

③ 郭瑞琪：《上海的肺结核防控——把健康带给大众：1928年至今》，载[美]吴章、玛丽·布朗·布洛克编：《中国医疗卫生事业在二十世纪的变迁》，蒋育红译，商务印书馆2014年版，第135、137页。

④ 建院时，浙江巨商叶澄衷之子叶子衡先生慨然捐其私人花园作为院址，因而医院得以命名澄衷肺病疗养院。

⑤ 《国立上海医学院一览：中华民国二十五年度》，1936年印刷，第18页。

⑥ 姚泰主编：《上海医科大学七十年》，上海医科大学出版社1997年版，第9页。

年毕业于燕京大学社会系社会服务科,后在华西大学医院社会服务部实习,还曾任青岛市立医院社会服务部主任。疗养院将聘用意向上报主管业务的上海市卫生局,①而卫生局却希望派一位助理护士到该院充任。不得已的情况下,疗养院向上海市人民政府申请行政复议,其请示报告中称:

> 院乃为一肺病防治院,社会服务员工作与一般医院不同,须谙外国文,俾从外文医学书籍中译取关于肺痨康复知识经验,领导病人练习活动以及对肺结核病人恢复期或出院后之生活教育,家庭及职业情况了解与指导等工作,以便帮助病人体力之复原及治疗收效。

由此可见,当时疗养院社会服务部对工作人员的资质要求仍然十分严格,即社会服务员必须具备较高的文化水准、肺结核治疗知识及社会工作专业技能。最终,李真获得上海市人民政府的批准。②

三、上海中山医院

鉴于红十字会第一实习医院房屋过旧,不甚适用,上海医学院决定另建一所大规模医院作为实习医院。③ 1931 年,中山医院发起人会议召开,推举成立了以孔祥熙为主任,孙科和卫生署次长刘瑞恒为副主任,颜福庆为总干事的中山医院筹备会,通过筹备会向社会各界募集捐款。1935 年 6 月中山医院动工,占地 40 亩,次年 12 月竣工,作为国立上海医学院的第三实习医院。1937 年上海中国红十字会第一医院分出部分人员充实到中山医院,院内设内科、外科、妇产科、儿科、泌尿科、眼科和耳鼻喉科等科室。1937 年 2 月开始收治病人,4 月 1 日正式开业,实际开放病床 300 张。④

---

① 1950 年 4 月澄衷肺病疗养院划归上海市卫生局领导。(参见姚泰主编:《上海医科大学七十年》,上海医科大学出版社 1997 年版,第 11 页。)

② 《上海市人民政府关于同意任用高真为上海市卫生局所属澄衷肺结核病医院社会服务员的指示》,1951 年。上海档案馆,档案号 B23-4-655。

③ 《国立上海医学院一览:中华民国二十五年度》,1936 年印刷,第 18—19 页。

④ 《中山医院志》编纂委员会:《跨世纪的辉煌——中山医院志(1937—2007)》,复旦大学出版社 2007 年版,第 5—6 页。

中山医院建院伊始即设立社会服务部,世界红卍字会上海妇女分会经过考察后认为,

> 近代新式医院如北平协和上海中山皆设有社会服务部,对于贫病之人加以详细调查,将其履历、环境、家况、遗传等项制成个案以备医生之研究参考而为医药技术之补助。其有家属困窘,子女众多者,并为之设法救济以减少病者精神上之痛苦,意至善,法至良也。但其救济方法亦非出于直接捐置,经费不过择其所需所能介绍于各慈善团体与各机关,其子女婴幼者入育所,少壮者入工厂,妻女能作活及佣工者入工厂或殷实家庭有疾病者入免费医院而已,不费而惠,所谓救人救澈也。①

但是,"八一三"事变爆发后,11月日军侵占上海,从此中山医院原址被日寇盘踞八年。抗战胜利后,1946年3月迁至重庆的中山医院人员分批回沪,筹备恢复上海中山医院。② 在董事会斥资、卫生署拨款、上海海关及扶轮社捐款下,共花费1200万元,上海中山医院"得以粗复旧观"。医院社会服务部设于医院行政委员会之下,办公室位于一楼医院大门左侧,紧邻电话间和会客室,非常方便接待案主。③ 时任社会服务部主任的是刘素珍,下有调查员张妙绘、询问员马北昇。④

自1947年7月至1948年6月底,社会服务部登记或编号的共有1508名个案,其中比较重要和记录较完整的有191件,具体见表6-1和表6-2:

---

① 《世界红卍字会上海妇女分会临时救济服务部说明书》,1937年。上海档案馆,档案号Q6-18-283。
② 《中山医院志》编纂委员会:《跨世纪的辉煌——中山医院志(1937—2007)》,复旦大学出版社2007年版,第6页。
③ 《上海中山医院概况》,1949年6月27日。上海档案馆,档案号B242-1-150-18。
④ 《上海中山医院三十六年度年报》,1948年印刷,第62页。

表6-1 中山医院社会服务部每月医药免费统计表

年度	月份	人数（人）	总数（国币：元）
1947	7	111	27452900
1947	8	61	27200100
1947	9	70	57042750
1947	10	74	41248300
1947	11	54	51954300
1947	12	78	110898900
1948	1	76	151495900
1948	2	81	252732400
1948	3	103	486059400
1948	4	126	141526000
1948	5	103	716058100
1948	6	113	856945600
总　计		1050	3618614650

资料来源：《上海中山医院三十六年度年报》，1948年印刷，第59页。

表6-2 中山医院社会服务部免费病人问题种类

问　题	人数（人）	百分比（%）
因受战争之扰而逃难来申生活贫苦者	68	35.8
因收入不足而感经济困难者	33	17.4
因一时无法筹措而暂时请求协助者	30	15.8
孤寡无依者	6	3.1
退伍军人而失业者	3	1.6
病愈无人接领者	3	1.6
因久病致经济无力者	30	15.8
因病故而感经济不足者	8	4.2
因病故而无人安埋者	6	3.1
自杀者	2	1.1
弃　婴	1	0.5
总　计	191	100

资料来源：《上海中山医院三十六年度年报》，1948年印刷，第58—59页。

民国时期医院社会工作研究

可见,社会服务部的工作重心是病人的医药费用问题,虽然也调查了他们的其它社会性问题,但并无服务措施的记载。经费方面,社会服务部不仅得到了上海市市民急病医药助金社、上海市学生医药救济委员会及天主教育婴堂等慈善机关的援助与合作,还向上海各工商机关发起募捐,另外美国援华会也援助国币 100 余亿元。但是由于时间、人力和经费的不足,社会服务部的工作成效仍然受到了直接影响。①

第二节　其他公立医院

一、中央大学附属医院

国立中央大学医学院最早设在上海,1932 年独立后改名为国立上海医学院(见本章第一节)。1935 年 5 月,国立中央大学开始重新筹建医学院和附设医院。抗战爆发后,中央大学医学院随中央大学西迁,由于重庆当时缺乏医学教学基地,于是医学院于 1937 年 10 月迁至成都华西坝落脚,与华西协和大学、齐鲁大学医学院合作办学办医。1941 年 7 月因为学生增多,医院床位不够实习之用,中央大学医学院便与华西协和大学、齐鲁大学分开独自办学,自行成立附属医院,取名公立医院。

抗战胜利后,1946 年 4 月中央大学医学院迁回南京丁家桥校区,公立医院交四川省政府卫生实验处接收。② 此时中央大学医学院的附属医院设在丁家桥 87 号(即现在的东南大学附属中大医院),1947 年 10 月医院社会服务部成立,主任为刘良绍女士③,社会工作员有朱荣芳和郑德疆二人。社会服务部

---

① 《上海中山医院三十六年度年报》,1948 年印刷,第 2、59—60 页。

② 罗建仲、何光侃:《抗战时期迁蓉的中大医学院》,《成都文史资料选辑》(总第九辑),1985 年内部发行,第 180—181 页。

③ 刘良绍,早年曾在北京协和医院社会服务部任职(参见张中堂:《社会服务部二十年》,政协北京市委员会文史资料研究委员会编:《话说老协和》,中国文史出版社 1987 年版,第 364 页。),1949 年到台湾担任台北医院社会服务部首任主任。林万亿认为她是台湾最早的社工。(参见林万亿:《当代社会工作:理论与方法》,台北:五南图书出版股份有限公司 2006 年版,第 146 页。)

— 158 —

"对于住院及门诊患者,尽力设法,予以免费之服务。病愈患者,资助旅费,使之返籍,或代介绍适当工作,或贷予小额资本,使之谋生。患者如须输血,则代设法接洽输血人。"①

二、上海市立医院

1932 年淞沪战役后,上海市政府积极建设新市中心,卫生局同时计划筹建市立医院事宜。1933 年择定市中心区虬江以北、府南左路以东、府东外路以南、华原路以西的 87 亩基地开始修建市立医院院舍。依据卫生局与国立同济大学签订的协约,市立医院成立后作为同济大学的附属临床实习医院,兼办医学教育。医院成立时即设立社会服务部,院长翁之龙报告说:

> 人生疾病与其个人生活、家庭状况、社会环境、在在相关,故治疗之法,不仅乞灵药石,尤须注意其生活与环境。医院对于病者所负之责,亦不仅以在院治疗或出院后即为终了,当随时查访予以救济、或指导,庶几社会病态得以健全,亦即吾古语所谓"医病医身医心"者是也。本院有鉴于斯,特成立社会服务部,其目的:(甲)对于病者之个人、家庭与社会环境作详细的探讨、藉以补诊断治疗之任务;(乙)用调查研究和合作等方式,以推进上项工作;(丙)实施救济,如病者无力纳费,予以减轻或蠲免,或补助其金钱或为之介绍职业等。②

1937 年 4 月 3 日,上海市市立医院举行开幕典礼。但是好景不长,随后"八一三"淞沪抗战爆发,同济大学吴淞校区被炸毁,市立医院也无法继续开办了。

三、各红十字会医院

1934 年,红十字会根据国民政府法令彻底改组,每年给予补助,常议会不复存在,变为理事监事会。1943 年,红十字会改隶军管。抗战胜利后,行政院于1945 年 11 月通过复员时期管理中华民国红十字会办法,改以行政院为主管机

① 《中央大学医院社会服务部》,《红十字月刊》1948 年第 33 期。
② 《市立医院开幕在即 昨日招待新闻界》,《申报》1937 年 3 月 21 日,第 15 版。

关,并依业务之性质受社会部、卫生署、善后救济总署的指挥监督。红十字会即遵照改组。① 因此,本书将红十字会在各地所设医院视为公立医院,列入此节。

北平女界红十字会自 1930 年以来,即设有社会部从事社会服务,其主要工作为职业介绍、免费医疗介绍等。②

抗战时期,重庆作为陪都人口众庶,又因空袭频繁,全市公私医院的床位难以满足需求。1939 年 8 月,中国红十字会在沙坪坝设立重庆医院以收容受伤民众。院中设备完善,病人一律免费。11 月又在重庆近郊设 4 处诊疗所(站),每天免费为平民诊病。不幸两年后,即 1941 年 8 月医院在空袭中被日机炸毁。红十字会又在高滩岩购地,1942 年 2 月动工重新建设重庆医院,③5 月即建成一座设备完善的大医院。④ 该院"对于病家服务,力求亲切便利。尤对于医药救济,尽可能范围内以免费为原则。深可以告慰爱护红十字会事业之人士"⑤。据门诊部社会服务科统计,从 1943 年 7 月 15 日到 1944 年 2 月 12 日,门诊病人 13041 人,减免药费的贫民、荣誉军人、难童、公教人员为 175516 人。⑥ 1944 年 2 月,重庆医院与卫生署中央医院合并,改名为重庆中央医院(详见第五章第二节)。

复员以后,红十字会成立第三处专门负责办理社会服务事宜,在重庆中央大学设立青年服务站,接办该校原有的肺病疗养室。不久,南京市分会也成立服务站一所。各地分会也大多成立儿童营养站及图书阅览室。自 1946 年起,红十字会规定分会诊疗所一律设置社会服务部,推进个案访视、病后指导、居家疗养等医药社会工作。⑦ "医药社会事业如医院图书馆、医院娱乐之提倡等均拟次第推行。"⑧

---

① 行政院新闻局编:《中国红十字会》,行政院新闻局 1947 年印行,第 19 页。
② 行政院新闻局编:《中国红十字会》,行政院新闻局 1947 年印行,第 21 页。
③ 行政院新闻局编:《中国红十字会》,行政院新闻局 1947 年印行,第 9 页。
④ 参见朱文新:《中国红十字会近况》,《大公报》1943 年 10 月 1 日。
⑤ 中华民国红十字会总会宣股:《中华民国红十字会战时工作概况》,1942 年内部印行,第 9—10 页。
⑥ 参见《中央医院扩充设备》,《新华日报》1944 年 3 月 8 日。转引自池子华:《红十字与近代中国》,安徽人民出版社 2004 年版,第 397 页。
⑦ 行政院新闻局编:《中国红十字会》,行政院新闻局 1947 年印行,第 21 页。
⑧ 行政院新闻局编:《中国红十字会》,行政院新闻局 1947 年印行,第 22 页。

四、上海公济医院

上海公济医院(General Hospital)由法国天主教会创立于 1864 年,早期医院的医生以及医务人员均由外国教会机构委派,护理人员全部是修女,医院经费由公共租界工部局和法租界公董局津贴,并由医院董事会募集资金。① 建院伊始,公济医院即确立服务外侨的宗旨②,并不对普通中国人开放,具有外籍的华人才能入住。1937 年,公济医院开始录用上海震旦大学附设护士学校毕业的中国学生,在修女领导下工作。"八一三"抗战爆发后,公济医院根据战时情况,规定中国病人可住入任何等级的病房。抗战胜利后,重庆国民党政府派曾任军事委员会侍从室医官的朱仰高负责正式接管公济医院。为提高医院知名度,朱仰高遍邀沪上名医聘为特约医师,并拓展院务,设立妇产科、添设门诊部、改组药房、增设病床及设备,创设流动医院等,使公济医院声誉日隆。到 1948 年 9 月,公济医院已成为上海滩规模较大的医院之一,共有床位 500张,门诊病人最高纪录每日 652 人,正副院长、各级医师及实习医师共 84 人,修女 50 余人,护士及助产士 75 人。

由于资料所限,笔者只了解到上海公济医院在 20 世纪 40 年代后半期也开设社会福利课,由钟子瑜任课长。钟子瑜,籍贯为浙江安吉,时年 47 岁。③据其子回忆,钟子瑜并非社会工作专业出身,曾在北伐时担任军官,退役后在浙江、上海的上南公司及中国汽车制造公司工作。由于他的协调交际能力极为出色,被聘至公济医院主持社会福利工作。④

1949 年上海解放后,解放军代表接管了公济医院,1953 年正式改名为上海市第一人民医院。

---

① 罗振宇:《私营到公用:工部局对上海公济医院的管理》,《史林》2015 年第 4 期。
② [法]史式微:《江南传教史(第 2 卷)》,天主教上海教区史料译写组译,上海译文出版社1983 年版,第 88 页。
③ 上海公济医院纪念刊编辑委员会编辑:《上海公济医院纪念刊:民国卅四年九月至卅七年九月》,1948 年印刷,第 251 页。
④ 钟乐尧:《我的祖父母和家族》,2015 年 6 月 30 日,见 http://blog.sina.com.cn/s/blog_6082d26c0101oieb.html。

第七章　民间慈善医院的社会工作

20世纪二三十年代,国人创办的慈善公益性质的医院开始涌现,有的医院也建立了社会服务部。它们有的是由规模宏大的民间慈善组织所办的医院,有的是由旅居外地的同乡联谊组织所办的医院,有西医院,也有中医院。

第一节　世界红卍字会医院

一、世界红卍字会的源起

世界红卍字会是民国时期著名的民间慈善组织,缘起于道院。20世纪上半叶国内军阀混战,土匪横行,天灾不断,民众处于水深火热之中。受国际红十字会的影响,道院人士产生了创建一个业务范围更全面的慈善救济组织的构想,并期望这个组织能够走出中国,进而走向世界承担更多的责任和使命,于是取名"世界红卍字会"。《世界红卍字会呈政府文》中写道:"其宗旨仿照万国红十字会办法,办理慈善事业。"①世界红卍字会成立十周年后的纪念宣言中也提到:

> 百余年前欧洲各国在瑞士日内瓦产生之万国红十字会(中国亦于前清光绪二十年加入),其丰功伟绩世界各国之人群拜受其赐者多矣。吾

---

① 周秋光:《熊希龄集》(下),湖南人民出版社1996年版,第1756页。

人谈论及此,惟有竭诚表示十分敬意,卍会何敢与之相颉颃,不过十字会起源于战时之救护,故各国十字会之组织大半隶属于海陆军之范围,其工作颇注意于战事之救济,与卍会之平时与非平时发生之天灾人祸及其意外者皆负救济安全之责微有异同;又以十字会发生于西欧,推行及于中国,卍会欲以力求世界和平安乐之真幸福为目的奋勉从事,期将普及于东西各国为世界人类结一大善缘,此卍会同人之所矢愿也。①

世界红卍字会创始于山东济南,随后遍布大半个中国并波及海外。1922年9月,世界红卍字会筹备会在济南大明湖皖江公所召开,会议通过了世界红卍字会大纲、世界红卍字会中华总会细目及一系列其他文件。后经北京政府内务部审批、备案,世界红卍字会中华总会于1923年年初在北京正式成立。道院和世界红卍字会是二而一的组织,"名虽不同,实则一体。盖院为体,会为用,院为静,会为动,一体一用,一动一静,体用兼备,动静互根,一而二,二而一者也"。② 世界红卍字会中华总会成立后,随即在全国各地设立分会、支会,逐渐构建起遍布全国且远及海外的慈善救济网络。红卍字会实行男女分会,1927年世界红卍字会妇女总会成立于北平,十年后各地分会共设有150余处。③ 作为专门的大型社会救助组织,世界红卍字会在各地建立了一些慈善医院和施诊所。

二、世界妇女红卍字分会医院社会服务部

据已见资料,北平和上海的世界妇女红卍字分会的医院都曾设立过社会服务部。

北平的世界妇女红卍字分会所属医院社会服务部里,燕京大学毕业的女生都受过社会服务的训练,她们送病者进医院,使失业者有工作,使失学儿童进义务学校。"如是一年,受其裨益之儿童无虑千数,此项工作必可减少妇孺

① 《世界红卍字会宣言》,青岛市档案馆(全宗 B63,目录 1,卷宗 16-1)。转引自李光伟:《世界红卍字会牟平分会暨恤养院历史初探》,《鲁东大学学报》2009 年第 2 期。
② 吕梁建:《道慈概要》上卷,龙口道院 1938 年版,第 58—59 页。
③ 《世界妇女红卍字会之组织及工作》,上海档案馆,档案号 Q120-4-45。

之贩卖。"①经费使用除固定小本贷款基金一千元外,每年耗于薪工者只千数百元。三年中服务的人数达到一万余名,证明社会工作方法"实慈善方法之最积极最经济而又最普及也。"②

世界红卍字会上海妇女分会也在其临时医院内设立社会服务部。③ 不同的是,该服务部的工作主要负责伤兵和难民的善后事宜。"一·二八"事变及长城抗战后,国内残废伤兵因残废院太少,往往流离失所,有的甚至流入匪类。当时报纸报道有"一·二八"战事中断臂的伤兵因为生计压迫,便在战区充当汉奸,后被依法枪决的事件。还有伤兵或牺牲的士兵家属接不到消息,导致妻离子散的情况接连发生,如香山慈幼院就不断接收到这样的孤寒儿童。社会服务部对伤兵的服务主要体现在对治疗期内的士兵进行个案调查,编制成册,然后与他们的家属通信联系。如果伤兵治愈后再次奔赴前线,服务部便将消息代为向他们的家属报告,如果将来他们不幸遇难,服务部也会查明后转告其家属。士兵家属中有贫困的,服务部便去函委托当地机关团体设法给予救济。对于有些伤兵因残废而不能工作的,服务部也会函请各省机团设法收容,以免其流离堕落。当时上海租界里的难民也多达数十万人,各慈善团体努力救护,设立收容所达二百余处。各收容所一般做法是根据难民的来源地,陆续遣送出上海回乡。面对这种情况,世界红卍字会上海妇女分会的社会服务部分析认为,上海附近的宝山、嘉定、太浦等地,因为民房、田地大都被毁,这些地区难民滞留在租界内的有二万余名,他们已无家可归,不得不长期留在收容所里,其中又有无父无母的儿童,无子无孙的寡独者,"在在须加以特殊之处理"。因此,服务处决定通过科学方法进行调查研究,整理出详细的难民资料,以使每个难民都能各得其所。总之,针对上述两类问题,世界红卍字会上海妇女分会服务部以"专为伤兵难民服务,以辅助医院进行预定善后之计划而谋伤兵

---

① 李宁选辑:《中国代表团出席国联远东禁贩妇孺会议经过报告书》,《民国档案》2007年第3期。
② 《世界红卍字会上海妇女分会临时救济服务部说明书》,1937年。上海档案馆,档案号Q6-18-283。
③ 《世界红卍字会上海妇女分会临时救济服务部说明书》,1937年。上海档案馆,档案号Q6-18-283。

难民之一切福利"为总旨,通过计划展开伤兵、难民调查研究,制成个案善后服务计划。服务部编订章程,规定其具体工作为:

一伤兵难民履历及其家属之调查;

二伤兵难民残废者之本身善后;

三伤兵之安慰方法;

四伤兵因伤不治者之遗族善后;

五难民无家可归者之处置;

六难民技能之分类工作。①

服务部计划先从本会第四临时医院着手,逐步推广到第一、二、三医院难民收容所,并推广到其他医院的收容所。服务部的经费由服务部干事自行筹集。组织方面,服务部分为调查组、研究组、善后组和慰问组四组,协同进行社会工作服务。由干事中推举总干事一人,副总干事二人,常务六人至八人。调查、研究、善后、慰问四组由总干事聘请干事分别担任;干事可雇用组员若干人,总干事可选取练习员若干人。服务部干事的专业素质很高,18 位干事中已知大学及以上毕业者达 14 人,其中拥有社会工作专业背景的占 8 人。具体见表 7-1:

表 7-1　世界红卍字会上海妇女分会临时医院社会服务部干事履历一览表

姓　名	职务/教育背景	姓名	职务/教育背景
卓聂其莼	女红卍字会理事长(副总干事)	陈　慧	美国密歇根大学文学系硕士(副总干事)
舒张宏境	上海女红卍字会会长	周哲新	美国密歇根大学社会系硕士
查曹用先	美国密歇根大学历史社会系硕士	卞煦孙	北平燕京大学社会系学士
朱　曦	美国维斯顿大学社会系硕士	戴婷婷	北平燕京大学社会系学士

① 《世界红卍字会上海妇女分会临时救济服务部简章》,1937 年。上海档案馆,档案号Q6-18-283。

续表

姓　名	职务/教育背景	姓名	职务/教育背景
阮郭美德	美国密歇根大学社会系硕士	胡清芳	沪江大学社会系学士
熊毛彦文	美国密歇根大学教育系硕士	王贞淑	北平中国大学毕业
任刘菊淡	美国密歇根大学教育系硕士	包竹鑑	苏州师范学校毕业
叶沈晶	北平燕京大学社会系学士	张筠旭	上海南洋女子中学初中毕业
朱晶亚	美国密歇根大学医科硕士	王悟迁	上海启明女子中学毕业

资料来源:《世界红卍字会上海妇女分会临时救济服务部简章》,1937 年,第 6—7 页,上海档案馆,档案号 Q6-18-283。

第二节　上海四明医院

一、上海四明医院的创建

随着近代工商业的发展,会馆公所这类旅外工商业者组织也日益增多。一些会馆公所设置施诊给药的事务,或设立诊所,有力量的还开办具有慈善公益性质的医院。如光绪十五年(1889 年),上海北市钱业集资建造的北市钱业会馆内附设养疴院,所谓"徒旅疾疢,猝无所归,医于斯,药于斯,以惠众也"。①光绪三十一年(1905 年),上海四明公所②在大殿两旁设施医局,为同乡延医施诊,贫病者还可以得到药费。次年又改设病院,凡贫病同乡都可以保送至病院医治,药费饮食全部免费,但是病房很简陋,只能容纳 30 余人,住院者须"备具同乡纳捐人之保信",而且只收男性病人。③ 到了民国时期,病院越来越不能满足宁波同乡的需求,1922 年,宁波籍著名商人朱葆三、葛虞臣和方式如诸董事发起募捐,计划于原址筹设四明医院,后共募得捐银十万余两。四明医

① 张亚培主编:《上海工商社团志》,上海社会科学院出版社 2001 年版,第 65 页。
② 又称宁波会馆,是 1797 年以宁波旅沪工商业者为主体建立的同乡组织,因宁波古称"四明"而得名。
③ 《四明医院十五周纪念册》,1937 年印刷,第 9—10 页。

院建成后,占地五亩余,住院部分甲乙丙丁四等,对贫穷同乡则免费住院、诊治。① 后来医院规模日益扩大,组织也相当完备,30 年代成为沪上为数不多的大型中医院。② 医院开办以来,病人日益增多,1933 年入院病人计 1951 人,门诊达 60343 人之多。③ 医院董事会议决:"同乡贫病在院病故,身后萧条者,除赊材、材席、兜被等件有公所及义扛会伙助,而附身衣衾仍有须亲族代为张罗者,目击情形,殊为可怜。爰公议:于义扛会余款项下每年拨洋一千元,专备此等贫病同乡故后舍施衣帽、鞋袜、被褥等件之用。"④由于甬籍女子嫁于非甬籍者人数增多,1936 年董事会议讨论议定的结果是,对甬籍女子仍按同乡缴费,而其家人则按一般病人收费。⑤ 可见,四明医院此时仍是对同乡之人具有福利性质,而对他乡之人则并无优惠政策。1942 年秋,四明公所董事会为求改进院务,聘请名中医吴涵秋医士任院长。吴涵秋院长筹募经费,大力发展西医力量,化验室、西药室、X 光室、手术室以及内、外、肺痨、妇产、小儿等科先后成立,拓建肺病病房及内外科新病房,使该院"遂由一纯粹的中医院蜕化为一适合时代的中西兼备的新型医院"。⑥ 1946 年,四明医院还向国民政府行政院善后救济总署争取到一部分医疗器械和救济物资,使医院医疗设施得到进一步改善。

二、上海四明医院社会服务部

1942 年 10 月,四明医院仿照北平协和医院办法成立社会服务科,⑦主要负责调查和救济事项。医院的服务对象"由纯粹宁波同乡而普及于全沪各界,医院性质也由单纯的慈善组织扩大而为社会性的机构。"⑧该院组织体系

---

①　《四明医院十五周纪念册》,1937 年印刷,第 10 页。

②　《四明医院十五周纪念册》,1937 年印刷,第 32—33 页。

③　上海通社编:《上海研究资料(续集)》,上海书店出版社 1984 年影印版,第 304 页。

④　《四明医院十五周纪念册》,1937 年印刷,第 6 页。

⑤　《四明医院十五周纪念册》,1937 年印刷,第 9 页。

⑥　戴子钦:《参观四明医院后记感》,载《上海四明医院院讯》1946 年创刊号,第 3 页;《四明医院简况》,1953 年。上海档案馆,档案号 B242-1-717。

⑦　《四明医院五年来大事述要》,1947 年,第 4 页。上海档案馆,档案号 B242-1-717;邬式唐:《改进前后之四明医院概况》,1943 年,第 7 页。上海档案馆,档案号 B242-1-717。

⑧　《在艰苦支持中的上海四明医院概况》,1953 年。上海档案馆,档案号 B242-1-717。

中,董事会聘请院长、总主任,下设五个平行部门:社会服务科、事务部、医务部、护士学校、员工福利会。① 社会服务科平时的工作主要包括:对院内病人的访问,询问其生活、精神及对本院设施的看法;病人出院后,定时访问其家庭,指导其卫生保健的要领与方法;此外对社会环境卫生的指导,防疫种痘等各种公共保健工作之推行,亦为该科之任务。为了确保调查工作的准确性,每一次访问工作,均使用统一表格,逐项填写。② 服务步骤按照专业社会工作方法,分调查、统计、通知、访问、施诊、研究和报告七个阶段。③ 该院的社会服务部也一直工作到新中国成立初期。当时的主任是周歧女士,宁波人,毕业于甬江女子中学,信仰基督教,办事有一定能力。④

第三节　定海福仁医院

一、定海福仁医院设立缘由

1947 年夏秋之际定海时疫披猖,定海旅沪同乡会闻讯后,派人回乡筹设时疫医院。7 月 1 日,定海时疫医院在定海城内中大街 84 号成立,日夜应诊,无论挂号、住院、医药费等,概不收取分文,兼理内、眼、小儿各科病症。定海旅沪同乡会共筹设捐款 26307.06 万元(旧币)用以维持医院经费。医院有医师五人,实习医生三人,药剂士二人,护士长一人,护士一人,助产士兼护士二人,实习生一人,护士生三人等。从当时的条件看,该院不仅人事较为健全,医务人员也具有较好的医学知识,医疗器材有蒸汽机一只、显微镜一架。⑤ 由于免费诊治,应诊者纷至沓来。医院开诊三个月,接受病人数达 1.5 万余名,施行眼科及外科手术 203 人,失明而复光者数十人,同时注射霍乱预防针者 7000

① 《上海四明医院组织系统表》,1949 年。上海档案馆,档案号 B242-1-139-11。
② 《四明医院五年来大事述要》,1947 年,第 4 页。上海档案馆,档案号 B242-1-717。
③ 邬式唐:《改进前后之四明医院概况》,1943 年,第 7 页。上海档案馆,档案号 B242-1-717。
④ 《四明医院概况》,1949 年。上海档案馆,档案号 B242-1-139。
⑤ 天梦:《定海时疫医院始末》,《舟山文史资料》第 2 辑,浙江人民出版社 1992 年版,第 139—140 页。

余人,到该院结束时,无一例霍乱病人出现。医院的最高权力机构是董事会,设董事长一人,由王启宇担任,周三元任副董事长,刘鸿生任名誉董事长。[1]医院具体事务由院长负责,院长以下设医务、事务两股,分别负责医药诊疗、经济庶务等事宜。

定海时疫医院开设三个月后,9 月 30 日计划关闭时,广大民众强烈要求继续办下去,于是定海旅沪同乡会商定继续募捐。10 月 1 日定海时疫医院附设常年医院开诊,内设内科、外科、儿科、产妇科、眼耳鼻咽喉科、皮肤、花柳等科。1948 年 1 月 1 日起更名为福仁医院,酌收医药费用。医院主要费用来自募捐,至 1948 年 6 月止,定海旅沪同乡会为建立福仁医院筹集捐款共计143192.2 万元(旧币)。[2]

二、定海福仁医院社会服务部

为了更好地服务家乡人民,定海福仁医院也设立了社会服务部。根据医院章则,凡确系贫病患者向社会服务部提出申请并经核实后,所耗医药等费用可全部或部分减免。该院为提倡护理妇婴并救济贫苦产妇,规定孕妇可向该院申请免费检查,如其分娩期在本年的 4、5、6 三个月者,均可于临产前住入三等产妇室,限住一星期,期间医药材料接产及住院等费,一概免收。在儿童节,凡就诊儿童可免去诊金,并由院方赠针药。"五一"劳动节,该院对持有总工会证明函件的患病劳工,一律免收所有费用。1953 年定海旅沪同乡会结束后,福仁医院由定海县人民政府接办,改为县卫生院。[3]

---

① 王启宇、周三元和刘鸿生三人均为定海籍著名工商业者,也是定海旅沪同乡会中重要人物。
② 天梦:《定海时疫医院始末》,《舟山文史资料》第 2 辑,浙江人民出版社 1992 年版,第140—141 页。
③ 天梦:《定海时疫医院始末》,《舟山文史资料》第 2 辑,浙江人民出版社 1992 年版,第141—142 页。

第八章　精神病院的社会工作

在西方,随着心理卫生运动的兴起,20 世纪 30 年代精神治疗社会工作逐渐成为独立领域①,主要是在精神病院和儿童心理辅导诊所进行。② 在此影响下,民国时期我国的精神病院社会工作也开始出现,对儿童的心理行为指导工作也取得一定成效。

第一节　北平精神病疗养院

一、北平精神病疗养院的沿革

北平精神病疗养院是现北京安定医院的前身。20 世纪上半叶,该医院是华北唯一一所初具规模的现代精神病院,也是中国第一所与医学院合作建立的精神病院。③

北平精神病疗养院的创建可以追溯到清末的疯人院。1907 年,清朝民政部计划添设疯人院一所。④ 1908 年 8 月,陆军部拨银圆 6000 元,在城内石碑胡同一处官房建内城公立贫民教养院,附设一所疯人院,"专收疯疾之人"⑤。

---

① 刘继同主编:《医务社会工作概论》,高等教育出版社 2008 年版,第 18 页。
② 李迎生主编:《社会工作概论》(第二版),中国人民大学出版社 2010 年版,第 477 页。
③ 范庭卫:《从收容到科学治疗:魏毓麟与北平精神病疗养院的创建》,《中华医史杂志》2013 年第 6 期。
④ 《北京拟添设疯人院》,《申报》1907 年 3 月 17 日,第 10 版。
⑤ 《民政部奏公立内城贫民教养院援案请拨米石摺》,《政治官报》1908 年第 369 期,第196—197 页。转引自范庭卫:《从收容到科学治疗:魏毓麟与北平精神病疗养院的创建》,《中华医史杂志》2013 年第 6 期。

宗旨是"收留疯人勿使外出致生危险",疯人或由警察收容,或由亲属送入,目的在于将疯癫的病人与社会隔离开来,疯人各居一室,并每日可至室外散步,但不准聚集同游。住室"户牖牢固","墙壁尤宜坚厚",以防危险,饮食"宜予以色味平淡之品以资调摄"。人院后由医生诊视,经诊断确系病愈,如果有"独立生业"者可出院或送入工厂,如果是"老弱废疾",就收入教养院。①

1918年,教养院因收容人数过多,遂将疯人迁往北城鼓楼宝钞胡同高公庵内,改名疯人收养所。② 当时所内设管理员一人,巡官巡长各一人,及巡警十人,分掌监护之责,经费由京师警察厅供给。病人待遇分两种:一为特别病人,一为普通病人,均以其交费为定。收容人数大约一百四十人。③ 较之疯人院,疯人收养所规模扩大,分东、西二院,分别住女病人和男病人。院内设有接见室、看守室、优待室。④ 美国学者甘博(Sidney D. Gamble)访问了该所,记录了饮食、居住条件、中医治疗和管理人员等方面的情况,认为患者在疯人收养所里得到了很好的照顾。他的描述如下:

> 新址房屋带有庙宇式的风格,男女患者分住在不同的院落。全所共有80张床位,但是在我们访问时(按:应是1919—1920年间),那里只住了23名男子和9名女子,共计32人。病人通常被关在一间大屋子里,屋内三面是炕,病人坐在炕上,举止狂躁,说个不停。有暴力倾向的病人被铐起来放在屋子中央的垫子上,使他们不至于伤害到其他病人。另有一些房间提供给正在康复的病人和有钱或有地位的病人。庭院里基本上没有用作病人锻炼的场地。平日的伙食是一日两餐,吃的是小米饭就咸菜。对病人完全采用中医疗法,据收养所负责人说,疗效相当不错,1918年大约有30名患者痊愈出院。

① 《附设疯人院简章(1908年)》,田涛、郭成伟整理:《清末北京城市管理法规》,燕山出版社1996年版,第269—271页。

② 《京师警察厅函为该厅设立疯人收养所业经成立请查照文》,《市政通告》1918年第11期,第17—18页。

③ 周乃森:《一百个精神病学生个案的分析》,燕京大学社会学系本科毕业论文,1941年,第11页。

④ 陈万里:《参观京师疯人院追记》,《通俗医事月刊》1919年第3期,第39—41页。

收养所完全由警察厅管理,警察厅不仅指定所长、副所长、医师和看护人员,而且支付全部费用。除去医生和看护警员的工资,收养所总费用一年约为 2400 元。病人是那些引起住地警察注意的患者,由住地警察上报区警察署得到批准后,才能被收养所收容。病人出院时也要由住地警察送回家。①

在 20 世纪上半叶,西方的医学理论要求将精神病人隔离至专门的医疗空间内接受治疗。一般医院中若设有专门病房,则须与普通病室隔离;若无则拒绝接受此类病人。当时北平协和医院并无精神病人病室,因而也不收精神病人住院。1928 年北平协和医院正式建立神经精神科,除开展教学和门诊工作外,还指导北平市疯人收养所的医疗业务及学生临床实习工作,标志着中国现代精神医学的开始。② 1929 年冬,疯人收容所将收容性质改为医疗性质,所内并添有药品,较前已进步许多,但因经费奇缺,设备不全,成绩不佳。③

1928 年北伐成功,疯人收养所移归北平市社会局管理,定名北平市社会局疯人收养所。1933 年社会局为推动与北平协和医院的进一步合作,正式与协和订定合作事项:医务事项完全由协和担任,所有医生及职员大都从协和调来,薪资仍由协和医院发放,所内经常费由北平市政府供给。10 月,疯人收容所改名为北平市精神病疗养院,经社会局委任,北平协和医学院脑系科副教授魏毓麟担任院长,社会服务部的王子明④担任精神病疗养院事务主任。⑤ 改组之后的精神病疗养院"整理病室,添修浴室、洗濯室、理发室、灭虱炉,并实施温水治疗,工业治疗。厉行消毒,特制服装,优待口粮等项事务,亦

① [美]西德尼·D.甘博:《北京的社会调查·疯人收养所》(上),陈愉秉等译,中国书店 2010 年版,第 120 页。
② 陈一鸣:《北京现代精神医学早期的追索——先辈伍兹、雷曼、魏毓麟、许英魁的光辉历程》,《临床精神医学杂志》2010 年第 2 期。
③ 周乃森:《一百个精神病学生个案的分析》,燕京大学社会学系本科毕业论文,1941 年,第 12 页。
④ 王子明,1921 年 5 月即入北平协和医院社会服务部工作,是该部最早的员工之一。
⑤ 北京市档案馆档案,全宗号:J002,目录号:001,案卷号:00108。转引自范庭卫:《从收容到科学治疗:魏毓麟与北平精神病疗养院的创建》,《中华医史杂志》2013 年第 6 期。

均已次第进行。"①收容病人也逐渐增多,床位达到 280 多张。1934 年 3 月,魏毓麟制定《精神病疗养院组织规则》并报市政府核准施行,确保了医院工作规范有序。②

院务改善后,一切治疗及看护均按最近科学方面。精神病疗养院先后设立了护理部、工业治疗部、社会服务部、心理治疗部、神经病理学实验室和数据统计部,逐步建立起包括药物治疗、工业治疗、社会服务、心理治疗及温水治疗在内的精神病专业治疗体系。③

首先是改善精神病人的生活条件和待遇。针对收养所恶劣的生活环境,改组工作首先集中在解决病人的吃、穿、清洁、居住的问题,按照新式医院的标准,给病人提供良好的卫生条件和生活待遇。医院提供病人一日三餐,有粥、馒头、再加蔬菜和肉。对于患普通病的患者,由护士长开饭单,请协和饮食部人员加以指导制作,保证营养,病人饮食费用为之前的两倍。医院为病人提供衣服和被褥。医院还设"消毒灭虱炉",病人入院时,先将衣服送炉灭虱,沐浴剃头后换医院制服。为方便病人洗澡,医院添置了淋浴设备,其中 5 个是雷门医生捐资购买的。在男女病房添置了 9 个浴盆,每周沐浴 3 次,衣服和被褥床单每周清洗 1 次。为了改善居住条件,医院租用了东边破陋不堪的旧那王府的屋舍,至 1935 年 6 月 30 日,共租用屋舍 220 间,并进行了彻底修缮,安装了电灯、铁窗、水管、马桶,病房还添置了有床垫的铁床,用于改善居住条件的费用总计 8090 美元。原 50 个病人睡在一起的大炕被拆除,取而代之的是 16 个铁架病床。④

---

①　《平市卫生一年来建设之纪要·(二)接办精神病疗养院》,《市政评论》1935 年第 3 卷第 1 期。

②　《市精神病院扩充院址请市府拨给公产》,《卫生月刊》1936 年第 3 卷第 5、6 期合刊。

③　周乃森:《一百个精神病学生个案的分析》,燕京大学社会学系本科毕业论文,1941 年,第 12 页;Y. L. Wei. The Peiping Municipal Psychopathic Hospital//R. S. Lyman. Neuropsychiatry in Peiping.CMB Inc.,box 165,folder B.:17-25.转引自范庭卫:《从收容到科学治疗:魏毓麟与北平精神病疗养院的创建》,《中华医史杂志》2013 年第 6 期。

④　Y. L. Wei. The Peiping Municipal Psychopathic Hospital//R. S. Lyman. Neuropsychiatry in Peiping.CMB Inc.,box 165,folder B.:17-25.转引自范庭卫:《从收容到科学治疗:魏毓麟与北平精神病疗养院的创建》,《中华医史杂志》2013 年第 6 期;方颐积:《平市十年来的卫生概况》,《卫生月刊》1934 年第 3 期,第 90 页。

除了解决这些基本生活问题,疗养院还建立精神病专业治疗体系。院里的治疗工作由协和医学院脑系科医务人员负责。雷门、程玉麐、魏毓麟每周1—2次到精神病疗养院查房,助手和学生4人一组跟随查房。雷门在美国学习期间,师从精神生物学说的创立者阿道夫·麦尔(Adolf Meyer)。在治疗中,雷门和他的团队实践了麦尔所倡导的"生理—心理—社会"精神医学模式。

心理治疗由戴秉衡(Bingham Dai)负责。戴秉衡曾在沙利文(Harry Stack Sullivan)指导下接受心理分析训练。应雷门邀请,戴秉衡于1935—1939年在协和医学院脑系科工作,讲授心理分析,并治疗病人,同时还负责精神病疗养院的心理治疗。①

社会治疗方面,主要体现在下文的社会服务部与其他部门合作中。

二、抗战前的社会服务部

1934年10月在北平协和医院社会服务部的协助下,北平精神病疗养院的社会服务部成立,人员都来自协和社会服务部。② 社工多为国内外社会服务科毕业的专门人才,故该社会服务部实为我国精神病院社会工作的先导。资深社工宋思明担任首位主任③,他1928年毕业于燕京大学社会系,获文学士学位后,④即服务于北平协和医院社会服务部。精神病疗养院的社会工作最早由宋思明和白端担任,后来,在美国接受过精神病社会工作训练的周励秋回国,负责社会服务部的工作。⑤

改组前的疯人院时期,精神病患者的境遇十分悲惨。病情较重的被锁在

---

① 范庭卫:《从收容到科学治疗:魏毓麟与北平精神病疗养院的创建》,《中华医史杂志》2013年第6期。

② 周乃森:《一百个精神病学生个案的分析》,燕京大学社会学系本科毕业论文,1941年,第12、17页。

③ 宋思明:《精神病之社会的因素与防治·自序》,重庆中华书局1944年版,第2页。

④ 《燕京大学毕业同学录再版》,1931年。《美国哈佛大学哈佛燕京图书馆藏民国文献丛刊·文化教育》(53),广西师范大学出版社2012年版,第122页。

⑤ Y. L. Wei. The Peiping Municipal Psychopathic Hospital//R. S. Lyman. Neuropsychiatry in Peiping.CMB Inc., box 165, folder B.:17-25.转引自范庭卫:《从收容到科学治疗:魏毓麟与北平精神病疗养院的创建》,《中华医史杂志》2013年第6期。

柱子上,病情较轻者则上下跳蹿,互相打骂,全都蓬头垢面、衣衫褴褛。治疗手段只有一名管理员每天给予丸药,患者除了忍受残酷的看守,还时常遭受毒打,俨然如"人间地狱"。① 疯人 1 天仅两餐,赤裸身体或仅有布片裹身,衣服得不到清洗更换,除非有家属来更换。居住条件拥挤,疯人吃、睡在三面靠墙而建的大炕上。② 基希(Egon ErwinKisch)是捷克著名的报告文学家,1932 年到中国考察,写了《秘密的中国》一书,其中《疯人院》报道了北平疯人收养所里病人的悲惨境遇:"飞着口沫,说着胡话,赤身露体,戴着脚镣";吃的是窝窝头和丢弃的菜茎。基希将这所疯人收养所视为"拘禁危险的疯癫的囚牢",他发出悲愤的呼号:"朋友们,要是我老是这样,请打我一枪罢!"③疯人院改组为北平精神病疗养院后,院里男女病人三百人之多④,在社会服务部与其它各部的共同努力下,面貌一新。

社会服务部重视调查患者病情发生的各种原因,解决患者的各种问题,"患者待遇方面,一洗往日之残苛暴虐之手段而易以合理之管束外,并对患者之经济状况,家庭问题、社会环境,莫不尽人力之可能,予以合理之解决。功效之大,不减医药。"⑤宋思明将精神病社会工作者的工作内容概括为"应用科学方法辅佐医师,调查精神病发生之原因,解决病者之社会问题,以从事预防治疗及善后工作,并藉此而减少病者之痛苦,经济之损失及维系社会之安宁。"⑥在此思想的指导下,社会服务部开展的具体服务如下:

其一,社工通过对病人的社会调查,配合其他各项检查进行诊断。精神病的诊断时间往往是治疗的两三倍,精神病社会工作对诊断的贡献显得尤为重要。"精神病学家作精神检查,其他医师作体格检查,心理学家作心理测验,

---

① 宋思明:《精神病之社会的因素与防治》,重庆中华书局 1944 年版,第 3 页。

② Y. L. Wei. ThePeiping Municipal Psychopathic Hospital//R. S. Ly man. Neuropsychiatry in Peiping.CMB Inc.records,box 165,folder B.:pp.17—25.转引自范庭卫:《从收容到科学治疗:魏毓麟与北平精神病疗养院的创建》,《中华医史杂志》2013 年第 6 期。

③ [捷克]基希著:《秘密的中国·疯人院》,周立波译,天马书店 1938 年,第 162—165 页。转引自范庭卫:《从收容到科学治疗:魏毓麟与北平精神病疗养院的创建》,《中华医史杂志》2013 年第 6 期。

④ 宋思明:《精神病之社会的因素与防治》,重庆中华书局 1944 年版,第 7 页。

⑤ 宋思明:《精神病之社会的因素与防治》,重庆中华书局 1944 年版,第 21 页。

⑥ 宋思明:《精神病之社会的因素与防治》,重庆中华书局 1944 年版,第 1 页。

精神分析家从事于精神分析,而最重要者却是社会之调查。"① 由于"精神病症
与其他病症不同,病人之社会历史几完全为医生诊断之根据。"② 社会工作员
专门调查及研究病人的社会环境,了解其得病原因,以备医生诊断及治疗病人
做参考。最初个案记录多为英文。③ 具体做法包括与伴送病人来院者会谈、
与病人本人会谈(病人清醒时)和外出调查。社工定期与医生商讨治疗事项,
并随时至病人家庭访问病人现状,报告大夫。④

其二,配合医生治疗。首先,社会工作者通过为病人提供服务,使治疗工
作得以顺利进行。此类与一般医院社会工作无异,如帮助入院病人及重住院
病人一切入院手续;对病人家属解释病情,及给予劝导;向家属解释新的治疗
手段,消除医患误解;予贫苦之病人或家属以物质上或金钱上之帮助;替无依
病人在其他社会机关要求免费或辅助;对病人家庭之指导;等等。⑤ 其次,社
会工作者通过与病人会谈,进行治疗。会谈治疗方法在精神病治疗中占极重
要之地位,宋思明写道:

> 与病人会谈,在精神病治疗中占极重要之地位,是为各专家所公
> 认,社会工作员宜分担一部医生之时间,与病人常相会谈,使病人对工
> 作员发生信心,将心中之积闷,全部倾吐。工作员又可藉机与以开导,
> 则收效之大,常出人意料之外。著者于从事此工作时,最喜与病人会
> 谈,特别与一部分精神兴奋之病人,讲话滔滔不绝,多为彼高兴之事,可
> 引人发噱。直到彼对工作员发生信仰后,则唯命是听之情况,又令人有
> 无限之慰藉。⑥

---

① 宋思明:《精神病之社会的因素与防治》,重庆中华书局 1944 年版,第 30 页。
② 周乃森:《一百个精神病学生个案的分析》,燕京大学社会学系本科毕业论文,1941 年,
第 17 页。
③ 周乃森:《一百个精神病学生个案的分析》,燕京大学社会学系本科毕业论文,1941 年,
第 12、17—18 页。
④ 宋思明:《精神病之社会的因素与防治》,重庆中华书局 1944 年版,第 30—31 页;周乃
森:《一百个精神病学生个案的分析》,燕京大学社会学系本科毕业论文,1941 年,第 18 页。
⑤ 周乃森:《一百个精神病学生个案的分析》,燕京大学社会学系本科毕业论文,1941 年,
第 18 页。
⑥ 宋思明:《精神病之社会的因素与防治》,重庆中华书局 1944 年版,第 36 页。

其三,与职业治疗部合作筹划。[1] 工业治疗被视为精神病患者重返社会的第一步,除引起病人的注意力,阻断病人不合宜的思想,还使病人对外界刺激能做出正当反应。社会服务部了解病人以往是何职业、有何专门技能后,安排合适的职业治疗工作。社会服务部下设有职业治疗部,1934 年 4 月,协和医院的工疗专家陈善慈到精神病疗养院做兼职,开始了这项工作。女病人做衣服、鞋子和袜子,男病人为医院做药盒。1934 年 7 月 1 日,陈善慈担任精神病疗养院工疗的负责人。工业治疗分室内和室外两种。在室内,男病人的工疗项目有糊纸盒、地毯、绘画等;女病人则做衣服、棉被、鞋袜、织带等。在室外,男病人浇花抬土、扫院子等。[2] 宋思明回忆如下:

> 前北平精神病医院,即有职业治疗部门,系属于社会服务部,其经费则由院中担任之。该部之指导者,为一年三十许之女士,曾在北平协和医学院从一职业治疗专家(该院有此设备系请一美国女士担任指导)学习而成者。此人寡言力行,技术高超,将男女病人分为两室工作。男病人之工作有钩小块地毯,桌上织机织男女围巾,用泥作各种玩具人像、洋娃娃、编藤工、绘画、习字等。女病人之工作,则有缝纫、刺绣、绘画、作手帕、洗衣等。上下班由护士接送,每工作室皆有一护士帮同管理,秩序井然,很少有殴斗情事发生。病人与职员相处如一家人,其有于工作中犯病者,即送回病房休息。此女士对病人循循善导,有助于治疗颇大。[3]

此外,为了让病人恢复正常的社会生活,社会服务部还根据病人的不同情形安排其适当角色,医院的茶水、电灯、剃头、写字等工作,均由病愈后的病人承担。[4] 例如:安排一前清秀才在职业治疗部作书记;让曾留学海外的病人教其他病人英语;有的帮助厨房煮菜、送饭;有的负责打扫庭院、担水;有的洗衣、

---

① 周乃森:《一百个精神病学生个案的分析》,燕京大学社会学系本科毕业论文,1941 年,第 19 页。
② 王子明:《精神病与社会》,《卫生月刊》1935 年第 1 卷第 8、9 期合刊。
③ 宋思明:《精神病之社会的因素与防治》,重庆中华书局 1944 年版,第 38 页。
④ 王子明:《精神病与社会》,《卫生月刊》1935 年第 1 卷第 8、9 期合刊。

喂重病人吃饭;有的负责公事房及病室装饰。宋思明还曾召集院中职员捐资,在院外开一木料玩具工厂,作各种活动玩具,如飞机、马车等,涂以颜色,加以油漆,挑选病人由护士伴往学习,收效极大。病人们看到每两三日由其自己手中产出一玩具,其兴奋程度不可以言喻,虽使用各种铁器,也没有出现过任何危险状况。病人出院后,一时找不到工作,仍可继续前来工作。①

其四,与护士合作。社工与病人会谈时,对方若有危险,必须请护士在旁监视;社工可以从护士的记录及报告中,得到治疗的线索;平日社会服务部与护士部合办娱乐事项等。鉴于精神病人懒于活动,医院组织体育活动,每天由助理护士带领病人做体操、游戏和打球等以保障病人的身心健康,节日期间还组织运动会。娱乐方面,医院设有图书馆、游艺室供病人看书、阅报、看画、下棋、玩纸牌、打乒乓球、高尔夫球等,组织病人唱歌。游艺大会时,病人唱、拉、跳、说,邀请病人亲友参观,十分热闹。②

其五,病人出院后的善后处理。社会工作者还要指导解决病人出院后的社会安置、职业、家庭等方面的问题。社会服务部试行假释办法让病人出院,社工伴同病人回家探视并试住一二日后返院,直至家庭与病人皆认为可以出院时为止,并担任病人出院后的生活指导等工作。如果安置病人在自己家中,社工必须为病人的日常生活有所安排,对他家人彼此间的关系有所调整。如果安置病人返回工作,社工要与其雇主取得合作,可使病人先试工,工作钟点要少,逐日增加;要劝病人同事勿以精神病人视之,以避免病人受刺激而复发;如果原来工作不再适合,社工还需视病人的情况为其另谋工作。社工与各社会服务机关合作,共同商议为出院病人谋职业,或在可能范围内给病人以小本借贷,使病人做小本经营。有的病人是因酗酒等习惯而患精神病,出院后社工要按时随访,使勿再犯。对于治愈无望的精神病人,社工需要倡导呼吁由相关机构或低能学校进行监管,或与当地主管机关合作,择一公屋加以收容。③下

---

① 宋思明:《精神病之社会的因素与防治》,重庆中华书局 1944 年版,第 40—41 页。
② 王子明:《精神病与社会》,《卫生月刊》1935 年第 1 卷第 8、9 期合刊;宋思明:《精神病之社会的因素与防治》,重庆中华书局 1944 年版,第 40—41 页。
③ 宋思明:《精神病之社会的因素与防治》,重庆中华书局 1944 年版,第 40、42—45 页;周乃森:《一百个精神病学生个案的分析》,燕京大学社会学系本科毕业论文,1941 年,第 12、18 页。

面是一则典型案例：

> 某男病人年三十许，曾在军队充伙夫，一旦患病，将同事用碗打伤，其后每隔月余，即患病一次，遂为军队开除。其家系在北平乡下，父母早丧，有一叔对彼亦不关心，因之遂流落于北平街头，作小工生活；忽一日旧病发作，窜至一住宅，将一老妇打伤，并将一桶水踢倒，后遂为警察所捕，送院治疗。据病人言，彼于患病时，神志即模糊不清，所见之人，皆视为怪物，必欲除之而后快。经诊断认为与其生活自小即无人指导及教养有关。病人于住院时，帮助厨房工作颇勤奋，出院后，若任其飘荡，必将复患，甚或危害他人之生命。著者在院每日与其长谈，已深得其信仰，并定好彼出院后先由社会部帮助，做一小本生意，再作其他安排。著者先与协和医院饮食部商议，由病人逐日供给一部分之鸡蛋，账目由著者代管，又得病人之同意，出院后试行。

> 病人于三个月后出院，由著者代彼觅一住处，自己炊饭，每日到乡间收买鸡蛋，次早送至医院应用，因其所收鸡蛋新鲜可靠，价目又公道，颇为管理员所喜。后因院方需要增多，著者遂又安置一病人同做此生意。著者因见病人经过良好，又进一步计划养鸡事业，由病人负责，经数度之讨论后，病人非常高兴。即由著者集资，在西山某村觅一院落，由病人帮助建好鸡房鸡场，经济由著者代理，并安置彼与一邻居老者共炊，前作之鸡蛋生意，遂另觅一病人接作，病人在乡间过农人生活，精神非常愉快，体重亦增加。其所养之鸡，于数月后皆强健肥大，除供肉食者外，又可生卵，病人之生活解决，精神安定，从未再患前病焉。①

其六，精神病院社会工作的教学与研究。此项工作主要有：辅导北平协和医学院学生收集病人的社会历史；教导院内看护如何作个案记录；教导协和医院派来的社会服务员；教导北平各大学社会学系及心理系来院实习学生；作精神病社会服务广播讲演，并撰文登载卫生局定期刊物；编写各项问题表格，及

---

① 宋思明：《精神病之社会的因素与防治》，重庆中华书局 1944 年版，第 46 页。

改进该部调查表。①

此外,社会服务部还参加医院的膳食委员会,辅助改良膳食。

三、抗战期间社会服务部的衰落

1937 年卢沟桥事变,北京被日军占领。精神病疗养院由伪北京特别市公署卫生局管辖,魏毓麟继续担任院长。社会服务部的宋思明离开北平精神病疗养院南下抗日②,但该部的工作仍在继续。据 1938 年北京卫生局业务报告称,社会服务部在该年度的工作主要包括:

(A)会见每个住院病人之家属,以备详细记录病人过去之历史与得病之原因,并其他关于社会问题之情形,以备医员治疗之参考。

(B)参加本院膳食委员会,以谋病人饮食之改善。

(C)同医员护士组织病人工艺娱乐委员会促进病人工作及娱乐,以资治疗为宗旨。

(D)同工业治疗部合作,于病人未分派工作前,调查每个病人过去之职业及性之所近者,告知主管人酌给相当之工作,以期病人感觉兴趣,而免厌烦。

(E)病人出院前,向其家属亲友商洽病人各项问题,并指导将来出院后之看护应注意事项,以谋病人之安适。

(F)病人出院后,于相当时日前去拜访辅导一切,以防触犯,遇有必要时,一家有去三四次者,查本年度拜访工作共有五百余次。

(G)对于贫苦病人或酌量情形,在可能范围内,与之介绍职业,或求助于其他慈善机关救济之。

(H)对于远方病人之家属,时常通信,藉知在院病人之过去情形及出

---

① 周乃森:《一百个精神病学生个案的分析》,燕京大学社会学系本科毕业论文,1941 年,第 18—19 页。

② 宋思明:《从事伤残重建工作所得的经验》,《教育与职业》1949 年第 205、206 期合刊。

院病人之迩来状况,分别统计作成纪录以便研究而资参考。①

　　由上可见社会服务部的工作内容并未受到影响,仍然较全面。此外,社工每星期开会一次,讨论本星期发生的问题及应付方法,对于工作事项平均分担,以免遗漏。因此"所办之事逐日解决,凡入院在院及出院之病人,一切应办事项皆有圆满之效率。"②

　　1938 年北平市卫生局施政纲要中列入"扩充精神病疗养院",即在郊外扩建精神病疗养院。原因一方面是疗养院作为"华北唯一之精神病人收养机关",床位"不敷应用";另一方面公庵院址房产系租赁性质,房主正准备出售。③ 魏毓麟经呈报卫生局批准,新址选在安定门外地坛原北郊医院的地址上,1940 年 1 月 9 日搬迁完成,医院照常办公。④ 迁址之后的精神病疗养院设施不完备,因经费限制只能"因陋就简,略事修整","不得不权宜办理,先为收容耳"。男女病房的门窗需要修理改造,并"添开后窗以通空气";土井水质不良,需要添建水楼,解决全院饮水并恢复温水治疗;全院病人洗澡全在男院,需要在女院添建浴室;医疗器械"不甚完备","凡有特别之病症须转送协和医院予之诊治"。这些问题一直得不到解决,魏毓麟只得一再呈请,"希望核准赐款实施"⑤。

　　此时北平协和医院鉴于新址相距太远,来往不便,加上疗养院经费不足,院务不易发展等原因,遂停止了与疗养院的合作,于 1940 年 4 月 8 日将一部分病人迁往协和医院内新精神病室,与该院分离。医生、看护及社工皆调回协和医院新设立的精神病室。但北平精神病疗养院院长仍为魏毓麟,

　　① 北京特别市公署卫生局编:《北京特别市公署卫生局业务报告》,1938 年 10 月印刷,第 319—320 页。
　　② 北京特别市公署卫生局编:《北京特别市公署卫生局业务报告》,1938 年 10 月印刷,第 320 页。
　　③ 北京市档案馆,全宗号:J005,目录号:001,案卷号:00357。转引自范庭卫:《从收容到科学治疗:魏毓麟与北平精神病疗养院的创建》,《中华医史杂志》2013 年第 6 期。
　　④ 北京市档案馆,全宗号:J005,目录号:001,案卷号:00530。转引自范庭卫:《从收容到科学治疗:魏毓麟与北平精神病疗养院的创建》,《中华医史杂志》2013 年第 6 期。
　　⑤ 北京市档案馆,全宗号:J005,目录号:001,案卷号:00631。转引自范庭卫:《从收容到科学治疗:魏毓麟与北平精神病疗养院的创建》,《中华医史杂志》2013 年第 6 期。

由协和支薪。① 搬迁后的精神病疗养院,设置 10 个科室,维持了之前完整的专业治疗体系,但社会服务部改为了"社会调查室"。② 只留书记两人作询问及填表等工作。个案记录亦改用中文,工作范围缩小。1941 年 2 月因经费原因,以及社会服务部成绩不佳,只剩一人任书记③,中学程度,曾接受过协和医院社会服务员训练,只负责调查病人社会环境及致病原因等事项,之前的治疗、随访等工作都已取消,实际上已在"在医治方面无大建设","已空有其名而无其实"④。

从 1941 年开始医院不断有医护人员辞职。3 月,助理社工白绳武辞职,补马贻润。8 月,护士于金兰辞职,补何启英。9 月,助理护士王治齐辞职,补张淑兰。太平洋战争爆发后,北平协和医学院解散,疗养院请辞人员突增。1941 年 12 月,5 人辞职,包括医员王普仁、王润添,心理治疗员高君纯,护士长高玉华,社工卢懿庄。1942 年 1 月,7 人辞职,包括心理治疗员丁瓒,社工康淑敏,工业技士陈善慈,助理护士四人。⑤ 1942 年 5 月,魏毓麟呈请并获批准补赵婉和为心理治疗员,唐钧为工业技士,孙子云为护士长,⑥未见社工人员的补充。

后来,由于日本侵略者在北平西郊修飞机场时驱赶当地居民,百姓都搬到地坛耕地,对医院影响很大。抗战胜利后,医院被国民党政府接收,但院务已大不如前。到了 1948 年 3 月,疗养院内仍有 120 个病人,但病室已成"拘留所",看护也变成"看守"的代名词,病人时时刻刻在破坏着衣服和家具。医院的经费严重不足,负责治疗的只有医生只有两人,"除了消极的医药治疗外,

---

① 周乃森:《一百个精神病学生个案的分析》,燕京大学社会学系本科毕业论文,1941 年,第 13 页。
② 《修正北京特别市市立精神病疗养院组织规则》,《市政公报》1940 年第 76 期。
③ 但根据档案资料,社会服务室工作人员不止一人,可能周乃森在北平精神病疗养院实习时,社会服务室恰只有一人,也可能存在其他情况,有待考证。
④ 周乃森:《一百个精神病学生个案的分析》,燕京大学社会学系本科毕业论文,1941 年,第 13、14、18 页。
⑤ 北京市档案馆,全宗号:J005,目录号:002,案卷号:00373。转引自范庭卫:《从收容到科学治疗:魏毓麟与北平精神病疗养院的创建》,《中华医史杂志》2013 年第 6 期。
⑥ 北京市档案馆,全宗号:J005,目录号:002,案卷号:00505。转引自范庭卫:《从收容到科学治疗:魏毓麟与北平精神病疗养院的创建》,《中华医史杂志》2013 年第 6 期。

精神治疗仅有计划不能实行”,也已经不再有社工人员的记载了。①

第二节　儿童行为指导所

一、儿童行为指导工作开展的背景

"儿童行为指导工作,为二十世纪所倡导的心理卫生运动中,一种最基本最专门的工作。"②进入 20 世纪,精神医学由治疗走向预防和治疗,心理卫生学科应时而生。1908 年 5 月,在美国人比尔斯(Clifford W. Beers)的倡议下成立了世界第一个心理卫生组织,参加者有精神病学家、牧师、律师、审判官、社会工作者等,③标志着各专业开始协作预防和治疗人类的心理疾病。1909 年,美国"全国心理卫生委员会"成立,致力于创办国家机构以保护公众的心理健康,提高全国精神病患者的治疗与护理水平。④ 在心理卫生运动中,儿童和青少年成为重点预防人群。20 世纪二三十年代,美国掀起了儿童辅导运动。⑤最先开展儿童行为指导工作的是威廉·赫利(William Healy)医师,1909 年他在芝加哥创立儿童心理病态研究所,专门处理当地儿童法院的一些过失儿童。赫利从医药、心理和社会三个方面去探讨儿童过失行为产生的原因,做出诊断,然后作彻底的治疗。1912 年,赫利又在波士顿的精神病院内创设儿童精神病诊疗所,专门研究和治疗儿童的行为问题。1913 年,约翰·霍布金斯医院精神病科也添设儿童部,专门处理各种儿童行为异常的问题。1922 年美国国民基金委员会与全国心理卫生协会共同拟订儿童行为指导所示范工作的五年计划,专门从精神病理学视角研究儿童的行为问题。于是,各地纷纷创设儿童指导所,聘任精神病医师、小儿科医师、心理学家及精神健康社会工作员等,

---

① 《北平市的疯人院 精神病疗养院参观记》,《益世报》1948 年 3 月 28 日,第 3 版。

② 汤铭新:《儿童行为指导工作》,《儿童福利通讯》1947 年第 9 期。

③ 宋思明:《精神病之社会的因素与防治》,重庆中华书局 1944 年版,第 27 页。

④ S. A. Queen. *Social work in light of history*. London: Philadelphia and London J. B. Lippincott Company, 1922, p.52.

⑤ Roberta G. Sands 著:《精神健康——临床社会工作实践》,何雪松、花菊香译,华东理工大学出版社 2003 年版,第 47 页。

分担研究与治疗儿童异常行为的责任。据 1934 年的统计,当时美国全国共有儿童指导所 500 余个,英、德等国也有类以的儿童指导所设立。[①]

二、成都儿童行为指导所

在西方国家的示范下,1933 年北平协和医院神经精神科开始选少量有行为问题的儿童作指导工作,后来上海红十字会医院也曾开展过此类工作。抗战爆发后,两院都被迫停顿。抗战期间,重庆中央卫生实验院也开展过儿童心理卫生咨询工作。[②] 1942 年,精神病理学家程玉麐[③]医师与社会学者汤铭新[④],鉴于儿童行为指导工作的重要,曾先后分别拟订"成都市行为异常儿童之研究"及"设立儿童指导所"两种计划呈报教育部核准。但是因为教育部拨助经费太少,以致拟定的计划未能付诸实施。1943 年春,汤铭新自行在成都

---

① 薛汤铭新:《儿童行为指导工作》,商务印书馆 1948 年版,第 6—7 页。

② 孙本文:《薛汤铭新著:〈儿童行为指导工作〉》,《社会建设》1948 年第 1 卷第 7 期,第 67—69 页;薛汤铭新:《儿童行为指导工作》,商务印书馆 1948 年版,第 8 页。

③ 程玉麐(1905—1993),苏州人,早年就读于苏州东吴大学,1922 年考入北京协和医学院,1927 年在协和医院内科毕业,1928 年任协和医院神经精神科住院医师,常与同事魏毓麟医师到北京精神病疗养院协助工作;1931 年被协和推荐到德国神经精神病研究院深造,1932—1933 年到美国哈佛大学附属医院学习精神病学和医学心理学,1934 年由美国返回协和医院神经精神科任副教授,也指导北京精神病疗养院的工作;1936 年离开北京协和医学院,至南京中央大学医学院任教;1937 年抗战爆发,随中央大学西迁成都,不久任华西大学教授及华西、齐鲁、协和三大学联合医院神经精神科主任,1943 年在成都四圣祠建立成都市精神病疗养院作为学生实习基地,疗养院规模较小,大约有病床四五十张。不难推测,北平协和医院和北京精神病疗养院设立社会服务部进行社会治疗的举措,对它有着重要影响;1950 年赴台,任台湾大学医学院神经精神病学教授,兼任松山锡口精神病疗养院院长;50 年代初向 WHO 总干事朱章庚先生提出成立世界精神卫生处,很快得到 WHO 的批准,并被任命为第一任处长;在 WHO 工作不久,即去美国堪萨斯州的 Topeka 重新任神经精神科住院医师,后升为主任医师;60 年代末在美国俄亥俄州成立弱智儿童精神病院,任院长;1972 年又在密歇根州立大学医学院(Michigan State University Medical School)任精神科教授;1986 年 6 月曾回中国大陆,在北京、成都、南京、西安等地讲学;1983 年在美国退休,1993 年 6 月 23 日病逝于得克萨斯州;著有《神经病学》、《动力精神病学》、《儿童精神病学》等。

④ 汤铭新,女,毕业于金陵女子文理学院社会学专业,留学美国,获文德弼大学社会学硕士、芝加哥大学社会服务行政学院社会工作硕士,回国后致力于儿童福利和特殊儿童问题研究(参见汤铭新:《婴孩福利与儿童健康》,《东方杂志》1925 年第 32 卷第 15 期;汤铭新:《儿童的低能问题》,《东方杂志》1936 年第 33 卷第 1 期。),在母校金陵女子文理学院社会学系任教期间,兼任儿童福利实验站主任。(参见:《作者介绍》,《社会建设》1948 年第 1 卷第 3 期。)

市南郊三所不同的小学中选择行为异常的约五十名儿童做个案研究,她发现,这些儿童的行为问题几乎全部由恶劣的环境影响所导致。这一研究结果坚定了汤铭新继续推进儿童行为指导工作的决心。①

1943 年美国援华会在成都成立基督教大学儿童福利人才训练委员会,协助成都各教会大学发展儿童福利人才训练的工作。于是,内迁至成都的金陵女子文理学院分别在社会学系和家政系设立儿童福利组,培养儿童福利专业人才。② 其中,社会学系儿童福利组由汤铭新教授主持,开设了《儿童行为指导》课程,课堂理论教学与实习场所的实践并重。③ 为了给学生提供儿童行为指导的实习场所,汤铭新设立儿童行为指导所。恰好该年秋程玉麐也来到成都,担任华西协和大学医学院神经科主任,同时讲授心理卫生课程。④ 程玉麐原为北平协和医院神经精神科医师,指导过北平市精神病院的医疗工作,对精神病社会工作的业务也很熟悉。他深知精神病预防工作的重要性,指出"精神病的发生有三种原因:第一是先天的遗传,第二是后天的磨炼,第三在社会上所受的影响即所选的职业和所处的社会环境是否合于心理卫生。""因此我们对于小学生的心理卫生,不可不特别注意,儿童如有不良行为发生,当详察其原因,注重个别训练。"⑤汤铭新与程玉麐商议后,两人决定合作进行儿童行为指导工作的研究和人才培养。他们刚开始只选择了几名行为异常的儿童,从事实际研究及处理工作。一年之后,效果显著,获得了社会的关注。1944 年秋该项工作被划为成都基督教大学儿童福利人才训练委员会实验工作,受到美国援华会儿童福利委员会的经济协助,还得以增添一名专任个案工作的社工作汤铭新的助理,工作范围也逐渐扩大。1945 年春,该所定名为"华西大学医学院金陵女子文理学院合设儿

---

① 汤铭新:《成都儿童指导所》,《家》1947 年第 12 期。

② 汤铭新:《南京金陵女子文理学院的儿童福利人才训练》,《儿童福利通讯》1947 年第 7 期。

③ 凌西岳:《金女大社会学系概况》,《社会工作通讯》1946 年第 3 卷第 3 期;汤铭新:《南京金陵女子文理学院的儿童福利人才训练》,《儿童福利通讯》1947 年第 7 期。

④ 《复员后之华西大学医学院》,《华西医讯》1946 年 3 卷第 3 期。

⑤ 程玉麐:《心理卫生与训育研究》,《国民教育》1940 年第 1 卷第 9 期。

童指导所"。①

儿童行为指导所通过对有孤僻、多动、习惯性说谎等表现的儿童进行心理和行为治疗,以加强精神疾病的预防和早期治疗。基于"欲使有行为问题的儿童,得到适当的处理,非由各种专门人才组织起来分工合作不可"的认识,儿童行为指导所里的工作人员由医学、社会学和心理学的专家组成。具体参加所里工作者,除华西协和大学医学院神经科的程玉麐等四位医师、金陵女子文理学院社会系教授汤铭新、助教林志玉及一些高年级学生外,还有金陵大学心理学系教师萧振华协助心理测验工作。②

在成都儿童行为指导所的具体工作中,精神健康社工的任务主要如下:

> 不论任何问题儿童,经过父母、教师、医师,或其他有关的个人或机关介绍后,先由精神健康社会工作员采用社会个案研究法,分别加以详细研究。譬如儿童个人的生活发展史,家庭背景,父母感情,父母子女兄弟姊妹间的关系,父母教育子女的方法,家庭经济状况,友伴活动和社会环境等,都在研究范围之内。社会个案研究完毕以后,由精神健康社会工作员斟酌情形,准备儿童作身体检查,精神检查或心理测验,但在以上各种步骤未履行前,精神病社会工作员应与儿童及其父母约定时间,举行访问,并详细解释各部检查或测验与行为指导工作的密切关系,以便使儿童及其父母乐意合作,而不致在被检查或测验时,发生恐惧或反抗的心理。一俟儿童的身体、心理、精神及社会各方研究完毕之后,则举行个案讨论会。先由小儿科医师,精神病理学家,精神健康社会工作员,神经科医师及心理测验者报告各方面研究的结果,然后讨论诊断与治疗的方法。如果儿童行为问题的重心是儿童本身的人格失调,或精神异常,则由精神病理学家负责治疗。如果儿童的行为问题与情绪或智力的发展有关,则归心理学家自行处理。如果儿童的行为问题是受了身体疾病的影响,则应由小

---

① 汤铭新:《成都儿童指导所》,《家》1947 年第 12 期;汤铭新:《儿童行为指导工作》,《儿童福利通讯》1947 年第 9 期;薛汤铭新:《儿童行为指导工作》,商务印书馆 1948 年版,第 8—9 页。

② 薛汤铭新:《儿童行为指导工作·自序》,商务印书馆 1948 年版,第 3 页。

儿科或神经科医师负责治疗。但在事实上，大多数儿童的行为问题，是受了恶劣的社会环境影响所致。譬如不良的家庭，学校，友伴及邻里的影响，都与儿童的行为问题有关。诸如此类儿童的行为问题，必须由精神健康社会工作员担负主要处理的责任。例如家庭关系的调整，适宜学校与学级的安置，友伴的选择，休闲的指导和兴趣的培养等，皆属儿童行为指导社会工作的范围。①

抗战胜利后，1946 年夏，程玉麐因工作原因离开成都，汤铭新随金陵女子文理学院复员南京，成都儿童行为指导所的工作结束。自 1943 年开始至1946 年 3 月底止，该所服务的儿童共有 60 名（男孩 43 名，女孩 17 名）。通过对这 60 名儿童进行整体分析，汤铭新发现儿童行为问题的成因主要有遗传、智能、疾病和环境四方面，其中"尤以环境为最重要。"②此处所称环境，指家庭、学校、及社会三方面而言。家庭环境影响有溺爱与偏爱、不健全家庭关系、管教子女方法不当、经济困难、父母不能以身作则、继母虐待、父母迁怒、管教过严、父母有病等；学校环境的影响有设备不周、功课太难或太易、教师不良、指导失当、转学或编级问题等；社会环境的影响有风俗陈腐、父母地位高尚、社区贫苦拥挤等。③ 社会工作者处理儿童问题兼用社会个案工作与社会集团工作（按：即小组社会工作）两种技术。个案工作最主要运用的是访谈法，社工首先与儿童本人、家庭、学校或其他有关的人接触与谈话获得充分的资料，然后用谈话的方法解决儿童的各类社会环境问题。谈话次数最多达八十六次。④ 为了诊断的科学性，社工还运用各类调查表格，同时对于个案工作流程的记录也十分完整、详细。在链接资源方面，社工为家庭贫困的儿童寻求营养食物、联系适宜的学校、争取学校老师和同学的帮助、提供一些必要的生活用具等等。小组社会工作强调社会化和教育的两种作用，目的是"发展个人对

① 汤铭新:《成都儿童指导所》,《家》1947 年第 12 期;汤铭新:《儿童行为指导工作》,《儿童福利通讯》1947 年第 9 期。
② 薛汤铭新:《儿童行为指导工作》,商务印书馆 1948 年版,第 29 页。
③ 薛汤铭新:《儿童行为指导工作》,商务印书馆 1948 年版,第 45—55 页。
④ 孙本文:《薛汤铭新著:〈儿童行为指导工作〉》,《社会建设》1948 年第 1 卷第 7 期。

团体的责任心,以及互助合作的精神"。① 共有十五个儿童参加了各种小组活动,如演说比赛、园艺劳作、木工土工、绘画、雕刻、打球、远足、参观展览等。②60 名儿童中,计有 42 名已结案,18 名未结案。在 42 名已结案的儿童中,"计有问题圆满解决者 10 名,大有进步者 15 名,略有进步者 5 名,低能问题不能解决者 4 名,交有关机关处理者 4 名,因社会资源有限,不能解决疾病及贫穷问题者 2 名,家庭不合作无法工作者 2 名"。③ 儿童行为指导所工作结束后,已到南京的汤铭新教授对于尚未结案的 18 个儿童,仍以通信方式继续处理。

对于儿童行为的指导工作,当时国内一些心理学专家多倡导从教育入手增进儿童心理健康。④ 成都儿童行为指导所的工作则是由几个相关学科合作,共同促进儿童的心理卫生运动,应该说是很前沿的。

成都儿童行为指导所的另一任务是培养专业儿童福利人才。金陵女子文理学院社会学系的学生们通过和医师们、心理专家们分工合作,可以实际体验她们在学校所修的《儿童行为指导》、《医药社会个案工作》、《儿童福利》、《社会个案工作》等课程的理论内容。⑤

三、南京儿童行为指导所

抗战胜利后,1946 年秋,汤铭新随金陵女子文理学院复员南京,儿童行为指导所工作开始在南京展开。该所在学校附近的琅琊路国民中心小学选择有特殊情形的儿童 50 余名,做个案研究和处理,同时还协助研究和处理本学院的儿童福利实验所及社会部儿童福利实验区第一儿童福利站中的有异常行为表现的儿童。⑥ 1947 年春,程玉麖医师在南京创办精神病防治院。儿童行为指导所与南京精神病防治院合作开办儿童心理卫生门诊,暂设于南京中央医

① 薛汤铭新:《儿童行为指导工作》,商务印书馆 1948 年版,第 60 页。
② 薛汤铭新:《儿童行为指导工作》,商务印书馆 1948 年版,第 63 页。
③ 汤铭新:《成都儿童指导所》,《家》1947 年第 12 期。
④ 肖朗、范庭卫:《民国时期心理卫生的理念和思想对教育学术的影响》,《社会科学战线》2010 年第 11 期。
⑤ 凌西岳:《金女大社会学系概况》,《社会工作通讯》1946 年第 3 卷第 3 期。
⑥ 汤铭新:《儿童行为指导工作》,《儿童福利通讯》1947 年第 9 期。

院门诊部神经科,每星期二、星期四下午均有儿童来所就诊。① "指导儿童行为工作,始有正式机构从事工作。"②

因此,这一时期南京金陵女子文理学院的儿童行为指导所工作分三个方面:"在小学校中的儿童行为指导工作,在儿童福利站中的行为指导工作,在医院儿童指导门诊内的行为指导工作。"③此三个方面的工作具体安排如下:

1. 每周分配一个工作日去南京精神病防治院,参加病案讨论会和儿童行为指导门诊工作。在门诊病童中,挑选有典型异常行为的儿童,进行心理的与环境的个案追踪研究与治疗。

2. 每周分配半个工作日去中央医院儿童保健门诊向家长解答有关儿童心理与教育问题。挑选有异常行为倾向的儿童,进行心理和环境的个案追踪研究。

3. 每周分配半个工作日去中央大学师范学院附属小学,与有关班主任共同研讨该班有异常行为的儿童的问题,并挑选其中问题较大的儿童,进行心理和社会的个案追踪研究和治疗。④

1948 年,因战事紧张,儿童行为指导所工作暂停,1949 年恢复,一直到 1951 年 9 月。1951 年年初,金陵女子文理学院和金陵大学接受中央教育部"两校合并为公立"的指示,开始进行合并。经过系科调整后,儿童福利组暂停招生,儿童行为指导所的工作从此结束。⑤

四、汤铭新著《儿童行为指导工作》

1948 年,汤铭新将自己在成都所做的儿童行为指导工作进行总结,写成《儿童行为指导工作》一书由商务印书馆出版。著名社会学家孙本文在当年的《社会建设》杂志上对本书进行推介,称其为"国内甚少"的"社会工作的文

---

① 薛汤铭新:《儿童行为指导工作》,商务印书馆 1948 年版,第 9 页。
② 孙本文:《薛汤铭新著:〈儿童行为指导工作〉》,《社会建设》1948 年第 1 卷第 7 期。
③ 汤铭新:《南京金陵女子文理学院的儿童福利人才训练》,《儿童福利通讯》1947 年第 7 期。
④ 王世军:《金大金女大社会工作专业沿革》,《南京师大学报》2001 年第 5 期。
⑤ 王世军:《金大金女大社会工作专业沿革》,《南京师大学报》2001 年第 5 期;张宪文主编:《金陵大学史》,南京大学出版社 2002 年版,第 503、507 页。

献中又增加了一本好书。"①全书分三编十五章,第一编"概述"分四章,陈述了儿童行为指导工作的意义、内容、程序和技术,以及在成都为 60 名儿童服务的总体情况。第二、三编以十一章的篇幅分别描述了十一个不同类型的儿童个案。

首先,汤铭新指出,"广义的儿童行为指导工作,是注意应该如何运用心理卫生的法则于一般普通儿童的身上,使能获得安定的生活,以发展其能力。狭义的儿童行为指导工作,是以行为异常的儿童为对象,运用科学知识和社会资源,研究及处理其在家庭中行为之所以异常,在学校中之所以不能适应,以及在社会上之所以有种种行为不端的产生,明了其症结所在,然后对症下药,作彻底的治疗,使其人格得以健全发展。"②

其次,汤铭新强调儿童行为指导工作需有不同专业的人士合作完成。她认为,儿童行为指导所的工作人员应聘有精神病医师、小儿科医师、心理学家、精神健康社会工作者,分工合作,共同完成儿童身体、精神、心理及社会四个方面的研究、诊断和治疗。具体地,精神病医师处理儿童的态度、情绪及儿童本人或其父母的人格失调问题;小儿科医师检查儿童的身体及治疗儿童的疾病;心理学家举行各种心理测验,如智力测验、人格测验、态度及职业与兴趣各测验等,并加以详尽的解释和适当的指导;精神健康社工,则负责个案研究与治疗,如调整儿童行为与环境关系等问题。儿童行为指导所的总负责人,可以由一位富有经验的精神病医师,或精神健康社工,或心理学家担任。③

对儿童行为指导所里各工作员的修养及训练要求方面,汤铭新提出两点:(1)首先应具备对人发生兴趣的特长,须有科学的精神和客观的态度。(2)小儿科医师、精神病理学医师、心理学者及精神健康社工都能做儿童行为指导工作,但除各人已有的专门技术训练之外,尚需受心理卫生与心理治疗的高深技术训练。④ 汤铭新之所以如此重视心理治疗技术,与当时社会工作理论的发展关系密切。20 世纪二三十年代社会工作经历了一个所谓的精神病学的洪

---

① 孙本文:《薛汤铭新著:〈儿童行为指导工作〉》,《社会建设》1948 年第 1 卷第 7 期。
② 薛汤铭新:《儿童行为指导工作》,商务印书馆 1948 年版,第 2—3 页。
③ 薛汤铭新:《儿童行为指导工作》,商务印书馆 1948 年版,第 10 页。
④ 薛汤铭新:《儿童行为指导工作》,商务印书馆 1948 年版,第 58—59 页。

水期,弗洛伊德成为社会工作理论模式的核心人物。紧接着兴起的"诊断学派"和"功能学派"仍是在精神分析学说的基础上建立起来的,旨在探索和解决案主的精神疾病。之后,心理动力论、认知理论、行为理论等使社会工作的理论基础获得长足进展,但仍然是以心理学为主体。[1] 据资深社会工作者吴桢回忆:"20 世纪四五十年代,社会工作者几乎都必须学心理学,对案主的调查也着重于案主的感情与感觉。在医药社会工作、精神病社会工作、青少年犯罪、儿童行为问题等领域,社会工作者都要与心理学者的合作,运用智力测验、心理测验、特殊才能测验等方法。"[2]

最后,汤铭新认为受指导的儿童通常以十二岁以下者为限,但在我国青少年行为指导工作未开展以前,十二岁以上至二十岁以下的青年也有享受指导的权利。[3] 对儿童行为指导工作机构的设置,汤铭新认为既可以是独立的,也可以附设于医院或有关机关之内合作办理。因为当时饱受战乱之苦的中国,经济力量已十分虚弱,加上专业人员的稀少,难以保证独立机构的设置要求。对于如何开展国内的儿童行为指导工作,汤铭新提出了三点设想:一是采用训练与实验合一的办法,即儿童指导所一边服务,一边培育人才,训练合格的人才再到各地普遍推行儿童指导工作。二是在各大学独立学院或师范学校里,给学生以心理卫生的训练,或设置暑期讲习会、儿童福利训练班,授以儿童行为指导工作的基本法则,以普及儿童培育的科学知识。三是采用公开演讲、电影播音、图画图书、报纸杂志等等形式,向一般民众普及心理卫生常识。[4]

第二编"分论"计分七章,历叙七个行为问题儿童的个案记录。这七个儿童的问题特征分别为:倔强怪僻学业成绩不良、逃学偷窃离家、有癫痫症状、懒惰逃学、不肯说话、有协识脱离症状、过分敏感胆怯心虚。每一个案均按下列顺序进行叙述:个案研究摘要;家庭背景;个人历史;个案诊断或行为问题成因的发现;行为问题的表现;行为问题的成因;个案治疗或处理。

第三编"个案记录举例"计分四章,列举了四名儿童的个案记录。每一个

① 何雪松:《社会工作理论》,上海人民出版社 2007 年版,第 5—6 页。
② 吴桢:《漫谈个案工作和个案分析》,《江苏社联通讯》1983 年第 3 期。
③ 薛汤铭新:《儿童行为指导工作》,商务印书馆 1948 年版,第 2—3 页。
④ 薛汤铭新:《儿童行为指导工作》,商务印书馆 1948 年版,第 13—14 页。

案均依照日期顺次记述,非常详尽。最后两个个案还附有个案讨论会记录,记录内容包括:(一)报告事项(社会个案研究史报告、智力测验报告、身体检查报告)。(二)讨论事项(案主行为问题的表现、行为问题的成因、个案治疗建议)。

该书末尾附《儿童指导所个案登记表》、《儿童家庭生活概况调查表》、《儿童异常行为调查表》、《儿童异常行为发展概况表》和《儿童指导所个案研究大纲》等件。

总之,《儿童行为指导工作》不是一本理论书,而是指导儿童行为的实地工作报告,书中篇幅最多的也是研究儿童行为的个案记录,翔实而有趣。孙本文评价道:"个案纪录详细切实,处处表现科学态度,又处处表现慈爱精神。全书行文流畅,引人入胜,可作社会工作方法书看,亦可作小说看。""凡研究社会工作社会行政以及一般研究社会学之人不可不一读此书。而且书中均系指导儿童行为的实录,凡一般知识家庭亦均宜常备此书,以便随时参考。"①

在该书付梓之前,汤铭新节选了书中两个案例在杂志上发表。② 其中第六章的案例《逃学偷窃离家的儿童》更名为《过失儿童的个案研究及其处理》,为了解当时儿童行为指导工作的服务理念和服务过程,笔者现誊录如下:

在有关儿童的科学知识尚未发达之时,社会人士把儿童与成人同样看待,认为儿童应与成人一样地负其行为的责任。所以儿童如有撒谎、偷窃、不道德、恶作剧等行为,致侵犯他人幸福,或违反社会安宁者,即称为犯罪。但自社会人士对于儿童的身心发展及环境与人类行为的关系有了科学的研究之后,凡儿童的行为有碍社会安全者,仅视为一种过失(Delinquency)。此类儿童即称为过失儿童(The Junevile Delinquente)。儿童的过失行为乃是其应付生活情况的一种方法。儿童在不良的或不恰当的社会情况之下,因缺乏欲望的满足或内在力量发泄的机会,容易在无意之中,作出许多令人不愉快或有害于社会的行为。但儿童在身心发育期中,

---

① 孙本文:《薛汤铭新著:〈儿童行为指导工作〉》,《社会建设》1948年第1卷第7期。
② 分别为:汤铭新:《不肯说话的儿童》,《家》1948年第29期;汤铭新:《过失儿童的个案研究及其处理》,《社会建设》1948年第1卷第3期。

不能有固定的思想，又缺乏远见，不知其行为的因果关系，不能辨别是非，所以儿童的不适当的行为，不能视为犯罪。

过失儿童的研究和处理，也是社会学者和社会工作者所感兴趣的一个题目，要想知道过失儿童的一般情形，如人数的多少，对于国家的耗费，对于家庭和社会的影响等，都可以采用统计方法，作各种数量方面的研究。但是要想彻底的知道过失儿童的详细情形，过失行为产生的原因，以及处理的办法，非采用社会个案研究和社会个案工作的方法不可。作者对于是项研究与工作极感兴趣，所以近五年来，在这一方面做了一些研究工作。现在愿在已研究的个案中，选出一个，摘要报告于下，希望各位专家指导！①

个案研究摘要

小金年十一岁，男性，生长山西乡村某镇，家庭份子有祖父母、父母、伯父母、姑母、姊弟、表史弟姊妹等。伯父及父亲均常年在外经商，伯父曾讨一位姨太太安置在舅父村中，伯母与祖母及母亲同居在家，祖父已于八年前去世，家庭现由祖母管理。祖母待母亲和小金姊弟甚为苛刻，母亲常于不得已时，暗地偷东西给小金姊弟三人吃，伯母对祖母不孝顺，与母亲亦无感情，姑母嫁后家境不旺，因为姑父不务正业，有抽大烟的恶习，曾亏用店主货款数十万元，以致拘禁在狱，至今尚未获释放，姑母生活无着，由是携带子女寄养娘家。

小金的父母间的感情亦不和睦，父亲曾读私塾数年，母亲不知教养子女的方法。小金五岁，母亲即逝世，小金姊弟三人遂由祖母抚养。祖母因病，亦沾有抽大烟的嗜好，又偏爱外孙，故对于小金姊弟三人的教养，非常疏忽。小金八岁，初次入学，就常有逃学以及偷别人儿童玩具的习惯。家中人对于此事均不过问。当九岁时，父亲与继母结婚，现在继母生有二女，长者五岁，幼者二岁，继母曾受初中教育，为山西有声誉的知识女子，但是继母过不惯婆家俭朴生活，常居娘家，继母偏爱自己所生的大妹，不爱小金，小金也不欢喜继母，甚至愿意刺死继母，也不爱大妹。

---

① 这部分内容是发表时所加。

　　三十二年(即 1943 年)九月父亲偕继母、小金及大妹三人来至成都。小金在火车途中,因为贪睡跌落车外,当时火车不能停驶。直到第二站,父亲方打电话请人将小金送回。然此时小金并未受伤,仅头部皮肤流血而已。自此之后,小金的行为即略有改变,态度就有呆板不自然的现象。抵蓉之后,父亲送小金至某镇中心小学读书,然小金常将书包送到学校,自己却溜至街上去玩。因缺课过多,被学校勒令停学,半月之久,小金既不愿开口讲话,又不愿帮助继母做事,总是跑到街上去玩。有一次偷了继母八十五元,因怕挨打,不敢归家,在某电影院居留二日。后来父亲将他找回,问他究竟愿作何事,他答应仍愿读书,于是今年春天父亲就托朋友之子带至别地,入某专科学校附小,作寄宿生,约有三星期,小金即开始偷窃同学的手电筒、钢笔、手表、银钱等物,被开除学籍。回家遭父亲痛打一顿,不到数日,又私自偷逃,昼夜不归,父亲又在某影院找回。此后在家曾偷继母三百元一次,偷父亲两百元两次,偷四百元一次,私逃数次。父亲不能管教,仍旧托朋友送至某专科学校附小,约二十余日,又复偷同学的衣物,学校又将小金送回,勒令父亲赔偿衣物。父亲对于小金,打骂劝导各种俱已用尽,仍不能解决小金的问题,父亲甚为愤恨。有朋友劝父亲将小金送入游民习艺所受训,又有朋友劝父亲送小金至华西医学院神经科检查,或系脑部因火车失事受伤,以致行为失常。

　　小金在医院神经科检查之后,医生认为小金的行为问题纯系环境不良所致,身体和脑部并未受伤。故医生将小金介绍至儿童指导所,作个别研究。自开始以来,迄今已逾二年,小金于三十三年四月初入实验小学,作三年级上学期寄宿生。初到校时,不爱谈话,行为呆板,宛如低能儿童。及至一月之后,小金的行为就大进展,星期日仍留校补课,补考各科均已及格。秋季升至三年级下学期。据学校所举行的陈氏图画测验结果,小金智商为九十五,又文字测验结果,其智商为七十三,则智力颇低,故阅读方面和算术成绩欠佳,但自入实小之后,体重增加,体力亦更为强壮。

　　三十四年暑假小金弟弟自山西来蓉,亦入实小读书,故小金除照顾自己而外,还须料理弟弟。兄弟二人留校住宿,因为一则为家中房屋不敷用,一则为实习功课。暑期本所派有实习工作员二人经常住校,负责指导课外活动,小金对功课仍不能发生兴趣,但欢喜学习工艺,在劳作比赛时用木质制造飞机一架,而获得全校第一名奖,又于同年儿童节举行小学生劳作比赛时,所作的木质军舰获得全市第一名,得奖金二千元。小金将奖金交给老师,请老师代购花瓶及糖果预备赠给继母大妹。自此以后,小金甚好活动,尤喜参加课外各种作事,又很热心公务,所以在校曾任儿童团长,但不喜参加演说及阅读等事,亦有艺术天才,且极爱好,所以每出刊物,都由他担任绘图一则。

小金读四年级上学期时,不能升级,闻知此讯,日夜忧虑,以致成疾。后经教务会议决定准其升入四下级,乃转忧为喜,极为愉快,并下决心用功。

三十五年一月学校迁回校址,学生皆不能留校住宿,因此小金亦须返家居住。是时继母有小妹,房屋不敷用,小金兄弟勉强留家度过寒假。在假期中,小金引带小妹弟弟照应大妹,全家也很有融融泄泄之乐,父亲和继母皆欢慰;尤其继母愉快非常,愿意另觅房屋留小金兄弟在家居住,作通学生。寒假小金未至指导所补课,因进步甚微,补考也未及格,春季仍留级四下。这二年来小金在各方面均获得极大进步,不但身体肥胖高大,而工艺亦有特殊进境,服务精神亦很美满,比如此次迁校,给予学校不少的协助,在家里又经常帮继母做事,与其未入校前的情形绝不相同,惟学业不够理想,此或与其兴趣及智力有关之故。

二、个案诊断或行为问题的发现

小金的逃学说谎离家等行为,经医生检查,决定不是身体及脑部的原因,又经工作员研究,乃知小金行为问题,由于下列各种社会原因综合而成。

(甲)小金幼小时,家庭环境恶劣,祖母待母苛刻,母亲常于不得已时,暗地偷东西给小金姊弟三人吃,又因祖母伯母及姑母间的彼此猜忌,此种不正常的行为,极易使小金模仿。

(乙)母亲常受祖母的压迫,父亲对母亲亦无感情,父亲又常年在外经商,故母亲终日苦闷,有苦无处诉,此种痛苦生活,小金难免不受影响。

(丙)小金上有大姊,长小金四岁,下有小弟,小小金三岁,在中国人情上,行列最长和最幼的儿童,在家易占优势,易受祖父母及父母的偏爱,行列在中间的儿童,在家易被轻视,不易受祖父母及父母的钟爱,此为小金不能获有满意家庭生活的一大原因。小金五岁时,母亲逝世,小金的感情更无处寄托,虽有祖母,但是祖母对他却很冷淡,且有抽大烟的嗜好,又偏爱表兄弟姊妹,更令小金心感不安。九岁时父亲与继母结婚,生了大妹,为父亲与继母所宠爱,而小金很爱父亲,但父亲的爱又被继母和小妹所夺,故小金之行为问题,是缺乏父母真爱的表现。

(丁)山西乡间生活固然简单,然家庭环境稳定,语言统一,小金的情感虽无处寄托,而物质生活,尚有保障。但是来成都之后,生活情形就复杂了,家庭环境与在山西就迥然不同了,语言不通,父亲及继母终日忙碌以及照料小妹,无心顾及小金,小金既无人注意,又无玩伴,其孤独情境,可以想见,故心境不安,不得不自寻办法,以报复父亲和继母,并求得自己生活的满足,小金偷窃行为的动机,于斯可见。

(戊)小金自在山西入学以来,未曾养成过每天上学的习惯,而来到成都,学校环境又新,又受语言的阻隔,小金既不知先生所讲为何,又不知读书方法,他不认识同学,同学也不认识他,既如此不能适应学校环境,当然愿意跑到街上去玩,自寻快乐,此足以表证小金逃避及补偿的作用。

(己)小金离开成都去某地专科学校情形更糟,不特感觉人地生疏,语言不通,而且终日不能遇见一个面目熟悉的人,加之在山西乡间时,又没看过如许华丽的衣物用具,一日见之,不禁心动而擅取同学的衣物银钱,以满足自己的欲望,也是人情之常,此其偷窃行为的另一动机。

(庚)小金在家既感受父母专爱小妹的威胁,而不爱他,自然觉得在家中无地位,宁肯偷逃,以脱离不满意的家庭环境,加之自有了偷窃行为之后,又怀畏惧之心,更不敢留居家中,这也是逃避现实的一个举动。

(辛)小金的入学年龄,已超过通常规定,因为受敌人蹂躏,未能按时顺利就学,迨至来蓉之后,自己也觉得年龄长大,不愿再读低班,成绩低劣,实为学业根基太差,学业没有基础,也是不肯向学的一个原因。其次,当然是智力不高。

三、个案治疗或处理

不良环境的影响既是小金行为问题的主要原因,则其行为问题的解决,自在从环境改善做起。小金受环境恶劣的影响,已是积年累月,根深蒂固,欲于短期内肃清,很不可能。故本案的社会治疗,须费时日,慢步施行,方能收效,兹将已施行的社会治疗程序,分述如下:

(甲)自开案之后,陆续举行访问,让父亲先叙述家庭详情,并由工作员作种种解释和建议,父亲万分感激,愿意绝对合作,所以此个案社会治疗的进展,极其顺利。

(乙)在最初几次访问小金个人时,小金不肯讲话,故工作员仅能自观察中探获小金的态度和情绪,但是工作员总本着不责罚,不批评的态度,循循诱掖,接受小金所表示的一切情绪,经过几次之后,小金才愿意说话,才发出内心的愤恨。

(丙)小金自己愿意读书,父亲也希望小金能继续求学,惟苦于无适当的学校可进,工作员遂与某实验小学接洽,请求学校特别通融,准许小金入学作寄宿生,但小金入学试验成绩欠佳,只能读二年级,小金年已长大,不愿再读低级,于是又请学校准其插入三年级上学期试读。初入学时,校长和老师们皆认为小金低能,经工作员再三解释,校长和老师始同情小金的遭遇,并愿采用个别方法,教导小金。月余之后,小金在校生活,有大进步,当工作员至校访问时,小金态度,都很亲密快乐,并且说学校生活很好,星期日他不愿意归家,只望父亲来看他,小金星期日在校补课,因为他系四月初上学,缺课太多,经过补习,各科补考都能及格,升入三年级下学期,在四上时,功课也补考,勉强及格,但在四下,功课就赶不上班了,以致留级一学期。小金现时身体肥大强壮,精神活泼,并能说一点笑话,已往各种行为问题,都未复发,由此可见他进步之迅速,前途大有希望。

(丁)小金与父亲继母及大妹四人间的感情,需要改善。因为小金迟早要回家居住。小金幼小,父亲常年在外经商,所以他们父子的情感,并不密切,工作员在访问时,曾暗示父亲应该常去看小金,多带小金出外游览,使小金觉得父爱可贵,能够如此,才可以巩固他们父子间的情感。工作员亦常访问其继母,并且也暗示继母采用新式方法,教养大妹。现在小金的父亲继母大妹等间的感情,已渐好转,小金在家也能帮助继母一臂之力,故继母屡有迁居计划,迁住一所较大的房屋,好叫小金兄弟留家居住,既可保持家庭乐趣,又可得他们兄弟的帮助,不致有寂寞之感。

(戊)父亲悔恨自己失学,因之对小金的期望很殷切,预备送小金入大学,但工作员知道,小金的智力有限,未必能达到他父亲理想,故在访问时,曾暗示父亲对小金的希望不必过大,小金的造就最好根据他本人的才能和兴趣发展。由二年研究结果,判断小金有艺术天才,有工艺技术能力,故建议父亲,在小金读完初中之后,升入职业学校,比较合宜。

(己)去年暑假小金住校,有工作员指导课外活动,组织曙光团,由小金任团长,颇能热心公务,爱护各团员无微不至,但不愿意参加歌唱及演讲活动,经工作员耐心指导,才稍有兴趣。如今对讲演虽不肯自动参加,但颇健谈,其所避免演讲,是怕做文章,不过现在与以前的情形比较,对于集团活动的兴趣,已大有进步。

(庚)指导所与学校取得联络,予小金以个别的指导,培养正常行为,免除一切寂寞,小金又很欢喜与校长接近,所以很能养成优良品德。

(辛)小金初入实小,因为语言不通,学业根基有限,所以成绩较差,经过工作员予以个别指导,并且为他补课,因此行为与学业都有进步,同时工作员亦暗示父亲多注意其功课,务使努力读习,不致贪玩荒惰。

(壬)小金在初入学时,尚具有极大的自卑心,以为万事不及人,在家在校俱无地位,自从制造木船及飞机,获得第一名之后,又自奋兴,欢喜参加各项活动,故工作员建议学校尽量予以创造机会,使其有能力表现,不致精力浪费。学校对此很表赞同,且能合作。此次迁校,小金即能充分表现其做事能力,予学校以相当的协助。

(癸)小金在家,无人照顾,环境寂寞,工作员访问父亲和继母,建议他们当予以关切的爱护,且须给予他在家庭作兄弟的地位。现在小金已知道自己在家庭的地位,上承父亲与继母之责任,下顾诸妹弟,更能协助继母料理家务,对继母及妹弟的态度,也就非昔可比了。寒假时,学校迁移校址,校长特地邀请小金帮忙,予以极端信任,小金也勇于服务,给予学校不少的协助,于是得有表现能力的机会,更得有许多师长光荣的赞美,所以他兴高采烈,工作员在访问时也多次提出小金的光荣,以促进其自信心的增长。

四、结论

本个案自民国三十三年四月四日开始,至三十五年四月二十二日结束,历时二年。在此期间,本所工作员与小金家庭及学校负责人接触和会谈共计八十六次。每次访问时,工作员均以诚恳的态度,真挚的同情心,从容不迫,深入个案情景之中。及至与各方面的关系密切后,再作解释,再来调整困难。小金初来本所,常沉默寡言,经工作员几次的友谊接触,小金才愿意发泄其内心的紧张情绪,流露各种真我的表现。他的父亲对本所的建议以及各种的解释,均能赞同,并愿绝对合作。他继母最初尚不明了小金行为问题的症结所在,持漠不关心的态度,待工作员数次解释之后,方才了解小金的行为问题是与环境有关,才愿意调和他们父子间的感情,自己并愿与小金树立友谊情感。此外实验小学校长,对于小金也很同情,亦愿极力帮助,使小金能够慢慢地适应该校生活,所以不到半年,小金的各种行为问题,均已获得圆满解决。但是天资鲁钝,入学年龄又迟,所以学业进行不能尽如理想。经过二年来的指导,小金的手工艺及绘画天才,均被发现,并且有充分发展的机会。故小金的学业成绩虽差,却能获得绘画天才的地位。本个案之所以有如此圆满的结果,乃由于小金本人和他的家庭以及学校能充分与本所合作之故。

第三节　成都市立精神病疗养院

一、成都市立精神病疗养院的成立

1936 年北平协和医院神经精神科医生程玉麐应南京中央大学医学院邀请,任该医学院神经精神科教授及科主任。1937 年抗战爆发,程随中央大学西迁到成都,担任华西大学、中央大学医学院、齐鲁大学医学院、北京协和医学院合办的联合医院神经精神科教授及科主任,并在医院内科病房设精神病床。① 1941 年,中央大学医学院独立设立附属医院,称公立医院,程玉麐又在该院创建精神病房,设病床 15 张。程玉麐教授看到成都有很多精神病人流落街头,得不到医治,多次向成都市政府卫生处要求建立一所精神病院。1943 年底,成都市政府提供经费,在文庙前街何公巷建立成都市精神病疗养院,程玉麐推荐他的学生刘昌永医生任院长,与华西协合大学联合创办。中央大学医学院附属公立医院精神病室的病人移入该院,同时精神病室也被撤销。成都市立精神病疗养院里"有普通病房一大间,收容男病人。特等病房三间,有两间为女病房,此外有隔离室两间,共可容病人三十。"②

二、与成都各大学社会学系的合作

成都市立精神病疗养院不仅作为华西协和大学医学学生的实习基地,也是成都各大学社会学系学生的实习场所。如华西协和大学"社会系学生林仪初,以她所学的社会学、心理学、伦理学等知识和精神科刘昌永医师合作,对于治疗精神病人起了良好作用。"③

该院又与金陵女子文理学院及燕京大学社会系联络,各校社会系学生在此作个案工作实习。实习期间,有新病人入院即由学生负责调查一部分病人之社会生活史,与其家属谈话。若有病人已痊愈而需要随访者,也由学生到其家庭中拜访。④ 每星期三由程玉麐领导病人讨论会,由精神病医生、华西大学医学院实习医生、金陵女子文理学院、燕京大学社会学系师生分别提供材料意见,共同诊治被讨论者之病症。⑤ 医院里除了医生,还有护士及助理护士各二

---

① 陈一鸣:《缅怀精神医学的先行者程玉麐先生》,《临床精神医学杂志》2010 年第 1 期。

② 孙珍方:《分裂性精神病个案之社会分析》,燕京大学社会学系毕业论文,1945 年,第 14—15 页。

③ 华西校史编委会:《华西医科大学校史(1910—1985)》,四川教育出版社 1990 年版,第 125 页。

④ 孙珍方:《分裂性精神病个案之社会分析》,燕京大学社会学系毕业论文,1945 年,第 17 页。

⑤ 孙珍方:《分裂性精神病个案之社会分析》,燕京大学社会学系毕业论文,1945 年,第 15—16 页。

人,办事员、助理员等数人①,并无社会工作机构或社会工作人员的设置,因而治疗效果并不是十分理想。据调查,"在治疗方面,有 17 人应用胰岛素,22 人为休养及普通治疗,3 人未治即出院,其余则无记载。治疗结果记录更不完全,无法与治疗方法参照。其注明已愈者,男 4 人,女 2 人;有进步者男 2 人,女 3 人;无效者男 5 人,女 4 人,其他皆无记录。"②记录的不完整反映了医院对病人医护工作的缺乏,故社会学系学生认为"担任此项工作者,应除医师护士外,更有社会工作员之加入方可。"③

1948 年刘昌永赴加拿大 MacGill 大学进修精神病学,成都市精神病院则因经费困难而关闭。

第四节 南京精神病防治院

一、社会服务部的设立

抗战胜利后,程玉麐向卫生署署长提议在南京建立一所公立的精神病院,获批准。卫生署长指派程玉麐在南京中央医院先设一个病房收治精神病人,并作为教学基地,直属卫生部。1947 年 3 月,程玉麐借用中央医院内后面的一排平房即第十四病房成立专门病区收治精神病人(也称"14 病区"),设床位 50 张,挂牌为"卫生署神经精神病防治院",并任首任院长。根据《卫生部南京精神病防治院组织规程》规定的"本院设下列各科室:一、心理卫生科;二、精神病科;三、神经病科;四、作业治疗指导室;五、药剂室;六、护理室;七、病人服务室;八、事务室。……病人服务室设主任一人,服务员一人至三人。"④该院设立社会服务部,主任由金陵女子文理学院社会学系汤铭新教授

---

① 孙珍方:《分裂性精神病个案之社会分析》,燕京大学社会学系毕业论文,1945 年,第 17 页。

② 孙珍方:《分裂性精神病个案之社会分析》,燕京大学社会学系毕业论文,1945 年,第 57—58 页。

③ 孙珍方:《分裂性精神病个案之社会分析》,燕京大学社会学系毕业论文,1945 年,第 58 页。

④ 《南京神经精神病防治院院志(1947—1985)·附件 3:〈卫生部有关组织章程令〉》,南京航专印刷厂印制,第 101 页。

担任,成员有助教林志玉、郑咏梅①、傅玲②、李美生、段淑贞、邱景华等,均为金陵女子文理学院社会学系毕业生。③

二、开辟"生物—心理—社会"医学模式

中央医院第十四病房南侧有小块绿地,为病人活动场所,男女病人分住东、西两个大病房,中间为起坐室。④ 南京精神病防治院病室完全采用新式科学方法管理,病人一般可以毫无约束地自由活动。处于狂躁兴奋中的病人,医院为了避免妨害他人,才加以隔离。有的病人有自伤自残行为或脱光衣服时,医院会给病人穿上一种特制的衣服,加以预防。⑤

1977 年,美国著名精神科医生恩格尔首次提出革命性新医学模式,明确提出世界闻名的生物医学模式向"生物—心理—社会"医学模式结构转型理

---

① 郑咏梅(1923—?),女,四川省荣昌县人,1946 年金陵女子文理学院社会学系毕业,1947 年到南京精神病防治院工作,主要从事儿童精神病临床医学社会工作;1984 年担任该院儿童心理卫生研究中心行为指导室副主任,中国心理学会、中国心理卫生学会、中国社会学会员;发表《儿童行为障碍的处理及 17 年随访观察 1 例报告》(《中华神经精神科杂志》1982 年第 1 期)、《儿童神经性呕吐的心理治疗和 23 年的随访观察 1 例报告》(《中华神经精神科杂志》1982 年第 3 期)等。(参见《南京神经精神病防治院院志(1947—1985)》,南京航专印刷厂印制,第 84、114 页。)

② 傅玲(1924—?),女,云南省昆明市人,1947 年金陵女子文理学院社会学系毕业后到南京精神病防治院工作,主要从事精神病临床医学社会工作;1952 年后,负责精神病工娱治疗;1984 年任该院研究所流行病学研究室副主任,中国心理学会、中国心理卫生学会、中国社会学会员;著有《精神病工作和娱乐疗法》(人民卫生出版社 1955 年版),参加编写《精神病学》教科书工娱治疗部分(江苏出版社 1960 年版),参加编写《中国医学百科全书·精神病学》有关部分(1982),发表《社会学工作者在精神病临床工作中的作用》(《中华神经精神科杂志》1983 年第 6 期)、《医疗保健中的社会工作》(《江苏省社会学会通讯》1984 年第 1 期)等。(参见《南京神经精神病防治院院志(1947—1985)》,南京航专印刷厂印制,第 84、114、115 页。)

③ 《南京精神病防治院》,《红十字月刊》1948 年第 33 期;唐培根口述、王春芳整理:《回忆往事 开拓未来——南京脑科医院建院前后 二、对半个世纪前人和事的回忆》,《临床精神医学杂志》1996 年第 6 期;陈学诗:《初期的南京脑科医院》,《临床精神医学杂志》1997 年第 5 期;陈学诗:《忆前"14 病区"》,《临床精神医学杂志》2004 年第 2 期;郭沈昌、陈学诗、伍正谊、许律西:《缅怀前辈 开拓未来——忆我国神经精神病学奠基人程玉麐教授》,《临床精神医学杂志》2000 年第 4 期;陈一鸣:《缅怀精神医学的先行者程玉麐先生》,《临床精神医学杂志》2010 年第 1 期;《南京神经精神病防治院院志(1947—1985)》,南京航专印刷厂印制,第 3、4 页。

④ 《南京神经精神病防治院院志(1947—1985)》,南京航专印刷厂印制,第 4 页。

⑤ 《南京精神病防治院》,《红十字月刊》1948 年第 33 期。

论。1980 年我国《医学与哲学》杂志率先刊发恩格尔的文章,首次向中国医学界和公众介绍这一最新观点。[①] 而实际上,20 世纪 40 年代南京精神病防治院的医疗工作最突出的特点即实行了"生物—心理—社会"医学模式,病区中的患者除了接受生物治疗外,并接受合理的、良好的心理治疗和社会治疗。医院"门诊部设精神病、神经病、成人心理卫生、儿童行为指导四科,还设有药剂室、作业治疗指导室、护理室、病人服务室、事务室五室。精神病及神经病二科为就诊患者作初步检查,病轻者即在门诊施行治疗,如须住院者,则收留住院,作进一步之检查及治疗。心理卫生科专为解答心理卫生问题,除为病人作智力、人格等项测验外,并与以适当指导及心理治疗。儿童行为指导科专为问题儿童诊查行为异常之因素,并指导父母处理的方法。"[②]金陵女子文理学院社会学系助教林志玉每周两次到该院参加儿童心理卫生门诊工作。医院对临床心理学也很重视,设有心理工作室,主任为心理学界著名的丁瓒教授,下有黄坚厚[③]、许淑莲、王景和等心理学工作者。[④] 病房内开展胰岛素休克治疗、心理治疗、社会治疗和工作娱乐治疗等。

医院每周举行病人个案讨论会,"由医师护士,社会服务员,及心理卫生员等分别报告,分析讨论,确定病原,以资治疗。"[⑤]每周召开病例讨论会时,先由社会工作员报告患者的社会史,包括家族史、个人史、现病史,十分详尽。接着由心理学专家报告心理测查所见,医生报告病史,然后大家展开讨论,分析病案,确定诊断,作出治疗计划,由各有关部门协同配合治疗。社会工作者除了负责病人个案史搜集和家庭访问,参加病案讨论,还为出院病人联系恢复工

[①]　[美]恩格尔著:《需要新的医学模式:对生物医学的挑战》,黎风译,《医学与哲学》1980年第 3 期。

[②]　《南京精神病防治院》,《红十字月刊》1948 年第 33 期。

[③]　后到台湾任台湾心理学会主席。

[④]　《南京神经精神病防治院院志(1947—1985)》,南京航专印刷厂印制,第 4、39 页;陈学诗:《忆前"14 病区"》,《临床精神医学杂志》2004 年第 2 期;陈学诗:《初期的南京脑科医院》,《临床精神医学杂志》1997 年第 5 期;郭沈昌、陈学诗、伍正谊、许律西:《缅怀前辈　开拓未来——忆我国神经精神病学奠基人程玉麐教授》,《临床精神医学杂志》2000 年第 4 期。

[⑤]　《南京精神病防治院》,《红十字月刊》1948 年第 33 期。

作及争取社会福利支持等。① 此外,医院同仁还捐助基金,设病人福利基金委员会,为病人购置娱乐用具、杂志书报等。医院每周四开病人娱乐会一次,每月开扩大娱乐会一次,还邀请已痊愈出院的患者返院参加,借以观察其精神状态是否正常。在南京精神病防治院各位同仁的努力下,取得良好的医治效果。据1948年住院治疗结果统计,35%的病人痊愈,30%的病人有进步,35%的病人无进步。② 据院史介绍,"该院当时开展的胰岛素休克及电休克治疗、心理治疗、社会治疗和作业娱乐治疗等,代表着国家水平。"③当事者后来回忆时有如下评价:

> 当时病区中的患者除了接受生物治疗外,并接受合理的、良好的心理治疗和社会治疗。实际上当时已实行了"生物—心理—社会"医学模式。14病区的工作人员、医生、护士、心理工作者、社会工作者的队伍如此强大,这在我国近数十年来精神病临床工作中也是罕见的。……该病区的精神病房临床管理是世界水平的。④
>
> 疾病都有其原因,这病因有三方面:生物原因、心理原因、社会原因。三分之一多一点是生物学方面的,三分之一是心理原因,三分之一少一点有关社会原因。在西方国家,早就提出在综合医院的"联合会诊"(consultation-liason)。即治疗疾病的方案,须由心理工作者以及社会工作者参与一起制定,这是针对疾病的三方面的原因,其疗效自然比单从生物学方面考虑的效果为佳。前金陵女子大学的社会系,当时由汤铭新教授任系主任,设有医学社会学课程,社会系学生要学这门课程。毕业后有些毕业生到医院工作,很有成就。如南京中央医院、南京神经精神病防治院(现南京脑科医院)。后者有心理系毕业生参加,著名心理学者丁瓒先生

---

① 陈学诗:《忆前"14病区"》,《临床精神医学杂志》2004年第2期;《南京神经精神病防治院院志(1947—1985)》,南京航专印刷厂印制,第4页。
② 《南京精神病防治院》,《红十字月刊》1948年第33期。
③ 南京脑科医院编:《南京脑科医院院志(1986—1996)》,南京河海大学印刷厂1997年印,第2页。
④ 陈学诗:《忆前"14病区"》,《临床精神医学杂志》2004年第2期。

也参与中央医院的临床心理工作。医生、社会工作者、心理工作者配合得很好。①

三、社会服务部的撤销

1947 年 3 月到 10 月底,南京精神病防治院接待门诊病人 2159 人次,住院病人 177 人次。患者来全国各地,如上海、汉口、重庆、广州、北平等。② 于是,民国政府拨款 3 亿元,按 120 张床位设计,在南京广州路随家仓建设南京精神病防治院新址。1949 年初医院初步建成(即现南京脑科医院),占地 11 亩,包括一幢病房、行政楼及门诊部,以及宿舍、厨房、食堂等。搬入新址的南京精神病防治院的社会服务部仍由汤铭新教授兼职领导,林志玉、郑咏梅、傅玲负责日常工作,后又有邱景华、王明生、徐耀宣等人加入。心理学专家丁瓒教授、许淑莲、陆雪南女士负责临床心理学科的具体工作。③

南京解放前夕,因时局混乱,经费无着,病人相继出院,医院几乎无人管理,留下的职工靠变卖部分物资维持医院开支及职工生活。1949 年 5 月,医院被解放军第二野战军派军事代表接管。1950 年,医院直属华东军政委员会卫生部,改名"华东精神病防治院"。除程玉麔、黄坚厚、林志玉等人外,其余原班人员在 50 年代初继续开展儿童行为指导及个案社会工作。④ 1951 年 9 月,医院改属南京市卫生局领导,易名"南京精神病防治院"。1952 年 7 月 1 日,中国共产党南京精神病防治院支部委员会建立,同时撤销护理部、社会服务部和心理工作部。⑤

---

① 陈学诗:《新的医学模式浅谈》,《健康心理学杂志》2002 年第 6 期。
② 《南京精神病防治院》,《红十字月刊》1948 年第 33 期;《南京神经精神病防治院院志(1947—1985)》,南京航专印刷厂印制,第 4 页。
③ 洪士元:《中国现代精神医学的渊源》,载袁根清:《回归自我——精神心理临床札记》,复旦大学出版社 2008 年版,第 2 页。
④ 陈学诗:《初期的南京脑科医院》,《临床精神医学杂志》1997 年第 5 期。
⑤ 《南京神经精神病防治院院志(1947—1985)》,南京航专印刷厂印制,第 6 页。

第九章　伤残康复医院的社会工作

在医学领域中,疾病发生后告一个稳定的段落,可能留下后遗症或造成身心的障碍,如何让病人剩下来好的部分与残留功能发挥到最好的程度,让他能够回到家庭,回到社会,回到工作,让他能独立自主的生活,这就是康复医学的实质意义。最早的康复医学概念起源于20世纪10年代,美国陆军的军事基地医院为伤患官兵设置相关机构开始康复工作。一战后,为解决大量伤兵残障问题,康复医学获得成长。在20世纪40年代,二战造成更多的伤兵残障,如何帮助他们重新回到社会,带动了康复医学的进一步发展。康复医学强调整体的医疗,除了疾病的医治,还包括心理、社会、家庭、工作与环境的适应等层面。因此,社会工作者也在康复医疗中占据了一席之地。

我国的康复医学和康复社会工作的产生与抗日战争期间大量的伤残军人的出现关系密切。20世纪40年代,康复医学由欧美传入中国。"康复"(Re-habilitation)一词在民国时期译为"复健"或"重建"①,如后文将提到的复健学组、南京伤残重建院和上海伤残重建服务处等,即为伤残康复的研究、治疗和服务的机构。在这些机构中,资深社会工作者邹玉阶、宋思明担任教官和机构领导,并对伤残康复社会工作进行了理论和实务探索。

---

① 目前中国台湾地区仍称"复健",香港地区称"复康",大陆称"康复"。

第一节　荣誉军人的康复社会工作

一、"虽残不废"运动

在抗日战争中,由于武器装备的差距和相对单调的战术,国民党军在与日军的激烈交锋中,往往付出沉重的伤亡代价。有学者研究,抗战时期国民党军队中的荣誉军人及其家属总数约占当时国统区总人口的 3%。① 1941 年 5 月 1 日,国民政府为了尊重伤兵为国做出的贡献,改称"伤兵"为"荣誉军人"。② 为了有效管理伤残军人,中央设立荣誉军人管理处。③ 一般情况下,各战区荣誉军人管理处所辖的机构种类包括后方医院、兵站医院、收容所、休养院和重伤医院各若干。④ 但是在医院里,荣誉军人寻衅滋事却屡屡发生。"在每次发了饷以后,医院里就有许多伤兵聚众喝酒和赌钱。……输了钱的伤兵就去偷别人的东西卖钱,甚至发生其他种种不法行为。"⑤他们轻则"纠众滋闹机关或公共娱乐场所,纠众斗殴或无理要挟长官";重则"聚赌、贩私、伤害、烟毒、奸、盗等"。⑥ 更有甚者,聚众为匪。据调查,伤残军人的去向主要有两类:一是利用自己的荣军身份从事烟赌为业,二是投身于秘密社会——从事帮会活动。⑦ 一些军人今天"都是捍卫国家的战士。但明天——或者今天晚上,他们把枪口对着自己的同胞,要他们献出金帛或美女来,他们完全是土匪。"⑧"提起伤兵几乎是谈虎色变,民众对于伤兵的印象也很坏,流行着'伤老爷'的尖刻讽

---

① 姜迎春:《由救恤到保障:抗战时期国民政府的伤残军人的服务型抚恤探析——以国统区荣军教养院为中心》,《民国档案》2011 年第 1 期。

② 李江:《本战区荣誉军人管理机构之回顾与前瞻》,第七战区荣誉军人管理处编:《荣誉军人问题与意见》,广东伤兵之友社 1941 年印行,第 1 页。

③ 由伤残军人管理处改名而来。

④ 李江:《本战区荣誉军人管理机构之回顾与前瞻》,第七战区荣誉军人管理处编:《荣誉军人问题与意见》,广东伤兵之友社 1941 年印行,第 1—2 页。

⑤ 《伤兵医院诸问题》,《抗战三日刊》1938 年第 55 号。

⑥ 王敬敏:《荣誉军人违纪和犯罪的处置》,《陆军经理杂志》1942 年第 4 卷第 3 期。

⑦ 左国祥:《抗战荣军应有合理的组织》,《残不废月刊》1947 年第 1 卷第 11 期。

⑧ 朱新繁:《中国农村经济关系及其特质》,重庆新生命书局 1939 年版,第 23 页。

刺的称谓。"①

医院里的荣誉军人滋事原因大致有三:"一、前方将士浴血抗战,艰苦备尝,一旦负伤,因血流过多,脑袋及神经受猛烈刺激,心理已复畸形状态,而沿途交通工具缺乏,救护难周,医疗与看护亦多未能尽善,伤病员兵精神上难获安慰,惟性情温和者,变为暴躁,软弱者变为强硬,情绪自不免于烦躁,每易发生反感,一经刺激,遂致出轨范而不自知。二、各院管理人员对于伤病员兵心理,不甚明了,多存畏怯与敷衍,管教既无严密方法,遂致应付失当,任其自生自灭,伤残战士之心,顿起骄傲,每易滋生事端。三、医院管教训育,似欠严密,每因一二人之感情冲突而演出重大事态,此乃管教不善所致,如果加紧调导,则滋闹事件,自然减少。"②针对上述情形,有识者认为医院除了严格管教外,还应该做到"注意改善给养及治疗看护等法,并设置各种俱乐部,予以身心之安慰及精神之调剂,同时派遣宣慰队员分赴各院多作精神训练,代为服务,激发其忠勇报国之思想,使之潜移默化,趋于正轨。"③

抗战全面爆发后,国民政府在《抗战建国纲领》中提出:"救济战区难民及失业民众,施以组织与训练,以加强抗战力量。"普通残疾人的职业康复也上升为国家战略,在收容残疾人的救济院所内,职业康复开始开展起来。④ 如重庆市政府即饬令市救济院改"残废所"为"残废教养所",以达"凡我国民,均应利用废物、废人,俾增加抗战力量,巩固后方⑤。在此背景之下,针对战争中的伤残军人的"虽残不废"运动得以开展。对于有一定劳动能力的荣誉军人而言,最根本的出路是重谋职业,回归社会。

有"荣军之父"之称的段绳武先生就主张积极推行荣军就业工作。1938

---

① 曹聚仁:《伤兵问题》,《抗战三日刊》1938年第49号。

② 陈万翘:《怎样预防伤兵的滋事》,第七战区荣誉军人管理处编:《荣誉军人问题与意见》,广东伤兵之友社1941年印行,第8页。

③ 陈万翘:《怎样预防伤兵的滋事》,第七战区荣誉军人管理处编:《荣誉军人问题与意见》,广东伤兵之友社1941年印行,第9页。

④ 秦孝仪:《中华民国重要史料初编——对日抗战时期》(第四编),中央文物供应社1988年版,第50页。

⑤ 重庆市档案馆、重庆师范大学合编:《中华民国战时首都档案(第三卷)·战时社会》,重庆出版社2008年版,第294页。

年,段绳武出任军委会后勤部政治部中将主任,全面负责全军伤兵工作。他在重庆高滩岩、唐家沱设立了后方医院和重伤兵医院,并采取了以下五项具体措施:一是设立伤兵招待所。从作战前线每15公里设一招待所,向后一直延伸到后方医院。二是成立政治大队,通过各种艺术形式,到各地伤兵医院慰问演出,开展代写书信等各种服务。三是成立伤兵教育委员会,聘请社会知名人士编辑伤兵读物数百种,扫除伤兵文盲。四是建立荣军职业协导会,以便积极推动荣誉军人就业。五是设立监理员室,旨在防止后方医院、残废教养院的贪污、剥削及医疗事故的发生。① 他提出:"伤兵教育当为伤兵问题之中心,而教育之道,首在使负伤者早日健愈,乐于归队,残废者能另谋职业,自营生活,虽残不废。"②1940年5月段绳武发起组织荣誉军人职业协导会以推动荣誉军人就业,还经国民政府军委会通令全国各地设"荣军职业协导会"。

1940年2月,伤兵之友社总社在重庆成立,宗旨是唤醒全国民众爱护受伤将士,支援抗战。总社聘请孔祥熙、宋美龄、陈立夫、谷正纲等36人为理事,推定孔祥熙为理事长。各地积极建立分社,到1947年各地分社已达151家。③ 伤兵之友社早期主要是在医院为伤兵进行各类服务,具体包括生活护理、营养、娱乐、教育、募捐等,只开展少量促进荣军生产的工作。④ 1943年3月,总社另行组织"荣誉军人生产事业委员会",广泛展开"虽残不废"运动。⑤ 7月26日,社会部部长谷正纲应"伤兵之友"社总社演讲时,要求总社把工作重心转移到"虽残不废"运动上来。孔祥熙也做了《倡导"虽残不废"工作之重要》广播讲话。1944年,时任军政部荣誉军人总管理处处长的魏益三在对第一盲残院荣誉军人的讲话中也强调:"要使一般伤状不同的同志们各得其所,分别设院收容,从事各种生产工作,使各位还有机会共同担负建国建军的重大责任,再造光荣。……所以替你们设备了适当的课程,使你们每一个人学得一

---

① 苟兴朝:《抗战时期的"虽残不废"运动》,《文史杂志》2007年第5期。
② 《段绳武先生年谱》,《残不废月刊》1947年第1卷第7期。
③ 伤兵之友社总社编:《新生活运动促进总会伤兵之友社总社七年来工作简报》,伤兵之友社总社1947年出版,第7页。
④ 广西伤兵之友社编:《伤兵之友》,广西伤兵之友社1940年版,第8—10页。
⑤ 伤兵之友社总社编:《新生活运动促进总会伤兵之友社总社七年来工作简报》,伤兵之友社总社1947年版,第2页。

种技能,仍然能够去服务社会,贡献国家。"①与此同时,诸如《中央日报》、《国民公报》、《时事新报》等各大报社均纷纷发表社论、短评以及特写,为"虽残不废"运动大事宣传和鼓动。

伤兵之友社的"虽残不废"服务内容具体包括荣军商店、荣军识字教育、荣军职业训练、荣军职业介绍、荣民生产合作社、荣军垦殖区、荣军子弟生产教育。荣军生产事业委员会除指导监督各休养院、临时教养院组织荣军生产合作社,代为征募专款、贷给结资金外,还开设职业训练班,教以生产技能。②1944 年 3 月,伤兵之友总社扩大组织,增聘农产促进委员会、中国工业合作协会、中国红十字会矫形外科中心、荣誉军人职业协导会为委员。1945 年,总社还接办了段绳武建立的荣军职业训练所。上述各组织进行了明确的分工合作,具体如下:

伤兵之友社总社:经费筹募、荣军福利、贷款、组办合作社、办理工厂农场。

荣誉军人职业协导会:技能训练、职业介绍、接洽工作。

中国工业合作协会:工业技术训练、组织合作社。

农产促进委员会:农业技术训练、农场经营。

中国红十字会:假肢安装、矫形医疗。③

二、荣誉军人的康复社会工作

因为资料所限,此处仅以原北平协和医院社会服务部资深社工宋思明和邹玉阶为例进行叙述。

七七事变后,宋思明即离开北平精神病疗养院南下到红十字总会工作,为抗战服务。1940 年中国红十字总会会同军政部创设了矫形外科中心,宋思明任中心主任。基于"英勇健儿,杀敌成残,国家虽有恤典,然而断肢残臂,失夫生活机能,在人力所能挽救者,亦应设法助其复健"的理念,红十字总会矫形

---

① 魏益三:《对第一盲残院荣誉员兵训词》,《荣誉军人月刊》1944 年第 3 卷第 3 期。

② 伤兵之友社总社:《新生活运动促进总会伤兵之友社总社七年来工作简报》,伤兵之友社总社 1947 年版,第 8、16 页。

③ 伤兵之友社总社:《新生活运动促进总会伤兵之友社总社七年来工作简报》,伤兵之友社总社 1947 年版,第 15、16、17 页。

外科中心延揽专家,于治疗而外还装置义肢,并予以各种职业训练,使"残而不废"。① 长沙会战期间,宋思明在红十字会伤兵后方医院从事伤残康复工作。据其子宋冠立回忆,宋思明很善于使用社会工作中的个案方法,他不仅教会一些残疾伤兵们掌握某种手艺,比如缝纫、染纱、制鞋等,并且还聘用技术人员来教习伤兵们,使他们可以自谋生计,甚至还可以养家糊口,真正达到了社会工作中助人自助和增能赋权的状态。②

　　抗战期间,为了短期快速训练医务人员,红十字会救护总队队长林可胜③倡议成立卫生人员训练所。1838 年 6 月战时卫生人员训练所成立,简称卫训所,各地成立分所后,改称卫训总所。1939 年春,卫训总所和中国红十字会总会救护总队迁至贵阳附近的图云关。当时卫训总所的附属医院叫"战时军用卫生人员训练所实习医院",1944 年改称贵阳陆军医院,仍为卫训所的实习医院。因为卫训所的建制比一般医学院要大得多,学科也更加齐全,医院因此"可称是 40年代抗战后方一所设备先进、人才济济的正规教学医院"④。卫训总所成立了18 个不同的学组进行教学和服务,分别是组织、内科、外科、妇产科、儿科、防疫、矫形外科、X—射线、护理、眼耳鼻喉、理疗、物理、生物、生理、生化、环境卫生、微生物和复健学组。复健学组负责伤残军人的康复工作,主任由邹玉阶⑤

---

　　① 行政院新闻局编:《中国红十字会》,行政院新闻局 1947 年印行,第 10 页;又见中华民国红十字总会编印:《中华民国红十字会战时工作概要》,1946 年内部印行,第 8 页。
　　② 常聪聪、彭秀良:《被遗忘的社会工作专家宋思明》,《团结报》2015 年 12 月 17 日,第 6 版。
　　③ 林可胜(1897—1969),生于新加坡,祖籍福建,毕业于英国爱丁堡大学医学院,获博士学位。1924 年回国后,受聘为北平协和医学院生理学系主任、教授,"为协和医学院第一个华人教授",在协和服务的 12 年中,成为协和医学院三人领导小组成员之一,执行院长职务。毫无疑问,他对协和医院社会服务部的工作应该有较深的了解。抗战爆发后,林可胜担任中国红十字会总会总干事兼总会救护总队长奔赴前线救援,并领导成立了卫训所。
　　④ 杨锡寿:《回忆贵阳陆军医院》,《贵阳文史资料选辑》(第 22 辑),1987 年印刷,第 168、169 页。
　　⑤ 邹玉阶,1921 年在岳州湖滨学院获文学学士学位,1925 年在燕京大学获神学学士,1928年起至北平协和医院社会服务部工作,担任梅毒门诊的个案员;由于其对医院社会工作的丰富经验,40 年代应社会部的邀请,与宋思明合著《医院社会工作》,成为我国第一部有关医务社会工作的专著。(参见:《北平协和医院第二十二次报告书》,1930 年,第 61 页;[美]Ida Pruitt 著,谷晓阳译,甄橙、刘继同校审:《北平协和医院社会服务部 1927—1929 年度报告》,《社会福利(理论版)》2014 年第 5 期。)

担任,教官为宋思明。① 因为卫训总所主要教学人员大都来自红十字会②,所以宋思明兼任卫训总所复健学组的教官,邹玉阶也在红十字救护总队里担任社会服务指导员。③ 邹玉阶与宋思明曾同时在北平协和医院社会服务部工作,此时两人再次合作,一边指导训练受训人员学习如何进行康复服务,一边实际从事伤残康复服务工作。他们"征集各地伤残的荣军予以职业训练,补习教育,按其肢体残缺情况,予以训练,分缝纫、制鞋、织袜、藤工、木工、园艺、化工如制肥皂鞋油等班,并教以算术、识字及组办合作社等课目,学成后都可自立谋生或成家立业,退役为民。这样不知道减少了国家多少负担,增加了无穷的抗战力量,自己也直接间接得到不少知识。……到了蛮烟瘴地的贵阳,与荣军并肩种起菜来的时候,举凡播种施肥,除虫松土,都要自己下手,眼看着手植的菜蔬欣欣向荣,结成瓜果,真有说不出的高兴。"④

抗战胜利后,1945 年 12 月红十字会救护总队部由贵阳图云关"全部迁渝"⑤,与行政院救济总署合作办理民众医疗救济工作,红十字会工作重心由战时救护转向社会服务。贵阳陆军医院改名为贵阳总医院,由联勤总部领导,红十字会的专家先后离开贵阳。⑥ 邹玉阶到南京筹办南京伤残重建院,宋思明到上海担任伤残重建服务处副主任,继续从事伤残康复社会工作。

第二节　南京伤残重建院

一、筹设南京伤残重建院

抗战结束后,面对战争造成的大量残疾民众,国民政府计划在全国设立五

---

① 薛庆煜:《在贵阳图云关的红会救护总队》,《贵阳文史资料选辑》(第 22 辑),1987 年印刷,第 44 页。

② 姚仁里:《红会救护总队与卫训所的培训关系》,《贵阳文史资料选辑》(第 22 辑),1987年印刷,第 156 页。

③ 施正信:《回忆图云关》,《贵阳文史资料选辑》(第 22 辑),1987 年印刷,第 78 页。

④ 宋思明:《从事伤残重建工作所得的经验》,《教育与职业》1949 年第 205、206 合期。

⑤ 《工作动态》,《红十字月刊》1946 年第 1 期。

⑥ 杨锡寿:《回忆贵阳陆军医院》,《贵阳文史资料选辑》(第 22 辑),1987 年印刷,第 175 页。

所伤残重建医院。南京伤残重建院作为第一院,拟最先创立。① 1946 年上半年,行政院善后救济总署、联合国善后救济总署中国办事处、伤残康复工作专家与社会部会晤,议定南京伤残重建院应从速创立。8 月,《申报》连续报道:"已聘美籍专家十人,正在来华途中"②、"联总并允拨大批活动房屋为院舍,地基现已在中央医院附近勘测中,俾在医疗方面能与该院切实合作。"③《大公报》也宣传道:"院址正勘测中,该署已电请联总在美代聘伤残重建专家十余人来华服务,并订购价值数万万元之各种最新式伤残重建仪器,预计本年十月间可全部运到。"④实际上,1947 年 1 月南京伤残重建院筹备处才成立,负责修建房屋,拟定工作计划,接受行总所拨物资。⑤ 邹玉阶被社会部任命为筹备处副主任,后为代主任。⑥ 5 月 13 日,南京伤残重建院尚在建设中,社会部又任命邹玉阶为院长。⑦ 直到该院迁至台湾前,邹玉阶一直担任院长一职。对于此项事业,邹玉阶指出:"重建二字的意义就是说:应用各种有关的治疗和训练去克服残疾病患者身体上遭受的困难,重新恢复或获得其工作能力,心理健康,俾达于自立自助的境界,不再为家庭社会累赘之谓。"⑧同时,他满怀信心地表示:"新的事业带来了我们新的工作精神,但愿南京伤残重建院在工作上的成就,能替中国社会工作界写下辉煌的一页。"⑨此外,南京伤残重建院还担负着重要的示范作用。社会部社会福利司司长张鸿钧在南京伤残重建院筹备处讲话中,就提出了对该院未来的希望:"(一)使它能真正服务伤残民众;(二)使它能有积极的示范作用;(三)使它能训练起有关重建工

① 《内政部南京伤残重建院呈报筹设及迁院概况》,第二历史档案馆,档案号 12-3884。

② 《伤残难民福音》,《申报》1946 年 8 月 21 日,第 2 版。

③ 《伤残重建中心院决定在首都设立 联总允拨大批活动房屋为基舍》,《申报》1946 年 8 月 24 日,第 2 版。

④ 《伤残重建中心院 行总委社会部代办》,《大公报》(天津版)1946 年 9 月 1 日,第 2 版。

⑤ 邹玉阶:《筹设中的南京伤残重建院》,《社会工作通讯》1947 年第 4 卷第 9 期。

⑥ 《为送配给我院物资领条暨运费南京伤残重建院筹备处的公函》,南京档案馆,档案号 1012-1-31。

⑦ 《为函达邹玉阶院长就职日期的公函》,南京档案馆,档案号 1012-1-44。

⑧ 邹玉阶:《筹设中的南京伤残重建院》,《社会工作通讯》1947 年第 4 卷第 9 期。

⑨ 邹玉阶:《筹设中的南京伤残重建院》,《社会工作通讯》1947 年第 4 卷第 9 期。

作的人才;(四)使它能负起伤残重建工作技术辅导,或业务推广的责任。"①

1947年2月,筹备处借明故宫中央医院地址建木房九间,开始办公。4至7月间先后在光华门外中和桥左侧购地七十亩作为建筑医院基地。到1948年2月,共建成大型活动房屋两幢,小型活动房屋十七幢,瓦房八幢,修整原有茅屋五幢,同时还修筑了院门外马路三十七丈,铺设了院内汽车道和人行道,疏挖沟渠,种植树木。1948年9月,社会部又拨金元券五万元修建了业务大楼,面积94平方米,12月底建成。②

南京伤残重建院在业务方面筹备设立四个工作部门,其中包括社会工作组:

(一)医务组:掌理一般的医护事项,如体格检查,看护病人等项工作。

(二)物理治疗组:掌理各种物理治疗事项,俾患者经过适当的光疗、热疗、水疗、或电疗的结果,身体健康方面能有进步。

(三)职业训练组:掌理各项职业及手工艺技能训练,伤残用具制造技术训练,以及有关的职业训练等事项。

(四)社会工作组:掌理个案调查,就业指导,职业介绍以及保持重建院和外界有关机关各医院、学校、社会工作机关的密切联系等事项,病人在院中的生活情形,出院就业情形亦由其督导。③

此外,为了开展职业训练和职业治疗,还成立了伤残用具制造厂和各种手工艺实习工场,由专家负责指导训练,供病人工作实习。④

当时南京伤残重建院工作所需的器材都由行总供给,协助工作的专家顾问也由行总罗致,行政及事业经费由社会部负责解决。1947年2月至12月,南京伤残重建院从行总共领到医疗用品、机器、工具、生产原料等三千余件,旧汽车五辆。1947年7月,购买办公室及疗养室用桌椅、床、柜、橱、架等七百余

---

① 邹玉阶:《筹设中的南京伤残重建院》,《社会工作通讯》1947年第4卷第9期。
② 《内政部南京伤残重建院呈报筹设及迁院概况》,第二历史档案馆,档案号12-3884;又见《为本院迁移至光华门外中和桥20号新址办公的函》,南京档案馆,档案号1012-1-44。
③ 邹玉阶:《筹设中的南京伤残重建院》,《社会工作通讯》1947年第4卷第9期。
④ 《社会部南京伤残重建院附设南京伤残用具制造厂组织规程(1948年7月7日社会部颁布)》,《社会建设》1948年第1卷第4期。

件,其余物理治疗、工业治疗所需的特种伤残用具如单背椅、肩胛器、踝节、膝节各种运动器及各种工作抬架等二百余件。这些特种用具,都是南京伤残重建院自行设计,雇工制造的。光疗、水疗、电疗及各种肌肉活动治疗器械如太阳灯、水疗器、红外线灯、短波治疗器也都有所装配。此外,伤残用具制造厂还由行总配拨了所需的机器和工具等,如车床、钻床、插床、虎钳、卡钳等。1948年5月起开始配制假手、前膊、上膊、全膊、小腿、大腿等义肢,定制支架、拐杖、脊椎支架、助行走支架、肘关节活动器、固定器及外科器材等。①

南京伤残重建院不仅各种设备先进,工作人员种类也较齐全,拟聘包括医师、护士、干事、教师、技师、技工、技术员和雇员共七十余人。② 同时,该院还在报纸上刊登招聘启事,委托上海职业介绍所"征求成衣技工一位,以能裁制西装及中山装者为合格,又制鞋技工,能使用机器制皮鞋帮及配鞋底各一位,待遇月薪八十元,按照南京生活指数发给,日用品配给同公务员。"③到1948年底,工作人员已发展至140余人。在工疗方面,聘请了英籍专家金玖玫女士担任设计,"制备织毯、纺织、织绸、编结等工具,按工疗原理使伤残患者运用其伤残形体,恢复其精神机能,以为受职业训练的基础。"④

二、伤残康复服务内容

《社会部南京伤残重建院组织规程》第一条称"社会部为使伤残人民获得身心治疗,并恢复其生产技能与健全之生活及训练伤残重建工作人员,特设南京伤残重建院。"⑤该院的具体工作目标有三:"(1)主办伤残重建工作,使伤残人民虽残而不废,俾能自力更生,重入社会服务。(2)实验伤残重建之方法,辅导各省市伤残重建工作之设施。(3)培养伤残重建事业干部人才。"⑥

---

① 《内政部南京伤残重建院呈报筹设及迁院概况》,第二历史档案馆,档案号12-3884。
② 《社会部南京伤残重建院组织规程(1948年7月7日社会部颁布)》,《社会建设》1948年第1卷第4期。
③ 《社会服务·征求人才》,《申报》1948年6月24日,第7版。
④ 《内政部南京伤残重建院呈报筹设及迁院概况》,第二历史档案馆,档案号12-3884。
⑤ 《社会部南京伤残重建院组织规程(1948年7月7日社会部颁布)》,《社会建设》1948年第1卷4期。
⑥ 《内政部南京伤残重建院呈报筹设及迁院概况》,第二历史档案馆,档案号12-3884。

1948 年 5 月起南京伤残重建院开始办理门诊,同时收容伤残者住院治疗。① 因为荣誉军人有政府专门设立的教养院,所以南京伤残重建院不接受荣誉军人住院治疗。虽然原则上有需求的伤残者都可以申请住院治疗②,实际上根据社会部核准通过的《南京伤残重建院住院治疗规则》,除部分伤残者由社会部核准移送至南京伤残重建院外,其余来院要求住院治疗者都需要经院审核。"凡伤残人民自请住院治疗者,须先填具申请书,经本院调查检验并审查合格核准后始得入院。凡伤残人民由各机关、法团移请住院治疗者,应先备正式公文,附列名册,详载年貌、籍贯、家庭状况及伤残缘由、治疗经过送由本院审查检验合格后通知入院。"③伤残患者有下列情事之一者,则不予住院:

(1)经诊断毫无重建希望者。

(2)年在十六岁以下或五十岁以上者。

(3)吸食鸦片、吗啡或其他代用品者。

(4)患法定传染病者,或残疾未愈仍需前期治疗者。

(5)无故拒绝本院合法调查或检验者。

(6)[?]而情节重大者。

(7)治疗后身心健全技能恢复者。

(8)经本院介绍职业者。

经院查验合格,得优先住院治疗的伤残患者包括:(1)年富力强者;(2)有高度能力或有高度潜伏能力易于启发者;(3)治疗易致成效者;(4)预测将来有希望者;(5)出征军人家属。住院治疗的伤残患者,医院按照患者的伤残程度及医疗程序,分别施以物理治疗、工业治疗、职业训练及装配假肢外,还要接受各种智能训练,然后再到附设的伤残用具制造厂、或手工艺训练班,或该院特约工厂实习。身心都已恢复,经该院介绍职业后出院的患者,仍需要接受该院的院外辅导。贫穷无力的伤残患者可以申请免费进行住院治疗。④ 计至

① 《内政部南京伤残重建院呈报筹设及迁院概况》,第二历史档案馆,档案号 12-3884。
② 《南京伤残重建院开始治疗工作》,《社会建设》1948 年第 1 卷第 3 期。
③ 《社会部抄发南京伤残重建院住院治疗规则》,南京档案馆,档案号 1012-1-4。
④ 《社会部抄发南京伤残重建院住院治疗规则》,南京档案馆,档案号 1012-1-4。

1948 年 12 月止,先后收容住院患者 50 余人,门诊施诊 600 余人。① 此时因为战局影响,南京伤残重建院被迫迁移。

三、迁徙流离至台湾

1949 年 1 月,社会部令南京伤残重建院迁移到广州河南新港路 154 号前广东第一育幼院内。南京伤残重建院和附设工厂的工作人员原为 140 人,当时准留 64 人南迁。从 1 月 23 日起,南京伤残重建院的各项物资和人员分批南迁。当时广东第一育幼院已经停办,所有房屋院舍全归南京伤残重建院使用。到达广州后,由于社会部已占用了广东第一育幼院,只分配给南京伤残重建院空房四幢,祠堂一所。由于地方狭小,加上物价飞涨,经费不足,南京伤残重建院的业务无法开展。② 到了 6 月,时局对国民党政府更加不利,内政部③遂令该院迁往台湾。南京伤残重建院及所属人员退至广州时,人员已缩编至员工 64 人,役 16 人。此时进一步规定:所有迁移台湾员工最多留用原编制员额的四分之一,即要求缩编至员工 35 人,役 6 人,其余遣散。④ "台湾省政府"指拨台湾社会服务处原址为南京伤残重建院迁台院址。⑤ "内政部"一次性拨付该院五个月经费,其中两个月用作迁台运输费和开办费。迁台后,南京伤残重建院需自给自足,业务以配制义肢为主。⑥

邹玉阶赴台后,1951 年台湾大学医院成立社会服务部,他出任该部的首任主任。⑦

---

① 《内政部南京伤残重建院呈报筹设及迁院概况》,第二历史档案馆,档案号 12-3884。
② 《内政部南京伤残重建院呈报筹设及迁院概况》,第二历史档案馆,档案号 12-3884。
③ 由于社会部被裁撤,南京伤残重建院移交内政部接管。
④ 《内政部南京伤残重建院呈报筹设及迁院概况》,第二历史档案馆,档案号 12-3884;又见《南京伤残重建院请拨发员工薪饷、遣散费等各项经费的有关文书》,第二历史档案馆,档案号 12-2796。
⑤ 《内政部南京伤残重建院等房屋租赁及修建的有关文书》,第二历史档案馆,档案号 12-3854。
⑥ 《内政部南京伤残重建院呈报筹设及迁院概况》,第二历史档案馆,档案号 12-3884。
⑦ 林万亿:《当代社会工作:理论与方法》,台北五南图书出版股份有限公司 2006 年版,第146 页。

第三节　上海伤残重建服务处

一、上海伤残重建服务处成立

1947 年 6 月 1 日，行总拨款七千万元，委托中华职业教育社在上海华龙路成立上海伤残重建服务处，主任由中华职业教育社副总干事何清儒担任，宋思明任副主任①，后升为主任。② 该服务处还聘请热心社会服务人士及专家组织顾问委员会，顾维钧夫人为顾问委员会名誉主席③，成员包括行总、市政府、军医署、联合国机构代表及社会人士，另由顾问委员会推举三人组成常务委员会辅导该处工作，上海市卫生局长张维、行总代表刘德伟女士、联合国机构代表三人被选为常务委员。④

上海伤残重建服务处被设定为"一永久性之伤残服务机构，专为伤残人民服务，协助其医药治疗，并施以各种训练，期其残而不废。"⑤工作对象除一部分退役军人外，多数是伤残市民。这种性质的服务机构，在国内尚属首创。故时人有云："上海为欧美文化入口总枢纽，一切均得风气之先，关于伤残心理矫正，生理医疗，器官肢体安装，医学界新发现，科学异新应用，均较内地获得为早……敬望上海伤残重建服务处，后来居上，除彼此密切联系外，更盼时赐南针，以匡不逮。"⑥

---

① 《行总拨款办理两种福利事业：儿童福利与伤残服务 在沪设立永久性机构》，《福建善救月刊》1947 年第 5 期；《上海伤残重建服务处》，《教育与职业》1947 年第 203 期。

② 宋思明在 1947 年 10 月号的《家》杂志发表《儿童法庭听审记——美国观感》一文时，作者介绍为"行政院善后救济总署上海伤残重建服务处主任"。

③ 《伤残重建处·聘定顾维钧夫人为名誉主席先协助跛足者予以职业训练》，《大公报》（上海版）1947 年 6 月 22 日，第 4 版。顾维钧夫人在美国设立特别委员会为上海伤残重建服务处募捐。（参见《赞助伤残重建处·顾维钧夫人在美捐募》，《申报》1947 年 10 月 6 日，第 5 版。）

④ 《安老恤残·成立伤残重建服务处·行总委托职教社办理》，《大公报》（上海版）1947 年 5 月 24 日，第 5 版。

⑤ 《伤残重建处·聘定顾维钧夫人为名誉主席先协助跛足者予以职业训练》，《大公报》（上海版）1947 年 6 月 22 日，第 4 版。

⑥ 本会同人：《祝上海伤残重建服务处成立》，《残不废月刊》1947 年第 1 卷第 6 期。

二、伤残康复服务内容

上海伤残重建服务处下设总务、指导、介绍三组,各组均有组长以及干事。总务组负责会计、采购、保管等日常事务;指导组负责残疾人登记、治疗、康复、心理测验等事项;介绍组负责残疾人职业训练、就业介绍、统计参考等事宜,职员均在大学接受过高等教育。[①]　具体服务情况如下:

(1)调查登记:因为服务对象仅限于居住上海的市民,须本人到该处报名并接受相应的审查,合格者方予以登记并得到相应的服务。年龄过小或过于老迈、不便于接受训练者皆不接受,已经瘫痪或者残疾程度过于严重而康复困难者,也将被搁置。"凡来该处之上海伤残市民要求登记者,本处即按所定简约询问合格者,即指定专人和其谈话,并将其出身、伤残经过、工作经验、家庭关系等均予详细登记后,再照登记之各项另派专人负责详细调查。"[②]到1948年1月时,已登记伤残市民62人。[③]

(2)心理测验:为了了解已登记伤残者的心理情况、兴趣爱好和智能高低,该服务处还备有不同的仪器工具对伤残者进行心理测验,作为将来职业训练时的参考和根据。

(3)身体治疗与康复:该服务处并非收容伤残人士的机构,其主要工作是联系各公私团体、医院、工厂或商店设法安置伤残者,因而介绍他们到医院检查身体也必不可少。上海市卫生局指定本市市立三所医院免费为该服务处介绍的伤残病人服务。[④]　残疾人士可以到这些医院免费检查身体,如果查明身体患有疾病,可以享受优待医疗,不仅医药费全免,如果伤残者确系贫寒之人,住院费亦可相应减免,或者由伤残重建服务处补助一部分伙食费。在该服务处成立之初的半年时间内,共有10名残疾人住院治疗,其中7人完全免费,3人仅出伙食费。[⑤]　在体力恢复方面,安装假肢非常重要。服务处还在辅助用

---

① 王安:《民国时期残疾人康复服务机构回顾——基于上海伤残重建服务处的史料》,《残疾人研究》2014年第3期。
② 《上海伤残重建服务处》,《教育与职业》1947年第203期;上海伤残重建服务处:《社会福利事业的创举:伤残重建服务》,《残不废月刊》1947年第1卷第6期。
③ 《伤残重建服务处添办机械木工班》,《申报》1948年1月26日,第4版。
④ 《上海伤残重建处近况》,《行总周报》1947年第59、60期合刊。
⑤ 《上海伤残重建服务处》,《教育与职业》1947年第203期。

具方面上为残疾人提供了不少便利。1948年有15名残疾人装配或修理假肢,两名残疾儿童获得了服务处购买的拐杖。① 如服务处来了一右腿截断的伤残人,非拐杖则寸步难行,给他装了假腿后,即能骑自行车到缝纫班取送货物了。但是,因为服务处成立较晚,行总已将大批物资拨给社会部南京伤残重建院,其中装配假肢的机件材料全部拨给了该院,使服务处的工作"大受影响"。②

(4)职业辅导与训练:该服务处根据残疾人的伤残情况、治疗康复和智力水平等情况帮助其选择职业,或者使其接受专门的职业训练作为就业的准备。"按其体力能力适于某种职业,再与之相商……或视其本人社会关系,指导其种种方法,自谋职业。如有得业而复有失业者,再行辅导其就业,如伤残者原做小工艺,因无资金而歇业者,则设法使其复业。"③当时行政总署还拨给服务处多部缝纫机供训练使用,因此服务处与其他社会团体及个人等合办残疾人职业训练班,一为与基督教普益社合小伤残训练班,一为与顾树森夫人合设的缝纫班,教授缝纫和制造玩具的技能,还有伤残者寄在合作机关受其他训练,如机械制鞋等。④ 后又与中华职业学校合办机械、木工两个培训班。⑤ 平时,上海伤残重建服务处定期派人前往普益社监督训练工作,与学习者个别谈话,并且留有相关记录以备查核。⑥ 缝纫班的学员们对于学生装、中山装、工装、童装乃至中式男女衣服均能缝制,手工精细,颇得好评。为了调动学员们的工作积极性,缝纫训练班在月底按照个人成绩发给工作奖金。该服务处同中华职业学校合办的机械、木工两个训练班附属于职校实习工场,受训者入校时须觅具妥保,填写保证书,受训学费免收,食宿由残疾学员自行设法解决,其他费用由伤残重建服务处负责。有关训练、管理事宜则统一归中华职业学校处理。

---

① 《上海伤残重建处工作记录簿》,上海档案馆,档案号Q548-1-137。

② 宋思明:《从事伤残重建工作所得的经验》,《教育与职业》1949年第205、206期合刊。

③ 《上海市社会局关于伤残重建服务处注册登记等文件》,上海档案馆,档案号Q6-9-298。

④ 《上海伤残重建服务处》,《红十字月刊》1948年第29期;《上海伤残重建处近况》,《行总周报》1947年第59、60期合刊;《上海伤残重建服务处》,《教育与职业》1947年第203期。

⑤ 《伤残重建服务处添办机械木工班》,《申报》1948年1月26日,第4版。

⑥ 《中华职业教育社关于伤残处儿童福利促进会,合办伤残儿童训练组,伤残儿童名单,伤残机构一览表伤残重建处名单,伤残重建处近况的文件》,上海档案馆,档案号Q548-1-131。

学员受训期满后由伤残重建服务处代为介绍职业。①

　　根据已有经验,宋思明提出为伤残者选择职业训练时应注意:第一,凡有一技之长者,如体力许可的话,最好能加以利用,不必另开新业。第二,年龄在四十以上者②,即使没有技能也无须再行训练,而是给他找一份普通工作。如果年龄适当,还须看他身体的缺陷程度来决定训练科目。第三,进行智力及性能的测验,并要详细调查他的社会背景,取得其家庭或主管的合作。第四,有的伤残者平常在家里不是受歧视就是受特别爱护,其心理不是太自卑就是太自傲,不易与人相处,在训练班中也常与人争吵殴斗。对这类伤残者,应指导其选择与物接触的工作。此外,宋思明还呼吁给予伤残者入学深造的机会,利用学校训练伤残者。职业训练的形式分为集体训练和个别训练。在职业训练的同时,服务处还注重同时开展普通教育。如服务处曾在上海南市开办缝纫培训班,参加的伤残人士每星期都要腾出一定时间读书,接受文化教育。结业后他们组成两家成衣铺,除了做手工以外,他们还能记账、写工作记录。就是因为在缝纫训练时,服务处的会计和文书每天给他们上课,使他们掌握了各项综合技能。服务处的做法不是只教手艺,结业后只能为他人打工,而是可以发展自己的事业。职业辅导与训练中,宋思明十分重视个案工作方法的运用,"此种工作应行先从小处着手,可按个案工作方法,以一个伤残人为一个单位,按其所需予以重建使能自立谋生。"③

　　鉴于前来登记的残疾儿童较多,伤残重建服务处与上海儿童福利促进会合作在上海慈善团养济院创办"伤残儿童职业训练班"。先开设一缝纫班,1948 年 3 月 1 日开学,食宿等完全免费。开办费用和经常训练费由伤残重建服务处和上海儿童福利促进会共同负担,而残疾儿童的食宿费用则由养济院供给,伤残重建服务处只补助少许杂费。上海市的伤残儿童都可以申请参加,但要经过上海伤残服务处的考选,才能受训。④

---

① 《上海伤残重建服务处材料》,上海档案馆,档案号 Q548-1-378。
② 根据国民政府的规定 45 岁以上为老人。参见常云平、陈英:《抗战时期大后方老人之社会救济初探——以重庆为例》,《重庆师范大学学报》2009 年第 2 期。
③ 宋思明:《从事伤残重建工作所得的经验》,《教育与职业》1949 年第 205、206 期合刊。
④ 《上海伤残重建处设立儿童职业训练班》,《儿童与社会》1948 年第 1 期。

（5）职业介绍：登记的伤残者中具有工作能力的，该服务处即为之介绍职业。1947年下半年，该服务处共介绍五名残疾人就业，其中一人右腿截断，系大学毕业，已介绍至中华补习学校充任会计教员，一人充当纱厂女工，一人充任聋哑学校教员，一人充任机关文书，另一人系右臂截断，充该服务处工友。到了1948年，被介绍职业的残疾人的人数上升为二十人。凡是经由服务处帮助而获得职业的残疾人，服务处还将为其提供职业支持服务，一方面，访问雇主了解工作情况；另一方面，访问残疾者本人以便随时解决他在工作中所可能遇到的困难，切实提高工作效率。另外，服务处对残疾人自主创业也给予了尽力支持。如有几名残疾人开办服装店，服务处不仅给他们发放补助金，还将普益社缝纫班的各种缝纫工具借给他们使用。

（6）心理疏导：除了肢体康复和职业康复，上海伤残重建服务处也积极开展劝慰安抚工作，开导残疾人既不要因残疾而悲观失望，丧失进取的动力；也不要存有依赖心理，以为自己伤残了，就可以事事依靠别人，进而丧失应有的独立性，以期使残疾人能够稳定情绪、拥有乐观积极的心态。

（7）其他：对于登记的贫苦伤残者，该服务处视其个人收入及家庭情况，给予补助。如登记的58人中，补助医车费及住院时的营养费者计13人，发给旧衣鞋袜者记58人，补助两名青年伤残者的入学费用，给贫苦伤残儿童发放奶粉。①

三、伤残康复方法

抗战胜利后，宋思明曾赴美国考察残疾人康复工作，看到当时美国的伤残服务机关都采用个案方法，各大学也正大量训练个案工作人才，他更确信个案工作方法在伤残康复工作中"占极重要的地位"。个案工作采用个别化的原则看待他的服务对象，"他的工作第一就是要明白有什么东西来搅扰一个伤残的人，是因为他缺少一只腿吗？是他家人对他歧视吗？是经济困难吗？是失业吗？还是雇主将解雇他？一个伤残的人连带发生问题，是不知道有多少，

---

① 《上海伤残重建服务处》，《教育与职业》1947年第203期。

个案工作以诊断为最重要,也就是这个原因。"①上海伤残重建服务处在工作方法上也采用个案工作方法,步骤同样包括调查、诊断、治疗及善后处理。调查即全面了解残疾人个体的情况和服务需求,然后根据残疾人个体的具体情况,进行有针对性的伤残康复服务。宋思明根据数年工作的经验,强调"利用技术性及带有宗旨的会谈方法,以达到所要的目的。……一切未来的工作,全看会谈成功与否来决定。"②

> 工作员要从大外着眼,小处着手,尽力得到所有有关的消息,此种个案工作,对于辅导伤残人是很有用处的。具体的说来这些消息是:1.申请服务的原因;2.目下有无工作,过去或现在工作环境;3.本人对伤残情况的描述;4.本人陈述因伤残所受的影响,他对他的伤残所抱的态度;5.他的教育背景;6.他的家庭与社会环境;7.他的职业与兴趣,他的经济状况;等等。工作员要随时留意伤残者本人的种种反应,必须要用同情的态度来寻求消息,但同情不是最后的目的,最要紧的是早些发现伤残者最后的实力,及所余的功能,及如何利用这些能力。

宋思明还认为,伤残康复是各专业人士合作进行的工作,个案工作者可以将搜集到的服务对象的各种信息作为诊断的材料,提供给医师、心理分析师和职业治疗师,把各种服务联合成一个整体的服务。

> 职业重建,虽是最后的目标,可是我们只注重一个伤残人的职业问题是不够的,每一个伤残人有他单独的社会背景,他的智力、兴趣和他的情绪都有不同。好多的时候重建的办法和服务也因为伤残人的社会、家庭、经济状况,伤残情况及智能等,而有所差别。一个不快乐的家庭生活,或受自卑情绪的缠绕,都能影响你的重建计划。促进伤残的重建,一位医师,与一位心理分析家,或一位职业治疗者所见都有不同,他们也没有时

---

① 宋思明:《伤残重建与个案工作》,《社会建设》1948年第1卷第5期。
② 宋思明:《伤残重建与个案工作》,《社会建设》1948年第1卷第5期。

间调查每一个伤残人的社会环境。这副重担是要谁来担呢？这就是个案工作员的责任了。个案工作是在这个重建工作里的总领队。第一是供给着诊断的材料，第二是统其成来将各种的服务联合起来，成一个整体的服务。个案工作员是伤残者的指路人，同情人，超个人的友人。运用个案工作的方法，存人饥己饥的心理，来辅佐一个身受痛苦的伤残人，使他得以重建，这真是世界上一个最快乐的社会服务工作。①

社会工作重视把个人问题作为一个社会生态体系来理解，即视服务对象为一个由生理、心理和社会各层面组成的统一体，用整体的观点从个人、家庭、邻舍、社区和社会结构等不同层面进行立体评估和介入，这也被称为社会工作的"全人"视角。民国时期的先贤们无疑都认识到了这一点，如邹玉阶就提到康复即"应用各种有关的治疗和训练去克服残疾病患者身体上遭受的困难，重新恢复或获得其工作能力，心理健康，俾达于自立自助的境界，不再为家庭社会之累赘"。②宋思明也指出，"职业重建，虽是最后的目标，可是我们只注重一个伤残人的职业问题是不够的，……好多的时候重建的办法和服务也为伤残人的社会、家庭、经济状况，伤残情况及智能等，而有所差别。一个不快乐的家庭生活，或受自卑情绪的缠绕，都能影响你的重建计划。"③"伤残重建的目的，是使伤残人在体力方面、心理方面、职业方面及社会方面都能恢复"④。

下面列举几例典型个案。

个案1：残疾人吴文祥原为电车售票员，淞沪会战期间遭日本飞机轰炸而失去右臂。吴文祥到伤残重建服务处申请求助，因他的年龄过大，智力一般，不适合接受新的训练，只能从事轻松工作。服务处就介绍他到中华职业教育社担任夜班守门者。

个案2：肢体残疾人李筱新，时年21岁，初中文化程度，因自己求职

---

① 宋思明：《伤残重建与个案工作》，《社会建设》1948年第1卷第5期。
② 邹玉阶：《筹设中的南京伤残重建院》，《社会工作通讯》1947年第4卷第8期。
③ 宋思明：《伤残重建与个案工作》，《社会建设》1948年第1卷第5期。
④ 宋思明：《从事伤残重建工作所得的经验》，《教育与职业》1949年第205、206期合刊。

不成，阅读报上消息，即前往上海伤残重建服务处寻求帮助。李筱新获准登记之后，接受心理及身体检查，并依据本人志愿，将其安排到职业训练班学习缝纫。他对此项工作甚感兴趣，并能努力学习，成绩甚为优良。由于李筱新的住处与训练班相距甚远，服务处还每月向他发放车费津贴，以方便其参加培训。①

个案3：一个四十几岁没有右下腿的男人，是因为关节炎使右腿截肢的。他有满腹牢骚和许多问题，如夫妻不和、经济困难、长期失业等。他不愿意出门，怕人耻笑他，经朋友再三劝说才来到上海伤残重建服务处。他与服务处的工作员会谈是畏畏缩缩的，第一次除了一些不着要的消息外，简直没有什么要领。后来经过工作员的访问会谈，他对工作员有了信任，他把心里的事都告诉给工作员了。服务处工作员正在调解他家里的纠纷，并设法帮他安装一个假肢，使他可离去双拐走路，他是会作广告画的，这样他就可以到处去张罗工作了。②

个案4：有一驼背的儿童，走起路来望不到天儿，坐在凳子上，就缩成一团。他的家人对他是没有多大希望了。不想到经过智力测验，发现他智力商数很高。本来是初中二年的学生，他家早下决心，不再让他继续求学了。由于我们的鼓励，他又投考一教会学校初三年级，俨然中列前位，得了奖学金，我们每月只供给他一些零用及衣着食物等就够了。他的特长是算术，又谁敢说他不是一个天才，将来能对社会有大的贡献呢？③

个案5：1947年8月的一天，一位四十多岁的妇人，带了一个左下腿弯缩的十六岁男孩来到服务处。父亲是中医，在一个小药铺应诊，家里还有十九岁的哥哥，是个糖果小贩，另有一弟三妹，都在小学读书。因父亲入款不够养家，母亲在门口摆一烟摊。这个男孩五岁的时候因病成残，虽然读过两年书，因为走路不便也就停止了。他的天地就是一间狭小的屋子，走路时全靠一只小木拐，眼看着弟妹们活泼跳跃，多么高兴！自己因

---

① 上海伤残重建服务处：《上海伤残重建服务处三十六年下半年工作概况》，《残不废月刊》1948年第2卷第15期。
② 宋思明：《伤残重建与个案工作》，《社会建设》1948年第1卷第5期。
③ 宋思明：《我们怎样服务残疾儿童》，《儿童与社会》1948年第1期。

行动不便,常闷闷不乐,想起自己的前途更是悲观。忽然有一天邻居由报上看到了有关我们伤残服务处的消息,就忙着告诉他了。这小孩听到了以后,真是高兴得了不得,每天吵着让他母亲带来。我们按着手续给他登记后作了心理测验,发现他智力中常,并介绍他免费检查了身体,其他全没有毛病,医师的意见是应当截除膝关节。经工作员与儿童本人和他的父母数度商洽后,在春暖花开的时候,就施行手术。那末,现在怎么办呢?我们替他找了一个寄养家,这家主妇是受过高深教育的人,对残疾儿童教养事业颇有心得,由我们供给缝纫机和材料,教他学习缝纫,另外还读一点书。现在这个儿童非常快乐,缝纫工作进步颇速,去年圣诞节的展览就有他的出品。这种手艺学成后,还怕没有饭吃么?他现在有了自信心,也有了一种新的希望了。他也知道除了他的家人外,社会上还有其他的人,在关心他们这一般的残疾儿童呢。①

四、伤残康复成效

该服务处成立之后,就在《申报》、《大公报》、《新闻报》等报刊上刊发消息,希望伤残市民早日得到重建服务的信息。因此,全国各地来函请求登记的很多,上海本地在首月就有 15 人前往登记。② 上海伤残重建服务处十分重视资源的链接,谋求多方支持,联合各方力量进行伤残康复工作。据估计,协助上海伤残重建服务处业务进展及与之密切合作的单位和团体至少在二十个以上。受到国际伤残福利协进会的邀请,服务处成立不久就成为该协会的国际会员,"今后将以会员资格与国际伤残协进会取得联络"。③ 总之,在宋思明等人的主持下,上海伤残重建服务处取了一定的成效。服务处开办一年以来,已登记各种伤残者一百二十余人。④ 据统计,上海伤残重建服务处自 1947 年 6 月成立至 1951 年 4 月移交给中国人民救济会上海市分会将近四年时间内,累

---

① 宋思明:《我们怎样服务残疾儿童》,《儿童与社会》1948 年第 1 期。
② 《上海伤残重建处近况》,《行总周报》1947 年第 59、60 期合刊。
③ 《伤残重建服务处加入国际协进会》,《行总周报》1947 年第 63、64 期合刊。
④ 《上海伤残重建服务处》,《红十字月刊》1948 年第 29 期。

计为 200 多名上海残疾市民提供了伤残重建服务。①

　　在服务中,宋思明遇到多例无法进行职业康复使生活陷入困境、未来几乎无望的年纪较大的伤残者。当时英美各国都已将伤残康复包含在社会保险法案里,"举凡伤残登记、治疗、职业训练、伤残雇用、政府对伤残者的补助等,都有明确的法律规定"。宋思明呼吁我国《伤残法案》的创立"是刻不容缓的事情",因为没有对伤残人士的法律保障就很难谈到伤残康复,对伤残人士的康复服务"实在不是一个科研部门机关或政府机构重建一百一千一万伤残人的问题,这里关系整个伤残福利,伤残教育和提高国际地位的问题。"②

---

　　① 《中华职业教育社关于伤残重建处儿童训练班、1948 年工作报告、收支等情况》,上海档案馆,档案号 Q548-1-19。
　　② 宋思明:《从事伤残重建工作所得的经验》,《教育与职业》1949 年第 205、206 期合刊。

第十章　医院社会工作的先行者

本书前面章节已涉及医院社会工作先驱者的一些实践情况,因为以机构为单元进行叙述,人物形象分散零碎,不能体现我国第一代医院社会工作者的成长发展历程及取得的成绩。本章选取具有代表性的两位人物,评述他们在医院社会工作领域的创新和成就。

第一节　宋思明:多领域医务社会工作的开创者

作为民国时期医务社会工作的开拓者之一,宋思明自燕京大学社会学系毕业后,一直从事医务社会工作,至1949年从未间断。他先是在北平协和医院社会服务部工作,后担任北平精神病院社会服务部首任主任(见本书第八章第一节),抗战期间在卫训所从事伤残军人康复社会工作,抗战胜利后担任上海伤残重建服务处主任(见本书第九章第一、三节)。在长期专业医务社会工作实践的基础上,宋思明撰写了《医院社会工作》、《精神病之社会的因素及防治》、《从事伤残复建工作所得的经验》等著作和系列文章,本节主要通过分析这些文本,探讨他对民国时期医务社会工作理论总结的贡献。

一、医院社会工作实践

宋思明1928年毕业于燕京大学社会系,获文学士学位,毕业后任职于北

平协和医院社会服务部。作为中国第一代医院社会工作者,他热爱此项事业,并不断在实践中提高自己的专业能力。他写道:

> 当初入医院工作时,对医学名词、一般疾病情形、病人心理之隔阂,深感困难。但著者(注:即宋思明本人)并未因此灰心,嗣由于部主任之安排,常请各医科教授讲演,藉以增加许多知识。同时,于每日暇时阅读病案,对凤不熟悉之医药名词,即翻阅医药词典或向主任或医生请益,并于医生巡视病房时随同听讲。于开个案会议时,亦可学习医学术语。医生在外堂及病室检查病人时,著者亦随同看视。因此,对病情亦可逐渐略知其梗概。为多多明了各科之情况,乃每隔相当时日,即改换一科工作。如是,在五六年后再与医生谈话及谈病案史,已无若何困难。对于疾病,观其病情,即于诊断、治疗、预测获知一二。①

宋思明先后在医疗科室、外科室、眼科和社区卫生领域中从事社会工作服务。当时协和医院是每年七月由董事会给受聘人员颁发聘书,聘期通常为一年。1930 年 7 月 1 日至 1931 年 6 月 30 日,宋思明作为个案工作员,年薪为900 元。1932 年 7 月 1 日至 1933 年 6 月 30 日,宋思明依然是个案工作员,但年薪提高到 1260 元。1933 年春,宋思明被调到协和医院神经—精神科工作,并且升职为社会工作监督员(即督导),年薪也提高到 1440 元。1934 年北平疯人院更名为北平市精神病疗养院,宋思明调任该院社会服务部首位主任。据宋思明自己介绍,他在神经——精神科第一年的工作既有门诊的工作,又有病房的工作;既有精神病人的疗养服务,又有精神病人的出院计划服务;既有非常专业性和临床心理学研究取向的克雷齐默尔(Kretschmer)常态性格量表和瑟斯顿(Thurstone)人格测试类研究工作,又有神经—精神科社会工作专业服务。1934 年,他既从事门诊和病房工作,又从事鸦片成瘾者的专业服务;即从事"控制性"个案工作,又从事鸦片成瘾者的临床研究,还与周(Chou)小姐(按:指周励秋)一起照顾出院的精神病患者。1935 年 1 月,宋思明规划自己

---

① 宋思明、邹玉阶:《医院社会工作》,重庆中华书局 1946 年版,第 96—97 页。

专业发展的未来前景时,明确提出四点设想和两相愿望。四点设想包括:一是计划修改克雷齐默尔常态性格量表,使其在应用时更加适合中国人;二是与徐(Hsu)一起收集"社会足够"的数据;三是确保对鸦片成瘾者给予更多的关怀照顾服务;四是在协和调养院处境中对精神病人群体予以深入研究。两相愿望:一是在经过八年(1928—1935)社会工作实务后,他非常希望能有到国外深造和进修的机会;二是希望协和医院神经—精神科成为国家精神健康社会工作中心,以便为国内的其他机构培养更多精神治疗社会工作者。①

"七七事变"后北京沦陷,宋思明离开北平精神病疗养院南下参加红十字会的抗日救亡工作,在后方为伤残军人康复服务,其间出版了《医院社会工作》和《精神病之社会的因素及防治》两本著作。

二、《医院社会工作》述评

40年代社会部为培训社会工作人才,委托各专家撰写社会工作著作,充作教材和参考书。宋思明与同事邹玉阶受邀于1944年合作出版我国第一部《医院社会工作》,成为医院社会工作本土化的代表作。书中介绍了医院社会工作的功能、组织架构、工作内容、工作步骤及个案记录,既参考了西方社会工作的理论,更融合了协和医院社会服务部的本土化实践,总体上以实务操作为主,具有非常强的实务指导意义。书中信手拈来的众多案例,短小精悍且恰如其分,不仅使社工理论与实务更易于理解,也使行文生动活泼、引人入胜。

首先,著者界定了医院社会工作的含义与范围,"医院社会工作,系社会工作之一种。不过其工作范围,只限于服务在医院就诊之病人而已。……又名医药个案工作(medical case work),因其所服务者,非为团体,而系以病者个人为对象,其所解决之社会问题,亦系因疾病而发生之社会问题"②。由此可见,当时的医院社会工作已有明确的专业视角——解决病人的社会性问题,但方法上仅限于个案社会工作方法。

其二,医院里的病人可能面临哪些问题呢? 书中分内科、外科、小儿科、骨

---

① 刘继同:《导读》,宋思明、邹玉阶:《医院社会工作》,河北教育出版社2014年版,第7、8页。
② 宋思明、邹玉阶:《医院社会工作》,重庆中华书局1946年版,第3—4页。

科、耳鼻喉科、皮肤科、眼科、瘤科和妇产科详细罗列了 52 种之多①,这些问题看似琐碎,实则非常具有代表性,对医院社会工作初学者有很强的指导性,使他们不至于刚入医院时脑中空空。著者进而将医院社会工作的任务归纳为:调查病人社会生活,协助医生诊断;充任医生与病人之间的中介,畅通医患沟通;对病人随访,使之彻底痊愈;链接社会资源,解决病人的社会性问题;等等②。

其三,在医院社会服务部的组织架构方面,著者认为,医院社会服务部应由主任、副主任、监督员(Supervisor)、高级社会工作者(Senior Worker)和初级社会工作者(Junior Worker)组成,另配秘书若干负责事务性工作③。这种组织形态包括了行政、业务、督导、事务诸系统,结构完善、精练,行事效率也高。

其四,医院社会工作的主要内容和具体工作步骤是著者的论述重点。著者尤其重视对病人的调查工作,不仅篇幅最重④,内容也十分丰富。著者虽然参照了芮奇蒙德《社会诊断》一书的调查手法,但更重要的是依据当时协和医院的工作实际总结出具体的操作策略。如因为医生的至高地位及其对社工的误解,社工与医生交谈时需格外小心四点:一是亲自晤谈;二是应善用适当时机;三是不可先于医生下诊断;四是应与医生合作,切忌与医生有意见冲突⑤。又如社工与病人会谈时,需特别注意的有九处之多⑥。再如外出调查的对象繁多,包括病人的家庭、亲戚、朋友、雇主、同事、邻居、地主、教会、法庭、监狱、医药卫生机关、学校、医生、警察、各社会服务机关、政府机关、公会、军队等。⑦ 社工对各类对象进行调查时,"一切举动应合于当地社会之风习,及被调查者社会之背景(如为上、中、或下等阶级家庭等)。"⑧

诊断工作阶段,著者采用西方社会工作先驱芮奇蒙德(M.E.Richmond)、

① 宋思明、邹玉阶:《医院社会工作》,重庆中华书局 1946 年版,第 11—23 页。
② 宋思明、邹玉阶:《医院社会工作》,重庆中华书局 1946 年版,第 4—7 页。
③ 宋思明、邹玉阶:《医院社会工作》,重庆中华书局 1946 年版,第 24—26 页。
④ 宋思明、邹玉阶:《医院社会工作》,重庆中华书局 1946 年版,第 42—68 页。
⑤ 宋思明、邹玉阶:《医院社会工作》,重庆中华书局 1946 年版,第 47—48 页。
⑥ 宋思明、邹玉阶:《医院社会工作》,重庆中华书局 1946 年版,第 49—50 页。
⑦ 宋思明、邹玉阶:《医院社会工作》,重庆中华书局 1946 年版,第 56 页。
⑧ 宋思明、邹玉阶:《医院社会工作》,重庆中华书局 1946 年版,第 58 页。

汉密尔顿(G.Hamilton)、希利(Dr.Healy)及布朗(Dr.Brown)等人的理论,建议召开诊断研究会①。在制定服务计划阶段,著者认为"在所有意见之中最要紧者,则为病人本人之意见"②。在计划的执行——社会治疗阶段,著者强调30年代以来,医院社会工作的工作取向由偏向物质治疗转向病人自助,即"病由被动而变为主动。盖以病人因问题之压迫,不能自行解决而困蹶,如吾人仅以给以物质之协助,虽能救济于一时,但绝不能持以久远。有时且使病人养成依赖性,欲海难填,而无已时。"③

其五,医院社会工作者的品质要求方面,著者认为主要体现在两方面。(1)学识方面。强调除应在大学主修社会工作外,还需爱好文学,增加识人辨物的能力。④此外社会工作者还应学习生物学、经济学、教育学、法律学、医学、精神病学、心理学、社会学等,因为这些知识与人们的日常生活密切相关。⑤(2)经验方面。著者认为工作时间越长,经验越多,工作能力也越大。工作者凡事要亲力亲为,虚心接受督导训练,使经验更快增长。⑥

最后值得一提的提,著者十分注重个案记录的保存,即社工将一切调查所得、社会诊断、计划、治疗之步骤及结果等记录下来,包括社工对此个案的观察印象、困难心得等,由专人保管。⑦这种对个案记录的强调,是北平协和医院重视病案的体现,也给后人留下了珍贵的第一手资料。⑧

三、《精神病之社会的因素与防治》述评

宋思明提出:"精神病社会工作,系社会工作中之一种,其步骤为应用科学方法辅佐医师,调查精神病发生之原因,解决病者之社会问题,以从事预防

---

① 宋思明、邹玉阶:《医院社会工作》,重庆中华书局1946年版,第69—72页。
② 宋思明、邹玉阶:《医院社会工作》,重庆中华书局1946年版,第72页。
③ 宋思明、邹玉阶:《医院社会工作》,重庆中华书局1946年版,第76页。
④ 社会工作的先驱芮奇蒙德女士酷爱文学(参见林万亿、邓如君等:《社会工作名人传》,台北五南图书出版股份有限公司2014年版,第186页。),宋思明的思想可能受到她的影响。
⑤ 宋思明、邹玉阶:《医院社会工作》,重庆中华书局1946年版,第96页。
⑥ 宋思明、邹玉阶:《医院社会工作》,重庆中华书局1946年版,第97页。
⑦ 宋思明、邹玉阶:《医院社会工作》,重庆中华书局1946年版,第86页。
⑧ 参见张岭泉主编:《北平协和医院社会工作档案选编(1921—1950)》,河北教育出版社2014年版。

治疗及善后工作,并藉此而减少病者之痛苦,经济之损失及维系社会之安宁。"①开展精神健康社会工作与对精神疾病的病理认识有着十分密切的关系。宋思明从社会、生理和心理三个视角分析了精神疾病的病因,但又特别强调精神疾病"与社会及经济问题之联切":

> 患精神病者,其初多由于家庭及社会环境不良,使患者于精神上痛苦过深,而教育方面不但不能为之解决,有时且益增其心理上之不满与失望,由于愤懑抑郁而演成精神上之失常,是又构成心理上之变态者也。但亦有由于遗传,若父或母即为一精神不健全之人,生来精神上即不健全者,故遗传问题,亦为一般精神病学者所注意。晚近更倡精神分析学,似多由心理方面着手,从事者固不必尽为医学者,但以其对象恒为精神失常之病患者,故以娴医学者为多。

> 精神病与酗酒、愚鲁、贫穷、娼妓、犯罪、精神不足、离婚、失业、家庭问题及其他生活不安等,关系至为密切,无处不显示其与社会及经济问题之联切,故对此病之预防及治疗等,皆非片面之医药能力所能胜任,必有对社会问题及社会工作之专门人员与精神病学家通力合作,始能收效,因精神病学乃与医院社会工作相辅而行者,故其起源之年限亦正复相同也。②

书中较详细地介绍了精神病的分类和病因③,并从本土视角分析了我国精神病产生的独特社会原因,如心理层面的爱面子、人际关系层面的妻妾不和、童养妇、姑嫂或妯娌间不睦等,以及各类社会问题如酗酒、愚鲁、贫穷、娼妓、犯罪、精神不足、离婚、失业、家庭问题等。④ 因此,近代精神病院需要设立社会服务部,"专门训练精神病社会工作人员以辅佐医生,从事预防、治疗,及善后处理工作。"⑤

精神病社会工作者的从事资格,著者认为至少应为社会工作专业大学毕

---

①　宋思明:《精神病之社会的因素与防治》,重庆中华书局1944年版,第1页。
②　宋思明:《精神病之社会的因素与防治》,重庆中华书局1944年版,第1—2页。
③　宋思明:《精神病之社会的因素与防治》,重庆中华书局1944年版,第2—20页。
④　宋思明:《精神病之社会的因素与防治》,重庆中华书局1944年版,第13—14页。
⑤　宋思明:《精神病之社会的因素与防治》,重庆中华书局1944年版,第3页。

业,且学习了一定的精神病学、精神分析和心理学课程,大学期间应到医院社会工作部实习,毕业后先到该部学习如何对普通病人进行社会诊断及善后处理,然后再转入精神病社会工作部练习半年或一年,后升为工作员。除了资格和经验之外,著者认为最重要的是工作员的性情,性情暴躁、不善合作的人是绝不适合此项工作的。①

精神健康社会工作的目的"为预防精神病之发生,辅佐精神病学家作诊断、治疗,及研究之工作"。具体包括:(1)招收病人来院就诊及办理入院手续。精神健康社会工作人员平日要多加宣传,清除精神疾病的污名,使病人及家属愿意入院;入院时因病人号哭吵闹,社会工作人员需安慰病人家属,使其放心。(2)作社会调查以辅佐医师确切诊断病情。(3)协助医师施行社会治疗。如改善病者之环境,解决病者之经济,以及其他凡有关于病者精神方面之安慰与生活方式之改善。(4)教学与研究工作。②

心理卫生运动的早期支持者之一,是神经和精神病学家阿道夫·梅耶(1866—1950)。梅耶的精神健康概念是整体式的,包括心、身和环境。他认为作为社会存在的个体,个人的生活状况影响其心理反应。相应地,他要求医生收集患者的生活史、家庭、经济状况和邻居等数据——这个过程需要探访患者的家庭、工作和社区。③ 他的观点吸引了最初的精神健康社会工作者。宋思明也强调,精神病的预防和治疗需要精神病医师、护士、心理学家、社会工作者和职业治疗师的通力合作。④

最后,宋思明认为精神健康社会工作个案记录"要不厌其详",因为"精神病系一种复杂之疾病,各种记录皆应愈详细愈好,医生对精神病之检查记录,常有多至数万言者。社会个案记录更宜如此,虽细微之点亦不可忽略,因精神学家及精神分析学家,常由微细处发现疾病之原委。"⑤

---

① 宋思明:《精神病之社会的因素与防治》,重庆中华书局 1944 年版,第 60—61、25—26 页。

② 宋思明:《精神病之社会的因素与防治》,重庆中华书局 1944 年版,第 22—23 页。

③ Deutsch, A. *The mentally ill in America*. New York: Columbia University Press, 1949. 转引自 Roberta G. Sands:《精神健康——临床社会工作实践》,何雪松、花菊香译,华东理工大学出版社 2003 年版,第 43 页。

④ 宋思明:《精神病之社会的因素与防治》,重庆中华书局 1944 年版,第 24、28—29 页。

⑤ 宋思明:《精神病之社会的因素与防治》,重庆中华书局 1944 年版,第 52 页。

四、对残疾儿童社会工作的主张

民国末期儿童福利事业受到国人重视,宋思明综合在上海伤残重建服务处服务残疾儿童的经验,提出了如何提高残疾儿童福利的主张:一是重视残疾儿童的家庭社会工作。因为"许多家庭一有了残疾儿童,就认为是没有办法了,只好做一个家庭的消耗者"。二是做好残疾儿童的诊断、治疗和善后处理事宜,尽力保存残疾儿童最后的体力,使他们将来可以自立谋生。要做到这些,"最好要有一个医院社会服务部来共同帮忙"。三是要与社区内其他机关团体合作,安排残疾儿童的教育及职业训练。服务的具体方法上,宋思明认为个案工作方法最适宜。最后,宋思明还提到对儿童残疾的预防,"应该教育作父母的如何防护儿童的意外损伤和疾病,较好的接生术能减少生育的创伤,适当的营养和日光,可以防止软骨病。保护儿童不受结核菌的传染,可以防止骨及关结[结]核症。当小儿麻痹症、大脑炎、脑膜炎等传染病流行时,如能使儿童早日就诊,可防止或减少许多病后的残疾。"①

作为精神健康社会工作专家,1947 年 9—12 月上海儿童福利促进会与上海儿童福利团体联合会在震旦女子文理学院举办上海儿童福利团体工作人员培训班,宋思明受邀讲授"精神病之预防治疗及个案举例"②。

五、离开社会工作事业

上海解放后,1949 年 8 月 26 日中华职业教育社召开特殊教育工作者会议,会议通过组建全国特殊教育工作者协会筹备会,宋思明等五人被推举为筹备委员。③ 1949 年之后,宋思明离开了他钟爱的社会工作职业,到上海一所中学教书,直到退休。④

---

① 宋思明:《我们怎样服务残疾儿童》,《儿童与社会》1948 年第 1 期。
② 曹友蓉:《心理卫生与儿童福利工作——丁亥心理卫生座谈会工作述略》,《儿童与社会》1948 年第 3 期。
③ 《上海市特殊教育工作者筹组协会成立　发表对特殊儿童与成人重建计划之意见书》,《教育与职业》1949 年第 208 期。
④ 常聪聪、彭秀良:《被遗忘的社会工作专家宋思明》,《团结报》2015 年 12 月 17 日,第 6 版。

第二节　吴桢:跨世纪的医务社会工作者

吴桢(1911—2003 年),江苏仪征人,1933 年上海沪江大学社会系毕业;1934—1941 年任协和医院社会服务部社会服务工作人员、监督员;1941—1942 在资源委员会人事组惠工股任股长、研究员;1942—1944 年任重庆中央卫生实验院社会工作室主任兼社会教育学院副教授;1944—1950 年历任成都华西协合大学、南京金陵女子文理学院、金陵大学社会学系及社会福利行政系副教授、教授;其间在 1946—1947 年在美国匹兹堡大学应用社会科学院学习。① 20 世纪上半叶,吴桢除了发表系列文章宣传社会工作专业,译介西方最新的专业书籍以推进我国医务社会工作的理论建设,还反思西方社会工作理论在我国的适用性,探索社会工作本土化道路。改革开放后,社会工作专业恢复重建初期,吴桢先生担任江苏省社会学会会长,积极研究当代犯罪社会问题,宣传社会工作理念与方法,为我国社会工作的学科重建和专业教育发挥了重要作用。

一、对医院社会工作的贡献

(一)入职北平协和医院社会服务部

吴桢出身于一个官宦家庭,其父亲曾于清末年间留学英国学习海军,因参加辛亥革命建功,在国民政府海军部任职。吴桢年幼时即天资聪明,多才多艺,1928—1929 年曾进入上海美专专攻绘画,毕业后又就读于上海沪江大学社会学系。② 1933 年吴桢从上海沪江大学社会学系毕业,在上海的一年中并

---

① 吴桢:《我在协和医院社会服务部》,政协北京市委员会文史资料研究委员会编:《话说老协和》,中国文史出版社 1987 年版,第 374 页;储兆瑞:《江苏社会学史》(吴桢题),南京大学出版社 2000 年版,第 553 页。

② 吴蓉庆、吴申庆、吴钟庆、吴宁、吴元庆:《最可宝贵的精神财富——缅怀父亲吴桢》,未刊稿。

没有找到专业对口的工作,①于是到北平找其大哥吴铎帮忙。吴铎是北平社会调查所的副研究员,当时正在写一篇关于北平协和医院社会服务部工作对象分析的论文。② 吴桢读后很感兴趣,遂自荐去协和医院社会服务部申请工作。成立于 1921 年的北平协和医院社会服务部,自 1931 年开始招收毕业于社会工作专业的大学生,以提升服务水平。③ 该部主任浦爱德女士和副主任于汝麒女士了解到吴桢曾在沪江大学社会学系学习过个案工作,而且授课老师是钱振亚教授时,便让吴桢拟了一份个案史的提纲,阅后就录用他了。实际上,吴桢去北平协和医院社会服务部求职时仍抱着试探的心态,当时他正在中国旅行剧团客串《梅萝香》剧中的角色马子英,1934 年下半年演出结束,剧团南下,吴桢又面临择业问题。可见,吴桢与同时代的大学生一样在就业时面临着职位不足的困局,④何况社会工作这一专业岗位在中国更加稀少。

吴桢在协和医院社会服务部一直工作到 1941 年。在此期间,吴桢的工作主要是帮助病人与医生合作,使其接受医生的医嘱和治疗方案。如果病人出现经济困难或出院后需要长期休养、家属不合作、不肯服侍病人等问题时,医生就会寻求社会部或负责该科或该病房的社工人员的帮助。作为社工人员的吴桢通过对病人进行个案调查,根据实际情况,或者为病人向医院申请减免费用,或者为病人挖掘一切可以挖掘到的社会资源以完成治疗计划,使病人早日康复。⑤

在协和社会服务部工作的六年中,吴桢的专业业务能力得到了很好的锻炼和提升。他回忆说:"我在社会部工作的六年中,有个很深的感受,就是它

① 在上海的一年,吴桢没有找到一件专业对口的工作,而是凭着他的业余爱好——绘画,为宁波人寿保险公司画宣传画,并在上海景艺美术装修公司做橱窗设计。吴桢并不喜欢做这类商业化的美术工作。(吴桢:《我在协和医院社会服务部》,政协北京市委员会文史资料研究委员会编:《话说老协和》,中国文史出版社 1987 年版,第 374 页。)

② 即吴铎:《北平协医社会事业部个案底分析》,《社会科学杂志》1931 年第 1 期。

③ 谢克凡:《中国医院社会工作的先行者——协和医院社会服务部个案研究》,《北京青年政治学院学报》2010 年第 4 期。

④ 参见武增峰:《20 世纪 30 年代大学生失业问题的教育反动》,《南京社会科学》2003 年第 10 期。

⑤ 吴桢:《我在协和医院社会服务部》,政协北京市委员会文史资料研究委员会编:《话说老协和》,中国文史出版社 1987 年版,第 374—376 页。

在培养教育社工人员方面抓得很紧,很得力。社会部安排社工人员定期听生理学、解剖学等医学院的基础课。社会部每周举行一次个案分析讨论会,每个社工人员都要上讲台介绍自己的一个有深度的个案。然后由大家进行讨论,提出各自的意见与建议。"①随着工作经验的积累,吴桢升任为社会服务部的监督员,除了独立开展个案服务外,还负责辅导初级社工人员和学员工作。②

这期间值得一提的是,吴桢在抗战初期到"北平红十字会医院"为伤兵服务。1937年卢沟桥事变爆发,7月23日二十九军撤离八宝山、宛平,北平全部沦陷。协和医院配合红十字会派车出城,接回约三百名二十九军及通州第一保安大队抗战负伤的士兵。这些伤兵最终被转移至陆军卫戍医院,与原有病员二百余人合并在一处。红十字与协和医院合作为之成立"北平红十字会医院",或称"伤兵医院"。医院的实际工作由协和医院社会服务部副主任于汝麒负责,吴桢作助手。日伪军宪对医院的控制很严,除要求每周报告伤病员的人数外,还不时派便衣警宪来巡视。为了掩护病员,吴桢把病人床头挂的登记卡"诊断"栏上原来填的"GSW"(即枪伤 Gun shot wound)改为一般的外科诊断。除此之外,服务部还在朝阳门内东城根开辟了一个附属于社会服务部的小"调养院",收容了10余名缠有石膏绷带的伤员。

在伤兵医院持续的一年多的时间里,病员大多遵医嘱出院。吴桢和于汝麒为遣送和安置伤员做了大量工作:送到北平市救济院收容的残疾伤兵约50人;与家属联系,遣送还乡的150余人;辅助留在北平做小生意、拉车、修理洋伞、修理自行车等工作的约100人;还将50多人分批秘密输送到郊区的游击队和八路军中继续抗日。500余名伤兵中没有一人被交给日军服劳役、做俘虏,也没有出现一个出卖医院秘密的汉奸。③

---

① 吴桢:《我在协和医院社会服务部》,政协北京市委员会文史资料研究委员会编:《话说老协和》,中国文史出版社1987年版,第377—378页。

② 张中堂:《社会服务部二十年》,政协北京市委员会文史资料研究委员会编:《话说老协和》,中国文史出版社1987年版,第364页。

③ 吴桢:《我在协和医院社会服务部》,政协北京市委员会文史资料研究委员会编:《话说老协和》,中国文史出版社1987年版,第379页;吴桢:《记北平红十字会医院——协和医院社会服务部在抗日战争中》,政协北京市委员会文史资料研究委员会:《文史资料选编》第39辑,北京出版社1990年版,第112—113页。

1939 年初伤兵医院的工作结束,吴桢和于汝麒又回到协和医院社会服务部工作。但是,1941 年下半年一个曾受吴桢帮助的伤兵不慎被日本宪兵队拘捕,吴桢也被怀疑。于汝麒建议吴桢立即辞去社会部工作暂避。吴桢便离开协和医院,从上海绕道至江西大庾,于 12 月到达重庆。①

（二）宣传医院社会工作的功能与方法

民国时期的医院社会工作以北平协和医院社会服务部为开端,经过二十年左右的发展,虽然已有各类医院开设社会服务部,但是因为日本侵华战争全面爆发,医院或停办或内迁,"对刚刚起步的中国医务社会工作而言损失无疑是惨重的。"②医院社会工作事业自然也不为广大民众所熟悉,急需要对之进行宣传。1941 年《西风》杂志以"我的职业生涯"为题征文,吴桢所写的《社会工作员——我的职业生涯》一文被刊载。③ 在文中,吴桢慨叹世人对"社会工作员"的生疏,于是首先介绍了西方国家尤其是美国社会工作者的社会地位及培养教育现状。他介绍社会工作者在美国社会上有着相当的地位,"我们这一行,在进步的国家中,很有些地位。在办儿童福利、家庭福利……其他社会工作或社会调查中,都以我们这一类人作主脑人物。即在医院中,我们也是与大夫、护士成为鼎足而三的一个重要职业"。吴桢还强调培养社会工作专业人员的不易,列举了美国大学中社会工作专业毕业生必须具备的三个条件:①读过家庭个案工作,社会统计,儿童福利,医务社会工作,精神病社会工作,社会工作发展史,社会保险,社会组织与法律,劳工问题,贫穷问题,社会行政及其他理论课程;②有相当时期的实地工作;③有调查或研究的工作。接着,吴桢介绍了医院社会工作的功用,"我们在医院里的工作……是利用个案方法尽力使受助人不但能恢复健康,而且要他们在可能范围内恢复到他原有的社会地位。我们每天所接触的人物真是五花八门,上及达官显宦,下至贩夫走卒,无不兼收并蓄,包罗净尽。这些人到我们这里来,则不仅是生理上发生了病痛,而且同时在心理上物质上又发生了困难。他们不但被病魔侵袭,而且被

① 吴桢:《我在协和医院社会服务部》,政协北京市委员会文史资料研究委员会编:《话说老协和》,中国文史出版社 1987 年版,第 379 页。
② 李槐春:《医院社会服务之功用》,燕京大学社会学系学士毕业论文,1941 年,第 11 页。
③ 吴桢:《社会工作员——我的职业生活》,《西风》1941 年 3 月号,总第 55 期。

复杂的社会问题及心理的问题错综地织成的网,团团地缠绕着。这些人决不是医生的一针一药所能解救的。"接着吴桢提出"现代社会福利事业和慈善事业是需要受过训练的社会工作者去做的",而中国现实中"所谓社会工作,如育婴堂、乞丐收容所、疯人院、老人堂以及其他急救地放赈施粥等工作,都操在一般没有受过特别训练,只认识几个字,办过几年事的普通人手里。方法既不科学,成绩也无可观。"为了说明社会工作与慈善事业的区别,吴桢通过生动地解释医院社会工作的方法程序,得出"慈善工作往往是不科学的,反之,社会工作是科学的"的结论:

　　至于我们在医院里的工作,倒是很足自慰的,也很足以自娱。说起来很简单,我们只是利用个案方法尽力使受助人不但能恢复健康,而且要他们在可能范围内恢复到他原有的社会地位。我们每天所接触的人物真是五花八门,上及达官显宦,下至贩夫走卒,无不兼收并蓄,包罗净尽。这些人到我们这里来,则不仅是生理上发生了病痛,而且同时在心理上物质上又发生了困难。他们不但被病魔侵袭,而且被复杂的社会问题及心理的问题错综地织成的网,团团地缠绕着。这些人决不是医生的一针一药所能解救的。譬如说,未出嫁的姑娘怀了孕,不是把孩子接生出来就算了;穷人得肺病,不是给开两瓶鱼肝油就会好了的;织地毯的小工得了右手的肘部骨疡,也不是把这只病臂给截断了就完了。这些人的问题是在怎样安置那私生出来的孩子;怎样使肺病者能长期地静养;和怎样教育那小工使他失掉一只手能谋生。这些问题都不是医生能解决的,甚至是他们所不注意的。在这些情形之下,这些病人往往来求助于我们。我们也就热烈地同情他们,但是冷静地帮忙他们。第一步:我们跟他们的家族、朋友、师长,雇主,以及他的关系人谈话,我们到他们的住所,工作地点,或是其他的地方去调查,然后把一切能得到的情报(information)搜聚起来;第二步把这些事实分析一下,看看倒底他们的问题在什么地方;第三步再计划怎样去帮忙他们。最后再看我们的计划如何地实现,以后更要访问他们,看他们还有什么变化。我们可以设法使他们得到必要的治疗,必要时,我们也可以帮忙他们向医院当局请求费用的或减或免。如果他们发生了心理的问题,我们也要在能力范围之内帮忙他们了解他们自己。等到我们的能力受了限制,我们再毫不迟疑地介绍他们去请教心理分析家(psycho-analysts)去。我们做了这些事之后,还要不停地写,把这些事都记录下来,和他们的病例装订在起,给别人做参考,更要不时地整理我们的最重要的工具,卡片箱(filing box)。因为我们的个案账单(case accounting cards)都分门别类地放在这个箱内。如果我们不把这个箱里的卡片弄清楚,我们就会因人力记忆的限制,而把事情弄得乱七八糟。我们每天都很辛苦,说许多的话,跑许多的路,写许多的字,还要担许多心。然而我们很快乐,因为我们每天都在过着戏剧化的生活,帮助那些在生死线上挣扎的人们去奋斗。当然,我们不免失败,但多数的时候,我们看到那些被各种问题所缠绕的人,终于自由地快乐地走出了医院,我们就很宽慰了。说到这里,我要请读者认清,社会工作可不是过去的慈善工作。慈善工作往往是不科学的,反之,社会工作是科学的。

不久,吴桢又在《西风》杂志上发表《个案工作的技巧》①一文,详细介绍了个案工作的调查、分析情报、诊断、计划和实践计划五个步骤的操作技巧。当然,吴桢的介绍并非照本宣科,而是融入了他多年实际工作经验的总结。比如在调查谈话环节,吴桢就强调社工的衣着、打扮和工作环境布置的中国特色。他写道:"你可以想像得到如果一位工作员穿着鲜艳的时装,面对着一个乡下佬谈话,她的手指甲上涂上了鲜红色,或银灰色的蔻丹,她的桌上再放一盆点着电灯的热带鱼,那乡下佬是决不会专心跟她谈话的。"在制订计划环节,吴桢提出若要使计划更好地实行,就应该让案主自己做计划:"在这时候,工作员必须忍耐,最好是用暗示的方法,使案主自动地自己计划出一个计划,那么,案主一定会很愉快地去实行,而收到更圆满的结果。"在计划实践阶段,吴桢根据自己多年的工作观察,发现了这一阶段的实际问题。他说:"很奇怪的事是有许多工作员到了这一步时,对于他的案主失了兴趣,因为他已然彻底地明了他的案主;换句话说,他已然满足了他对于案主的好奇心;同时他又已

---

① 吴桢:《个案工作的技巧》,《西风》1941年11月号,总第63期。

写成了一篇洋洋数千言或竟是数万,数十万言的一篇报告,并且还写了一个很美丽的计划,于是他十分满足了,对于这计划的实践,毫不感觉兴趣,甚而对于他的案主厌倦起来了。"这一现象实际上暴露了当时一些医院社会工作人员职业伦理的欠缺,有研究者在考察了北平协和医院社会服务部的个案记录档案后也认为"许多个案访谈是敷衍的"①。面对这一问题,吴桢强调"这时工作员必须打起精神,把他所定的计划按部就班地去实行起来,并且要不时地随访(follow up)他的案主,最好是规定好了每隔两个月,半年,或一年去随访。"吴桢非常重视社会工作者的职业伦理,或者说价值观,他认为"做个成功的个案工作员,皮毛的技巧是不够的,重要远在技巧以上的是他对于他的职业的热诚,是他对于人类服务的坚强的意志,还有他对于他本行的学识方面的不断地努力与进取。""一个人——无论甚么人——如果能习得这种技巧,不但口齿伶俐,能说会道,而且能察言观色,鉴别是非;更宝贵的是他学得了忍耐,同情……美德"。吴桢的这些本土化的经验和认识,即使在当下看来也是很有意义的。

(三)译介西方医院社会工作专著

我国的社会工作专业传自西方,因而翻译介绍西方的最新理念、理论和操作技术是一条提升本土社会工作专业水平的重要途径。吴桢也很关注西方医院社会工作的最新研究成果,并积极将之译介到国内。1939 年美国霍普金斯大学医学教授乔治·C.鲁宾逊②(George Canby Robinson)出版专著《病人作为一个人:疾病的社会方面研究》。③ 书中通过对来自霍普金斯医院附近公共卫生东区的共 174 名病人的会谈资料分析认为,疾病很大程度上是受环境和社会因素影响的,告诫医学界不能以"科学的满足"取代"人类的满足",要求医

---

① M.Marjorie King, "The Social Service Department Archives: Peking Union Medical College 1928-1951", *The American Archivist*, Vol.59, No.3 (Summer, 1996), pp.340-349.

② 乔治·C.鲁宾逊(George C.Robinson)曾与社会工作专业的创始人之一玛丽·芮奇蒙德(Mary E.Richmond)女士是邻居兼好友,在用个案社会工作方法救活了一位患肺病的病人后,对医务社会工作发生了极大的兴趣。他在华盛顿大学的诊疗所创立社会服务部,1935 年被聘为北平协和医院教授,也给予该院的社会服务部很多鼓励与帮助。

③ G.Canby Robinso N, *The Patient as a Person: A Study of the Social Aspects of Illness*, New York: Commonweath Found, 1939.

生"把病人作一个整体来治疗"①。该书内容共分九章,除了前两章介绍研究主题、资料来源和研究方法外,第三章至第八章分科介绍了不同科别病人的不幸的社会环境与疾病的关系,其中大部分是描写穷人的痛苦和悲惨,以展示"医药的社会成分"。1941 年,吴桢以《病人也是人》为题发表文章对该书进行了较详细的介绍和评述。② 有意思的是,吴桢在文章中只列出了第三至八章的标题,而把译介的重心放在第九章上,篇幅几乎占到全文的三分之二,因为该章不仅强调医生必须把病人当作"人"整个地加以研究,而且"为社会工作者张目",主张医生应重视与医院社会工作者的合作,如同与"饮食专家,试验室的技师的合作"③。由于医院的医师很少能够参与现代医院这种更加新式的社会服务活动,因此这些重要的责任已经转移到一个专门的非医学工作人员——社会工作者。鲁宾逊博士主张在医院设立一个专门的涵盖疾病的社会各方面的部门,这一部门应该开设在临床部门的旁边以便于合作。④ 可见,吴桢对该书的介绍目的是为了突出医院社会工作者的地位和功能。

二、对精神(心理)健康社会工作的贡献

(一)从中央卫生实验院到大学社会学系

吴桢离开北平到重庆后,先是在资源委员会惠工股任股长、研究员,不久转到中央卫生实验院任社会工作室主任。中央卫生实验院由卫生署 1941 年 4 月在重庆歌乐山建立,是当时国家最高医药研究机构。吴桢之所以能担任社会工作室主任,与心理学专家丁瓒⑤有直接的关系。实验院下设心理组,主

---

① Baehr G, "The Patient as a Person: A study of the Social Aspects of Illness", *American Journal of Public Health and the Nations Health*, Vol.30, No.2, 1940, pp.191–193.

② 吴桢:《病人也是人》,《西书精华》1941 年第 5 期。

③ 吴桢:《病人也是人》,《西书精华》1941 年第 5 期。

④ Baehr G, "The Patient as a Person: A study of the Social Aspects of Illness", *American Journal of Public Health and the Nations Health*, Vol.30, No.2, 1940, pp.191–193.

⑤ 丁瓒(1910—1968 年),中国现代心理学家,1931 年进入南京国立中央大学心理学系学习,1935 年毕业后到北平协和医学院脑系科做研究生,师从国际著名精神病学家雷门教授,接受了两年严格的精神科临床和病理心理学训练后,留校在协和医学院脑系科和公共健康系任助教,1942 年到重庆任中央降生实验院心理卫生室主任。(参见李心天、汤慈美编:《丁瓒心理学文选·前言》,人民教育出版社 2009 年版,第 1—2 页。)

持心理组的丁瓒①非常重视社会工作的作用,他在中央卫生实验院召开的学术讨论会上发表《怎样开始心理卫生工作》的演讲,提出医学、心理学、社会学各界的合作,因而在实验院里设有社会工作人员训练中心。② 丁瓒力邀吴桢到中央卫生实验院负责社会工作室的工作,并培训社会工作人员。③ 1943年教育部颁发实行的《中央卫生实验院心理卫生咨询办法》(教育部高字第4426号)对社会工作作了规定,强调在咨询者同意的情况下,社会工作人员可对咨询者的生活环境,包括家庭、学校、职业进行社会调查。当时中央卫生实验院设有两个卫生实验区:一个设在重庆的沙坪坝和磁器口地区,称沙磁卫生实验区,主要工作是结核病防治;另一个是璧山卫生实验区,是与璧山县医院合作在农村推行新法接生和预防流行性疾病。④ 吴桢具体负责沙磁卫生实验区的社会工作,还协助璧山卫生实验区和中央医院成立了社会工作室,并兼职中央护士学校、璧山社会教育学院的教学工作,讲授《个案工作》。⑤

1944年起吴桢开始脱离社会工作实务工作,专门从事社会工作教学和研究。1944—1945年吴桢任成都华西协和大学、金陵女子文理学院社会学系副教授;1946—1947年以联合国善后救济总署专家名义,赴美国考察社会工作,入美国匹兹堡大学应用社会科学院学习;1947年受聘南京金陵大学社会行政福利系副教授,举家迁往南京,1949年4月升任教授。⑥

(二)对精神(心理)健康社会工作的贡献

此一时期吴桢的研究兴趣逐渐转向心理卫生和精神健康社会工作领域。一方面,从20世纪开始精神医学由治疗走向预防,心理卫生学应时而生。1908年,在美国人比尔斯(Clifford W. Beers)的倡议下,世界第一个心理卫生组织成立,参加者有教授、精神病学家、牧师、律师、审判官、社会工作者等,各

① 朱莲珍:《中央卫生实验院的组建及其变迁》,《营养学报》2015年第2期;金大勋:《回忆抗战时期的中央卫生实验院》,《营养学报》2006年第2期。

② 丁瓒:《心理卫生论丛》,上海商务印书馆1945年版,第24页。

③ 范庭卫:《丁瓒与抗战时期的心理健康教育》,《海峡教育研究》2014年第1期。

④ 金大勋:《回忆抗战时期的中央卫生实验院》,《营养学报》2006年第2期。

⑤ 吴桢:《我在协和医院社会服务部》,政协北京市委员会文史资料研究委员会编:《话说老协和》,中国文史出版社1987年版,第379、380页。

⑥ 吴江(吴桢先生之孙):《吴桢先生生平》,未刊稿。

专业人士开始协作克服人类的心理疾病。① 吴桢在负责中央卫生实验院的社会工作人员训练中心时,有心理专家讲授心理卫生课程。② 吴桢曾经的同事,金陵女子文理学院社会学系汤铭新教授自1943年起开始与精神病医师、心理学专家合作开办儿童行为指导所,旨在预防儿童的心理和精神疾病,取得了良好的成效。③ 这些无疑都影响着吴桢对心理卫生的注意。另一方面,吴桢赴美考察社会工作期间,强烈地感受到20世纪40年代社会工作重视心理学的新特点。他后来回忆说:"这时期的社会工作者都必须学心理学,他们对案主的调查着重于案主的感情与感觉……不过,也要看到,心理因素确实也是一个不可忽视的重要因素。医药社会工作、精神病社会工作不必说了,像家庭问题、婚姻问题、青少年犯罪、儿童行为问题等等,个案工作确实也离不开与心理学者的合作,运用智力测验、心理测验、特殊才能测验等等,都对做好社会工作有很大的帮助。"④在此背景下,吴桢于1948年10月翻译出版了美国心理卫生专家普莱斯敦(George H. Preston)1943年初版的《心理卫生十二讲》(*The Substance of Mental Health*)一书。⑤ 该书的关注重点集中在儿童的心理成长方面,探讨了儿童怎样在家庭中成长、怎样学会服从、怎样学习世故人情,应受到怎样的性教育等方面,继而提出心理卫生的"培植和构造"。1948年4月《儿童与社会》杂志创刊,吴桢担任编委,同时将《心理卫生十二讲》译著中的两章摘录刊登于该刊。⑥ 20世纪40年代,西方国家对于心理卫生已有较丰富的研究成果,而国内有关著述"尚如凤毛麟角"⑦。因此,《心理卫生十二讲》译著的出版,既为当时兴起的儿童行为指导工作提供了重要的参考资料,也有助于推动我国心理卫生事业的宣传。该著作出版后十分畅销,次年4月即行再版。

① 宋思明:《精神病之社会的因素与防治》,重庆中华书局1944年版,第27页。
② 丁瓒:《心理卫生论丛》,上海商务印书馆1945年版,第24页。
③ 参见本书第八章第二、三节。
④ 吴桢:《漫谈个案工作和个案分析》,《江苏社联通讯》1983年第3期。
⑤ 普莱斯敦著:《心理卫生十二讲》,吴桢译,家杂志社1948年10月初版。
⑥ 两章分别是:吴桢译:《儿童怎样学习世故》,《儿童与社会》1948年第1期;吴桢译:《儿童怎样了解人情》,《儿童与社会》1948年第2期。
⑦ 程玉麐:《序》,普莱斯敦著:《心理卫生十二讲》,吴桢译,家杂志出版社1948年版,第1页。

1949年,吴桢又翻译了F.A.Carmichael的《精神病护理学》一书,此书也很快于1951年再版。[1]

三、关注儿童社会工作

战后由于儿童福利事业在国内发展迅速,急需儿童福利人才。时任私立金陵大学社会福利行政组副教授的吴桢也开始关注儿童社会工作问题,发表文章探讨儿童教养机关社会工作及人员的训练。[2]

1947年8月,上海儿童福利促进会为训练在职的儿童福利工作人员,在震旦女子文理学院召开为期一周的儿童福利工作人员夏令会。参加者共有六十余个机关团体,代表人数百余人,[3]夏令会每日邀请各方面儿童福利专家进行演讲,吴桢也被邀请演讲儿童福利工作方法。[4]

四、对本土化社会工作发展的思考

吴桢一方面翻译和介绍国外医务社会工作相关著作,另一方面也对近代中国社会工作本土化发展的现实路径进行了思考。虽然他一直主张社会工作的专业性和科学性,但这种态度在1948年发生了大的转变。在《社会工作是一种社会制度抑社会运动》一文中,吴桢述及了社会工作中国化的问题,认为中国当时的社会工作不能像美国那样建设成为一种社会制度,重中之重是唤起全社会对社会福利事业的重视,解决连年战争导致的严重的民生问题,故而中国的社会工作暂时不能走专业化,而应该发展为一种全社会广泛参与的社会运动。文章开篇便明确指出:"我们应当坦白承认,中国的社会工作界受美国社会工作界的影响很深。这一方面是由于中国社会工作界的领导人物多半是由美国学成归来的,另一方面是由于中美两国在经济、政治、文化等方面都有极密切的关系。但是两国的社会背景毕竟不同,我们对他们的社会工作学

---

[1] F.A.Carmichael 著:《精神病护理学》,吴桢译,广协书局1951年再版。
[2] 吴桢:《教养机关社会工作及人员之训练》,《儿童福利通讯》1948年第15期。
[3] 《上海儿童福利促进会召开福利工作人员夏令会》,《行总周报》1947年第67、68期合刊。
[4] 《上海儿童福利工作人员夏令会记》,《儿童福利通讯》1947年第6期。

者的见解,有检讨的必要。"①通过对美国社会工作四五十年发展史的回顾,吴桢发现美国的社会工作作为一种社会制度,只是对其他社会制度的一种补充。因为美国作为成熟的资本主义国家富甲全球,各种福利制度都较完备。社会工作只是服务"被遗忘或被忽略"的少数人,使每个人的需要都得到满足,因而"美国社会工作的功能,是以个人为前提的"。反观国内现状,当时"像样的社会工作的活动在中国实在不多",却存在着许多热心的非社会工作专业人士的社会服务活动。吴桢反问道:"难道把这许多不合标准的活动停止了吗?难道把多数没有留过学,没有进过社会工作研究院,没有在大学读过社会工作学程,或没有受到任何社会工作正式教育,而实地在社会福利机关服务的工作员的资格都予以否认吗?难道我们对于不合标准,没有适当的物质设备的机关,都取一种冷淡的态度,听其自生自灭吗?"他认为更重要的是考虑社会现实:大多数的人民还生活在落后的农村社会,还在受封建的家族主义冤魂的缠绕。抗战已使成千上万的民众颠沛流离,内战仍在连绵,极度贫困与迫害之下的人民急需"大规模的、普遍性的社会工作"。这种情景不可能容许社会工作者在象牙塔里寻章摘句,埋首研究社会工作的定义、标准,或是专门地研究某一种社会工作的技能。吴桢强调社会工作者要走向大众,唤起一般人对于社会福利事业的注意。"社会工作者应努力使人了解社会工作的需要;放宽尺度,使多数人参加社会工作;以宽容、积极的态度,改善、督导现有的公私立的社会工作机构;以迅速而有效的方法训练在职的社会福利机关的工作员;以通俗而简易的文字宣传社会工作的意义与需要;以诚恳而合作的态度吁请社会人士,各种职业的从业者共同策划,推进社会福利政策。"所以社会工作在中国"是一种运动"。②

五、改革开放后重建社会工作专业的努力

建国初,社会学和社会工作专业被裁撤。1950年吴桢被调至南京市人民政府文化教育委员会任调查处处长,后历任省市"文委"秘书长、南京大学总

---

① 吴桢:《社会工作是一种社会制度抑社会运动》,《社会建设》1948年第1卷第5期。
② 吴桢:《社会工作是一种社会制度抑社会运动》,《社会建设》1948年第1卷第5期。

务长、江苏省高教局副局长等职,1958 年至 1990 年在九三学社工作。① 改革开放后社会学和社会工作专业重新恢复,吴桢坚守在教学科研一线,为社会学和社会工作的重建做出了重要贡献。②

(一)强调社会学的应用价值,重视个案分析

1982 年 5 月,武汉举行了中国社会学会第一次代表会议,增聘吴桢为学会顾问。③ 同年吴桢被选为江苏省社会学会第一届会长,④1987 年被推选为名誉会长。⑤ 吴桢从一开始就强调中国社会学研究的应用性:"我们要创建能够为建设四个现代化、两个文明的社会主义国家而服务的社会学。这就需要从实际出发,作认真的调查研究,掌握大量的资料,进行定量的和深入细致的定性的分析……提出切实可行的解决问题的方案,从而切切实实地解决一些实际问题。"⑥"要创建具有中国特色的社会学,要从中国的实际、中国的特点出发,以研究解决实际问题为主,不尚空谈。"⑦

80 年代初,吴桢作为江苏省政协委员经常视察各地劳教所和少管所进行帮教活动,⑧深切体会到各类犯罪现象在中国有回头之势,需要社会学者的研究。但经过 1952 年大专院校院系调整,社会学、犯罪学在高等院校的课程中已被撤销,⑨于是,吴桢发表《我们需要研究犯罪学》一文,指出犯罪学作为社会学的一个分支学科,"仍然是社会科学领域中最荒凉的一块园地"。⑩ 文中

---

① 吴桢:《在九三机关三十二年》,《民主与科学》1995 年第 5 期。

② 赖志杰:《浦爱德与北平协和医院社会服务部的医务社会工作——兼谈中国医务社会工作的发端与早期发展》,《华东理工大学学报》2013 年第 6 期。

③ 吴桢:《江苏省社会学会筹备工作报告》,《江苏社联通讯》1982 年第 8 期。

④ 《江苏省社会学会理事会和顾问名单》,《江苏社联通讯》1982 年第 8 期。

⑤ 《深入研究改革与社会发展——江苏省社会学学会第二届会员代表大会暨学术讨论会在南京举行》,《江苏社联通讯》1988 年第 3 期。

⑥ 吴桢:《社会学要为两个文明建设作贡献》,《社会》1982 年第 4 期。

⑦ 吴桢:《社会学的建立与发展——兼论创建具有中国特色的社会学》,《江海学刊》1987 年第 4 期。

⑧ 《江苏政协·大事记》,2015 年 10 月 25 日,见 http://www.jszx.gov.cn/bdcms/wwwroot/wxzl/dsj/20030120/8217.html。

⑨ 严景耀:《中国的犯罪问题与社会变迁的关系·译者序》,吴桢译,北京大学出版社 1986 年版,第 7 页。

⑩ 吴桢:《我们需要研究犯罪学》,《江苏社联通讯》1981 年第 2 期。

梳理了20世纪三四十年代犯罪学在社会学系的开设历程,解释了犯罪学的研究对象、范围和问题,归纳了西方犯罪学的主要理论流派。此文具有开创性意义,为创建适合我国国情的犯罪社会学奠定了新的基础。之后吴桢又翻译出版了早年著名社会学家严景耀先生所著的《中国的犯罪问题与社会变迁的关系》一书。① 该书是严景耀先生1934年在美国芝加哥写的博士论文,也是他1928—1930年间调查了中国的20个城市的300多件犯罪个案、12个省的监狱记录资料的基础上,经过研究分析而写成的。② 遗作一直珍藏在芝加哥大学的图书馆和严景耀先生的夫人雷洁琼教授手中,因种种原因没有在国内出版问世。吴桢根据美国芝加哥大学图书馆藏的英文打字本进行了翻译。书中以社会学视角研究形成犯罪的过程,将犯罪搁置在广阔的社会文化背景之中,赋予犯罪以广泛的社会性质。该书的出版,无疑为改革开放以来社会犯罪问题的研究提供新的思路和方法,具有重要的现实意义。

在社会学研究方法上,吴桢重视个案调查和分析,不仅因为他的职业历程中从事个案工作的时间长,积累了非常丰富的经验,还因为社会学恢复后各地社会学研究者做的社会调查中统计法、问卷法、定量分析的比重较大,个案法、定性分析的比重较小。吴桢认为"这样的结果是面上现象的描述多,而点的深入不够,对于问题发展的过程、来龙去脉、前因后果分析不够,便显得单薄,没有深度,缺乏实感和立体感。"③吴桢特别提到要创造性地运用独到的方法研究问题,在这方面"个案调查和个案工作者都是大有可为的。"④因此,在1982年12月江苏省社会学会举办的学术讲座上,吴桢专门就个案工作和个案分析作了专题发言。

(二)重建社会工作专业的努力

民国时期的社会工作与社会学有着极其密切的联系,社会工作课程(项目)或直接依附于社会学,或脱胎于社会学。⑤ 因此,吴桢在已恢复的社会学

---

① 此论文的英文名为"Crime in Relation to Social Change in China"。
② 严景耀:《中国的犯罪问题与社会变迁的关系》,吴桢译,北京大学出版社1986年版。
③ 吴桢:《漫谈个案工作和个案分析》,《江苏社联通讯》1983年第3期。
④ 吴桢:《漫谈个案工作和个案分析》,《江苏社联通讯》1983年第3期。
⑤ 孙立亚:《社会工作导论》,中国财政经济出版社1999年版,第4—6页。

发展中特别强调社会学理论的应用——社会工作,他在《社会学的建立与发展——兼论创建具有中国特色的社会学》一文中提出:"20 世纪 30 年代的西方社会家都是既重视理论研究又重视应用。他们为劳苦人民呼吁,加强社会福利措施,改进社会工作方法,在缓解社会矛盾,减轻人民的痛苦方面起了积极作用。""社会学理论的应用之一是直接用于社会调查,以社会理论指导社会调查;其二是应用于社会工作、社会福利和社会福利行政工作方面。"①

　　1987 年在北京马甸召开的社会工作教育论证会,重新确认了社会工作的学科地位。为满足当时教学的需要,吴桢在 1987 年的《中国民政》杂志开辟"社会工作讲座"专栏,对社会工作基础知识进行了连续 7 期的刊载,内容分别是"社会工作与社会学"、"社会工作与社会问题"、"社会工作的内涵与外延"、"个案工作"、"群体工作"、"社区工作"和"社会工作的预测与展望"。②《中国民政》杂志在《编者按》中指出这是改革开放以来首次在国内系统地介绍社会工作知识。讲课内容由民政部人事教育司及《中国民政》编辑部合编成中国社会工作教育恢复重建之后的第一部社会工作教材,于 1991 年由中国社会出版社出版。③ 在社会工作学科建设方面,吴桢提出:"社会工作是应用社会学的重要组成部分","是一门独立的学科"。这一学科的特有属性是"运用社会学原理和社会调查方法研究社会问题产生的原因,发展规律,谋求解决那些障碍社会健康发展的各种矛盾和问题,帮助受社会问题困扰和危害的人们克服或解决问题,以调整社会关系,促进社会福利、维护和巩固社会秩序。"④吴桢作为社会工作的前辈开拓者,在此期间的探讨对社会工作的恢复和发展奠定了基础,为社会工作学研究构建了基本的理论和研究框架。

　　1987 年北京大学社会学系增设社会工作与管理专业,系主任袁方教授很

---

　　① 吴桢:《社会学的建立与发展——兼论创建具有中国特色的社会学》,《江海学刊》1987 年第 4 期。

　　② 吴桢主讲:《社会工作讲座》,《中国民政》1987 年第 3、4、6、7、9、10、11 期连载。

　　③ 张宁渤:《中山大学社会工作教育发展探析》,《社会工作》2012 年第 12 期。

　　④ 吴桢主讲:《社会工作讲座》,《中国民政》1987 年连载;并见李葆义、隋玉杰编:《社会工作》(理论研究与参考资料),民政管理干部学院、社会福利与社会进步研究所情报资料中心 1991 年编,第 134—185 页。转引自张丽剑:《"社会工作"在中国的认识发展历程》,《社会工作》2006 年第 7 期下半月。

重视发挥老一辈社会学家、社会工作学家的传帮带作用,邀请吴桢到北京大学给研究生讲授《个案工作》课程。① 此外,吴桢还在中山大学、南京农业大学等高校讲授社会工作课程,"为新时期社会工作的恢复重建付出了巨大的心血"②。

在社会工作职业化和专业化方面,吴桢既主张借鉴西方的做法,又要结合中国实际实现本土化。首先,吴桢借用美国《纽约时报》的说法描述了现代社会工作者的职业形象:"我们原以为社会工作者不过是拎着菜篮子帮助穷人的;现在,她却是以她的专业训练、科学方法和艺术家风度来解决社会上许多领域的问题的'里手专家'。她善于处理家庭经济困难和感情纠纷问题。她帮助社区福利和有关的服务机关协调平衡。她在医院、社团、学校等单位工作,探求预防青少年和成年人的越轨与犯罪。"其次,吴桢认为社会工作职业化还要重视职业伦理和工作守则的建设,一方面可以制约社会工作的行为,另一方面也使社会工作成为被社会所尊敬、信任和爱戴的一种职业。再次,吴桢强调要实现社会工作的职业化,必须组织成立"社会工作者协会"以保护同行,加强交流,共同维护行业权威。不难看出,这些主张与吴桢早年的观点是完全一致的,即强调社会工作专业的专业性、职业伦理和行业权威。当然,结合中国实际,吴桢又指出民政工作就是具有中国特色的社会工作,因此我国社会工作的职业化和专业化"应该从中国的实际出发,以现存的民政工作为主要阵地,以受过大专院校社会工作教育训练的毕业生和有丰富实际经验的民政社会工作干部为基本队伍,发扬传统优势,吸取外来经验,不断提高民政、社会工作者的工作能力和心理素质,走出一条具有中国特色的新路子"③。

① 王思斌:《袁方教授的社会工作教育思想与学科建设实践》,《社会工作》2014 年第 2 期。
② 《省社会学学会积极开展活动》,《江苏社联通讯》1985 年第 11 期。
③ 吴桢:《试论社会工作的职业化专业化》,《江海学刊》1989 年第 3 期。

结语：理想与现实的两难

民国时期医院社会工作经过近三十年的发展，取得了一定的成绩，然而由于国力贫弱，战乱频仍的现实，经济资助往往成为医院社会工作的重要任务，也成为制约专业服务进一步开展的重要因素。

一、民国时期医院社会工作取得的成绩

第一，开展社会工作的医院种类多样。民国时期开展专业社会工作服务的医院呈现多样化特征，不仅有教会医院，还包括了一些政府公立医院、民间慈善医院、专科医院、精神病院和伤残康复医院。服务对象既有贫苦百姓，还有伤残军人、传染病患者、问题儿童、心理和精神疾病患者、伤残人士等。

不过，民国时期的医院社会工作虽然在各地有一定的发展，但并不普遍。1947 年上海儿童福利促进会调查了 130 所医院，所得有效样本为 91 所，其中仅有 10 所医院设有社会服务部，共有 19 位社会工作人员。这 10 家社会服务部所做的工作，有 5 家办理贫病的服务；4 家做家庭拜访；2 家做疾病预防；1 家做体格检查；1 家做接生工作；1 家办理免费住院工作。[①] 之所以如此，是因为一方面医疗社会工作是新生事物，人们认可并接受它不容易；另一方面医疗社会工作多少带有社会福利色彩，并非所有医院有意愿、有能力承担。[②] 时人便写道："常有少数的医务人员，和社会上一般人士，用着同样的眼光来推断，

---

① 陈仁炳：《有关上海儿童福利的社会调查》，上海儿童福利促进会 1948 年印刷，第 176 页。
② 高鹏程：《民国医疗社会工作述评与当代启示》，《社会工作》2012 年第 4 期。

以为这种工作（即指医院社会工作），是赘余的，可有可无，无设立机构的必要。"①

第二，医院社会工作专业性较强。社会工作专业诞生于对"科学的慈善"之追求，十分强调其专业性，即"通过严肃的、独立的知识建立和运用来达成可见的积极变化，常常也意味着对发展有效的具体方法的强调。"②民国时期的医院社会工作专业性发展主要体现在：

1. 医院社会工作摆脱了宗教的束缚，成为现代社会事业。

毋庸讳言，早期西方教会在华创办医院的初衷是为了传教事业，但医院社会工作却不再是传播宗教的工具，而是现代世俗化的社会事业。医院社会工作者中许多人仍是教徒，已经不以传教为业，而是以医疗社会服务为目的。医院社会工作与宗教的分离，还表现在医院同时设立社会服务部和宗教部，两者职责各不相同，如北平协和医院③、南京鼓楼医院④。

2. 医院社会工作人员的专业素质较高。

协和医院社会服务部创立之初的工作人员只有中学学历，后来开始招收本国社会学及其他专业的大学毕业生，对其进行专业培训，并派往各科实习。⑤ 同时，社会服务部还派遣员工到海外进修，1930 年朱曦和钱长本两人从美国纽约社会服务专门学校完成学业回国，林淑云和陶玲两人也曾留学美国，周励秋获得了燕京大学社会服务系硕士学位，于汝麒也于当年从国纽约社会服务专门学校肄业。⑥ 世界红卍字会上海妇女分会临时医院社会服务部的 18 位干事中，大学及以上毕业者达 14 人，其中拥有社会学专业背景的占 8 人。⑦ 一些国内大学的专业教师也同时担任着医院社会服务部的重要职位。如南京中

---

① 洪祥辉：《介绍医院的社会服务部》，《红十字会月刊》1947 年第 18 期。

② 陈涛：《社会工作专业使命的探讨》，《社会学研究》2011 年第 6 期。

③ ［美］福梅龄：《美国中华医学基金会和北京协和医学院》，闫海英、蒋育红译，中国协和医科大学出版社 2014 年版，第 85—93 页。

④ 金陵大学：《金陵大学六十周年纪念册》，金陵大学出版社 1948 年版，第 80 页。

⑤ 陈洁：《平津两个医院社会服务部的调查》，燕京大学社会学系学士毕业论文，1949 年，第 22—25 页。

⑥ 北平协和医院：《北平协和医院第二十二次报告书》，1930 年印刷，第 59 页。

⑦ 《世界红卍字会上海妇女分会临时救济服务部简章》，1937 年，第 6—7 页。上海档案馆，档案号 Q120-4-103。

央医院社会服务部主任王杰仪,同时兼任金陵大学社会学系社会福利行政组教师。① 成都"儿童行为指导所"主要负责人、南京精神病防治院社会服务处主任汤铭新女士,系金陵女子大学社会系教授。② 北平精神病疗养院③、澄衷肺病疗养院④、重庆中央医院、南京伤残重建院的社会服务部门的工作人员也都是资深的专业人士。

为了保证服务的专业性,医院社会服务部在招聘工作人员时提出了较全面的要求。如南京中央医院社会服务部要求:"首先,在学识上必须具有大学社会工作之教育或受社会工作专门训练,更应具有医学常识。再者还需了解心理及精神分析,具备应付不正常心理者的技能,因为患者在疾病痛苦时常会产生心理之不正常。其次在个人性格方面,应有健康的身体、耐劳任怨的精神、诚恳忠实之态度、上进好学且富有创造力。再次在工作态度方面,能了解病人之身心痛苦,又能实事求是而不以感情用事,能组织工作使工作系统化,注意发展求助者人格,使其能自力更生。"⑤

当然,因为社会工作人才的缺乏,也有一些医院的社会服务部工作人员或为护士出身,或只有中学毕业资历。⑥

3. 服务理念先进,"见病更见人",提供"社会治疗"。

医院社会工作服务的主要手段是为病人提供"社会治疗"。正如《医院社会工作》一书中所说,"医院社会工作,系为社会治疗,故对于致病之社会原因,及因疾病而生之社会问题,亦逐步加以克服。"⑦换言之,医院社会工作者除了通过调查病人的社会环境,协助医生诊断外,更重要的是进行较独立的社

---

① 金陵大学:《金陵大学六十周年纪念册》,金陵大学出版社 1948 年版,第 22 页。

② 薛汤铭新:《儿童行为指导工作》,上海商务印书馆 1948 年版,第 3 页。

③ 宋思明:《精神病之社会的因素与防治》,重庆中华书局 1944 年版,第 60—61、25—26 页。

④ 《上海市人民政府关于同意任用高真为上海市卫生局所属澄衷肺结核病医院社会服务员的指示》,1951 年,上海档案馆,档案号 B23-4-655。

⑤ 南京中央医院社会服务部:《南京中央医院社会服务部工作报告:民国三十六年一月至六月》,1947 年,第 4—5 页。

⑥ 《四明医院概况》,1949 年。上海档案馆,档案号 B242-1-139;《上海仁济医院填报工作人员调查表》,1951 年。上海档案馆,档案号 B242-1-377-30。

⑦ 宋思明、邹玉阶:《医院社会工作》,重庆中华书局 1946 年版,第 1 页。

会治疗，使病人"恢复其社会上原有之地位"①，达到综合治疗的目的。"因为现代医学认为任何一种疾病，特别是慢性病，如心脏病、肺病、胃病、精神病等的发生，显而易见地受心理的、情感的和社会因素的影响，就是皮肤病也与心理状态、社会环境有着密切的关系。所以对于疾病的治疗不能'头痛医头、脚痛治脚'，也不能'见病不见人'，而要对疾病进行综合治理。社会治疗是综合治理的一个重要方面。"②对精神病患者而言，社会治疗更是至为重要。它在"改善病者之环境，解决病者之经济，以及其他凡有关于病者精神方面之安慰与生活方式之改善，其对病者之功效，往往胜于医药。"③

北平社会调查所研究人员吴铎分析北平协和医院社会服务部1921年至1927年3月的2330个个案后发现，社会服务部所实施的社会治疗中，纯粹的社会治疗如为病人介绍工作、遣送病人回家等次数较多，占次数之69.1%，关于医药的社会治疗如督查受治疗的病人、向医生提供特殊诊断的材料等占30.9%。④世界红卍字会上海妇女分会临时医院社会服务部的主要服务对象是伤兵和难民。社会服务部分为调查组、研究组、善后组和慰问组四组，协同进行社会工作服务。社会服务部编订了各项章程，规定其具体工作有：一伤兵难民履历及其家属之调查；二伤兵难民残废者之本身善后；三伤兵之安慰方法；四伤兵因伤不治者之遗族善后；五难民无家可归者之处置；六难民技能之分类工作。⑤四明医院社会服务科的工作主要包括：对院内病人的访问，询问其生活、精神及对本院设施的看法；病人出院后，定时访问其家庭，指导其卫生保健的要领与方法；指导社会环境卫生，推行防疫种痘等各种公共保健工作。为了确保调查工作的准确性，每一次访问工作，均使用统一表格，逐项填写。⑥

① 宋思明、邹玉阶：《医院社会工作》，重庆中华书局1946年版，第4—5页。
② 吴桢：《我在协和医院社会服务部》，北京市政协文史资料研究委员会编：《话说老协和》，中国文史出版社1987年，第375页。
③ 宋思明：《精神病之社会的因素与防治》，重庆中华书局1944年版，第23页。
④ 吴铎：《北平协医社会事业部个案底分析》，《社会科学杂志》1931年第1期。李文海主编：《民国时期社会调查丛编·社会保障卷》，福建教育出版社2014年版，第371页。
⑤ 《世界红卍字会上海妇女分会临时救济服务部简章》，1937年，第3页。上海档案馆，档案号Q120-4-103。
⑥ 《四明医院五年来大事述要》，1947年，第4页。上海档案馆，档案号B242-1-717。

服务步骤也按照专业社会工作方法,分调查、统计、通知、访问、施诊、研究和报告七个阶段。① 南京鼓楼医院社会服务部在二十余年中致力于解决病者的一切问题,为之解除疾病和精神痛苦。该部的社会服务包括:病者愈后欲返乡,代觅交通工具;出院后无处可归者,设法安置之;病故而无力掩埋者,代为掩埋;介绍病人转往其他医院、或营养站、卫生机关治疗;以及经济方面的各类资助等。②

在精神健康社会工作中,社会治疗的效果尤其明显。北平精神病疗养院改组后,社会服务部工作人员重视调查患者病情发生的各种原因、解决患者的社会问题和善后问题,"对患者之经济状况、家庭问题、社会环境、莫不尽人力之可能,予以合理之解决。功效之大,不减医药。"③社会服务部的具体工作包括会谈治疗、职业治疗、娱乐治疗及社会生活治疗,最终"以达社会治疗之目的"④。精神健康社会工作还开创了"生物—心理—社会"医学模式。成都儿童行为指导所中的工作者,除华西协和大学医学院神经科主任及医师外,还有金陵女子文理学院社会系教授汤铭新、助教林志玉及一些高年级学生,心理测验工作则由金陵大学心理学系教师协助。⑤ 该所成绩显著,"1943 年至 1946 年间,来所诊治的儿童中,达到痊愈或显著进步的占 88%,进步的占 10%,只有少数人因先天的影响较大,诊治无效。"⑥抗战后的南京精神病防治院也沿用了这一合作治疗模式,该院当时开展的医学治疗、心理治疗、社会治疗和作业娱乐治疗等,可以说"代表着国家水平"⑦。

---

① 邬式唐:《改进前后之四明医院概况》,1943 年,第 7 页。上海档案馆,档案号 B242-1-717。

② 金陵大学:《金陵大学六十周年纪念册》,金陵大学出版社 1948 年版,第 81 页。

③ 宋思明:《精神病之社会的因素与防治》,重庆中华书局 1944 年版,第 21 页。

④ 宋思明:《精神病之社会的因素与防治》,重庆中华书局 1944 年版,第 36、38、40、41 页。

⑤ 薛汤铭新:《儿童行为指导工作》,上海商务印书馆 1948 年版,第 3 页。

⑥ 肖鼎瑛:《抗战期间迁蓉的金陵女子文理学院》,中国人民政治协商会议四川省成都市委员会文史资料研究委员会编:《成都文史资料选辑》(总第九辑),1985 年印刷,第 188 页。

⑦ 《南京脑科医院·历史沿革》,2012 年 9 月 2 日,见 http://www.c-nbh.com/about/lsyg.asp。

二、理想与现实的两难

医院社会工作开展社会治疗重点是为满足个案工作对象的需求，"属于物质方面的固属不少，而属于服务方面的尤多。"①在解决病人的社会困境时，单纯的经济救济并不能解决病人的所有问题，有时甚至还会带来副作用。"如某社会个案工作员专赖金钱救济以办理个案，其工作显难有成功之希望"②但是，由于国力贫弱，战乱不止，当时许多病人最重要的问题恰恰是经济困难。病人或因病致贫或因贫致病，这既有病人收入微薄或缺乏收入来源的原因，又有医疗费用不菲的原因，"打一针，照一个 X 光片的价钱和一个贫苦的工人每月的收入不相上下"③，如北京解放前夕（1948 年），在约 150 万居民中，仅有西医 600 余人，中医 1000 余人，各类病床数有 1700 余张，突出的问题是供求矛盾。由于民不聊生，连部分小康者也负担不起医药费用。④ 因此经济救助往往成为了医院社会工作的重心。经济救助的内容既有减免医药费用、资助衣物、旅费、殡葬费，供给营养餐等消极救助，又有职业介绍、小本借贷等的积极救助。⑤

以北京协和医院为例，1932 年 7 月 1 日至 1933 年 6 月 30 日一年中，社会服务部总计服务个案 10689 例，其中有关经济救助的"接洽免费住院"、"免费住院"、"免费治疗"、"以衣服或钱财救济"、"接洽减少医药费"、"经济缺乏"、"代谋职位"各项达 4159 例。⑥ 协和医院社会服务部在门诊服务台、分科处及住院处都设有社工人员。社工人员在门诊服务台负责回答病人的问题；在门诊分科处，凡是病人没钱时，就让病人去找该科的社工人员谈话并写社会历史，然后再办理减免费用等事项，分科处有权就减免费用签字；在住院处，有穷苦病人需要住院时，经过社工人员了解情况后，也可以决定免费或者减费住院。社工人员先用英文书写病人的社会历史，再进行家访，最后决定对病人减

① 吴榆珍：《社会个案工作方法概要》，上海书局 1946 年版，第 8 页。
② 宋思明、邹玉阶：《医院社会工作》，重庆中华书局 1946 年版，第 41 页。
③ 姚慈蔼：《医院社会服务部工作》，《国立上海医学院季刊》1940 年第 2 期。
④ 严镜清：《解放初期北京市的医疗工作》，《文史资料选编》（第 39 辑），北京出版社 1990 年版，第 98 页。
⑤ 高鹏程：《民国医疗社会工作述评与当代启示》，《社会工作》2012 年第 4 期。
⑥ 北平协和医院：《北平协和医院第二十五次报告书》，1933 年印刷，第 46 页。

费、免费还是分期交款,以及资助衣物、路费和殡葬救济。遇到急病,先救人后,再说费用的事情。因为协和医院的社会服务部在实实在在地"帮穷",所以一般老百姓也称它为"帮穷部"。也正是由于有了社会服务部这样的机构,老协和医院才成为两类人最多的医院——一类是达官贵人,一类是走投无路的穷人。①

南京中央医院社会服务部也在报告中说:"盲目的救济,反养成一般依赖性,而使整个救济蒙受影响。故本室完全根据社会学理,加以个案调查,为客观合理之救助。"②与其他各地中央医院传统的单纯性救济相较,南京中央医院社会工作的专业性较突出,但仍免不了陷入以经济救助为中心的窠臼。③如1946年4月至1947年6月社会服务部的统计中,免费住院病人1266人,同时期住院总人数为8952人,免费者占14.1%。④"其他救济事项"还包括:资助旅费;发放新旧单棉衣衫;代为抬埋死亡的贫苦病人;贷助资本;介绍工作等。⑤而照顾住院病人的娱乐和消遣、为病人解释病情、协助解决病人的家庭问题或社会纠纷等工作,则成为服务部工作的小配角。⑥

南京鼓楼医院30年代初设立社会服务部,初期工作主要负责调查病者个人境遇或家庭情形,遇有贫病无资入院医治者经调查属实,即设法济助其留院治疗。⑦抗战胜利后社会服务部的工作亦是如此。当时每天来社会部求诊的病人有七八十之多,该部工作人员对贫寒者酌量免予缴纳挂号、医药费用。综计一年半中,免挂号者14886人,免收或减收药费者10888人,免费检验者423人,免费照X光者124人,免收或减收住院费用者共463人,免手术费者433人。此外,涉及经济方面的资助还有小额贷款;为其家属代谋职业;介绍儿童

---

① 赵安平:《老协和医院有个"帮穷部"》,《健康时报》2006年2月13日,第3版。
② 南京中央医院:《南京中央医院三十五年度年报》,南京中央医院1946年版,第67页。
③ 行政院新闻署:《中央医院》,1947年印刷。
④ 南京中央医院:《南京中央医院三十五年度年报》,南京中央医院1946年版,第65—69页;南京中央医院社会服务部:《南京中央医院社会服务部工作报告:民国三十六年一月至六月》,1947年印刷,第12页。
⑤ 《内政部中央医院调查委员会报告书》,1934年印刷,第34—35页。
⑥ 南京中央医院社会服务部:《南京中央医院社会服务部工作报告:民国三十六年一月至六月》,1947年印刷,第13—15页。
⑦ 金陵大学秘书处编:《私立金陵大学一览》,金陵大学1933年印刷,第428页。

入学并代缴书杂费用；发放棉衣、被褥、毛巾、鞋袜、帽子及富有营养之食品等。①

上海仁济医院的"社会服务课"规定其主要工作"为处理贫苦病人免费治疗事宜，并于彼等出院时施送冬衣鞋袜等物，对无家可归之病人又须接洽转送孤儿院及其他救济机关，以谋善后"。在组织系统设置方面，社会服务课从属于事务部，与储藏、采购、出纳、庶务等并列。② 社会服务课并未设于医务部下，可见只注重其物质救济功能，而未意识到其他更重要的治疗功能。以1951年4、5月的服务情况为例，4月份减免收费的人数共1068人，占当月处理案件数1216人的87.83%，5月份减免收费人数1309人，累积甚至超过了当月处理案件数1111人。③

由慈善时疫医院而来的定海福仁医院，更是以社会服务部代替以往的医疗救济。1947年定海时疫医院成立时，无论挂号、住院、医药费等，概不收取分文。由于免费诊治，医院开诊三个月，接受病人数达1.5万余名，眼科及外科施行手术者就有203人，失明而复光者数十人；同时注射霍乱预防针者达7000余人。④ 1948年更名福仁医院，开始酌收医药费用。医院于是设立社会服务部，根据章则，凡确系贫病患者提出申请并经核实后，所耗医药等费用可全部或部分减免。为提倡护理妇婴，规定孕妇可向该院申请免费检查，如其分娩期在4、5、6三个月者，均可于临产前住入三等产妇室，限住一星期，其间医药、材料、接产及住院等费用，一概免收。⑤

当然，一些没有专门开设社会服务部的医院也或多或少地对病人进行经济救助，显然这样的经济救助不是严格意义上的医院社会工作。

---

① 金陵大学：《金陵大学六十周年纪念册》，金陵大学出版社1948年版，第80—81页。
② 《上海仁济医院概况》，1951年。上海档案馆，档案号B242-1-377-4。
③ 《上海仁济医院关于简略工作报告》，1951年。上海档案馆，档案号B242-1-377-19。
④ 天梦：《定海时疫医院始末》，载《舟山文史资料》第2辑，浙江人民出版社1992年版，第139—140页。
⑤ 天梦：《定海时疫医院始末》，载《舟山文史资料》第2辑，浙江人民出版社1992年版，第141—142页。

参 考 文 献

档案资料

南京中央医院、各地中央医院、南京伤残重建院档案,第二历史档案馆,档案号:12。

南京市立救济院档案,南京档案馆,全宗号:1013。

南京市鼓楼医院档案,南京档案馆,全宗号:1010。

首都实验救济院档案,南京档案馆,全宗号:1012。

上海中山医院、仁济医院、四明医院档案,上海档案馆,档案号:B242。

世界红卍字会档案,上海档案馆,档案号:Q6。

上海伤残重建服务处档案,上海档案馆,档案号:Q548。

重庆市档案馆、重庆师范大学合编:《中华民国战时首都档案(第三卷)·战时社会》,重庆出版社2008年版。

《上海市人民政府关于同意任用高真为上海市卫生局所属澄衷肺结核病医院社会服务员的指示》,1951年。上海档案馆,档案号:B23-4-655。

《上海市卫生局关于仁济医院与同仁医院工作的来往文书》,1948年。上海档案馆藏,档案号:Q400-1-2519。

《世界妇女红卍字会之组织及工作》,上海档案馆藏,档案号:Q120-4-45。

《浙金积善堂关于举办平民诊疗所申请备案》(1951年),上海档案馆藏,档案号:Q115-19-4。

中国第二历史档案馆编:《中华民国史档案资料汇编1927—1949》(第五辑),江苏古籍出版社1999年版。

张岭泉主编:《北平协和医院社会工作档案选编(1921—1950)》(上、下),河北教育出版社2014年版。

历史文献

[美]蒲爱德撰:《医务社会工作者:他们的工作与专业训练》,唐佳其译、刘继同校,《社会工作》2008年第4期(下)。

[美]Ida Pruitt 著:《北平协和医院社会服务部 1927—1929 年度报告》,谷晓阳译,甄橙、刘继同校审,《社会福利(理论版)》2014 年第 5 期。

北平协和医院:《北平协和医院第二十二次报告书》,1930 年印刷。

北平协和医院:《北平协和医院第二十五次报告书》,1933 年印刷。

北京特别市公署卫生局编:《北京特别市公署卫生局业务报告》,北京特别市公署卫生局 1938 年编印。

《北平市公安局第一卫生区事务所第七年年报》(第七期),1932 年。

陈洁:《平津两个医院社会服务部的调查》,燕京大学社会学系学士毕业论文,1949 年。

陈方之:《南京市立鼓楼医院实况》,1928 年印刷。

丁瓒:《心理卫生论丛》,上海商务印书馆 1945 年版。

第七战区荣誉军人管理处编:《荣誉军人问题与意见》,广东伤兵之友社 1941 年印行。

《国立上海医学院一览:中华民国三十五年度》,1946 年印刷。

国立中山大学第一医院编:《国立中山大学第一医院概览》,1929 年印刷。

广西伤兵之友社编:《伤兵之友》,广西伤兵之友社 1940 年印刷。

金陵大学秘书处编:《私立金陵大学一览》,金陵大学出版社 1933 年版。

金陵大学编:《金陵大学六十周年纪念册》,金陵大学出版社 1948 年版。

李槐春:《医院社会服务之功用》,燕京大学社会学系学士毕业论文,1941 年。

李廷安:《上海市卫生局工作之概况》,上海市卫生局 1934 年 1 月印刷。

卢永春:《痨病论》,中华医学会反痨基金社 1937 年版。

吕梁建:《道慈概要》上卷,龙口道院 1938 年版。

麦佳曾:《北平怀幼会的研究》,燕京大学社会学系学士毕业论文,1939 年。

南京中央医院编:《南京中央医院年报:三十五年度》,南京中央医院 1946 年印刷。

南京中央医院编:《南京中央医院年报:三十六年度》,南京中央医院 1947 年印刷。

《南京中央医院社会服务部工作报告:三十六年一月—六月》,1947 年印刷。

《内政部中央医院调查委员会报告书》,1934 年印刷。

庞京周:《上海市近十年来医药鸟瞰》,中华书局 1948 年版。

[美]普莱斯敦:《心理卫生十二讲》,吴桢译,家杂志社 1948 年版。

齐耀玲:《北平协和救济部个案分析》,燕京大学社会学系学士毕业论文,1941 年。

齐鲁大学新医学院编:《济南私立齐鲁大学新医院开幕典礼纪念册》,1936 年印刷。

上海公济医院纪念刊编辑委员会编辑:《上海公济医院纪念刊:民国卅四年九月至卅七年九月》,1948 年印刷。

《上海中山医院三十六年度年报》,1948 年印刷。

宋思明、邹玉阶:《医院社会工作》,重庆中华书局 1946 年版。

宋思明:《精神病之社会的因素与防治》,重庆中华书局 1944 年版。

孙珍方:《分裂性精神病个案之社会分析》,燕京大学社会学系毕业论文,1945 年。

伤兵之友社总社编:《新生活运动促进总会伤兵之友社总社七年来工作简报》,伤兵之友社总社 1947 年版。

《四明医院十五周纪念册》,1937 年印刷。

《首都平民医院两周年报告》,1933 年印刷。

王克:《中国社会服务事业》,重庆商务印书馆 1945 年版。

吴榆珍编译:《社会个案工作方法概要》,上海书局 1946 年版。

行政院新闻局编:《中央医院》,行政院新闻局 1947 年印刷。

行政院新闻局编:《中国红十字会》,行政院新闻局 1947 年印刷。

薛汤铭新:《儿童行为指导》,商务印书馆 1948 年版。

喻兆明编著:《荣誉军人就业辅导》,上海正中书局 1947 年版。

言心哲:《现代社会事业》,商务印书馆 1946 年版。

中华民国红十字会总会编宣股:《中华民国红十字会战时工作概况》,1942 年内部印刷。

中华续行委办会调查特委会:《中华归主——中国基督教事业统计(1901—1920)》,中国社会科学出版社 2007 年版。

《中央医院年报:民国二十二年》,南京中央医院 1933 年印刷。

《中国红十字会总医院国立中央大学医学院第一实习医院报告》,上海红十字会总医院 1932 年版。

《中国红十字会第一医院国立上海医学院第一实习医院报告:民国二十二年度》,1933 年印刷。

《中国红十字会第一医院国立上海医学院第一实习医院报告:民国二十三年度》,1934 年印刷。

《中国红十字会第一医院国立上海医学院第一实习医院报告:民国二十四年度》,1935 年印刷。

朱新繁:《中国农村经济关系及其特质》,重庆新生命书局 1939 年版。

周乃森:《一百个精神病学生个案的分析》,燕京大学社会学系学士毕业论文,1941 年。

民国报刊

《残不废月刊》、《当代评论》、《东方杂志》、《儿童福利通讯》、《儿童与社会》、《大公报》、《福音光》、《福建县政》、《福建善救月刊》、《国立上海医学院季刊》、《国民教育》、《国医正言》、《红十字月刊》、《华西医讯》、《教育与职业》、《家》、《抗战三日刊》、《陆军经理杂志》、《荣誉军人月刊》、《申报》、《社会建设》、《上海四明医院院讯》、《社会工作通讯》、《社会科学杂志》、《圣公会报》、《市政公报》(北平)、《市政评论》(北平)、《卫生月刊》(北平)、《外交报周报》、《西风》、《西书精华》、《行总周报》、《新华日报》、《新重庆》、《益世报》(天津)、《中央日报》

史料汇编

《贵阳文史资料选辑》(第 22、39 辑),贵阳南明民政印刷厂 1987、1993 年印刷。

湖州市政协文史资料研究委员会编:《湖州文史》(第五辑),杭州东方印刷厂 1987 年印刷。

李文海主编:《民国时期社会调查丛编·社会保障卷》,福建教育出版社 2004 年版。

《美国哈佛大学哈佛燕京图书馆藏民国文献丛刊·文化教育》(53),广西师范大学出版社 2012 年版。

《南大百年实录》编辑组编:《南大百年实录·中卷·金陵大学史料选》,南京大学出版社 2002 年版。

秦孝仪:《革命文献·抗战建国史料——社会建设》(第 96—100 辑),台湾"中央"文物供应社 1983—1984 年版。

四川省成都市委员会文史资料研究委员会:《成都文史资料选辑》(总第九辑),1985 年印刷。

中国红十字会总会编:《中国红十字会历史资料选编》,南京大学出版社 1993 年版。

中国人民政治协商会议全国委员会文史资料研究委员会编:《文史资料选辑》(第 31、34、39 辑),中国文史出版社 1980、1988、1990 年版。

《舟山文史资料》第 2 辑,浙江人民出版社 1992 年版。

张研、孙燕京主编:《民国史料丛刊·大学教育·社会问题·社会救济》,大象出版社 2009 年版。

当代著述

[美]约翰·齐默而曼·鲍尔斯:《中国宫殿里的西方医学》,蒋育红等译,中国协和医科大学出版社 2014 年版。

[美]福梅龄:《美国中华医学基金会和北京协和医学院》,闫海英、蒋育红译,中国协和医科大学出版社 2014 年版。

[美]安娜·普鲁伊特、艾达·普鲁伊特著:《美国母女中国情——一个传教士家族的山东记忆》,程麻等译,中国文史出版社 2011 年版。

[美]吴章、玛丽·布朗·布洛克编:《中国医疗卫生事业在二十世纪的变迁》,蒋育红译,商务印书馆 2014 年版。

[美]洛伊斯·A.考尔斯(Lois A.Fort Cowles):《医疗社会工作:保健的视角》(第二版),刘梦、王献蜜译,中国人民大学出版社 2011 年版。

[美]William C.Cockerham:《医学社会学》(第九版),北京大学出版社 2005 年版。

[美]西德尼·D.甘博:《北京的社会调查》(上),陈愉秉等译,中国书店 2010 年版。

[美]Roberta G.Sands:《精神健康——临床社会工作实践》,何雪松、花菊香译,华东理工大学出版社 2003 年版。

陈国钦、袁征:《瞬逝的辉煌——岭南大学六十四年》,广东人民出版社 2008 年版。

储兆瑞:《江苏社会学史》,南京大学出版社 2000 年版。

复旦大学附属红十字会华山医院编:《光荣与梦想——华山医院百年纪事》,复旦大学出版社 2007 年版。

何雪松:《社会工作理论》,上海人民出版社 2007 年版。

华西校史编委会:《华西医科大学校史(1910—1985)》,四川教育出版社 1990 年版。

《南京神经精神病防治院院志(1947—1985)》,南京航专印刷厂印刷。

南京脑科医院编:《南京脑科医院院志(1986—1996)》,南京河海大学印刷厂 1997 年印刷。

南京市鼓楼医院院志编辑室编:《南京市鼓楼医院院志(1892—1990)》,内部资料 1990 年印刷。

林万亿:《当代社会工作:理论与方法》(第 3 版),台北五南图书出版股份有限公司 2006 年版。

林万亿、邓如君等:《社会工作名人传》,台北五南图书出版股份有限公司 2014 年版。

刘继同:《医务社会工作导论》,高等教育出版社 2008 年版。

刘德伟:《一粒珍珠的故事》,人民文学出版社 2006 年版。

刘家峰、刘天路:《抗日战争时期的基督教大学》,福建教育出版社 2003 年版。

李迎生主编:《社会工作概论》(第二版),中国人民大学出版社 2010 年版。

李传斌:《条约特权制度下的医疗事业:基督教在华医疗事业研究(1835—1937)》,湖南人民出版社 2009 年版。

雷洁琼:《雷洁琼文集》,开明出版社 1994 年版。

廖荣利:《医疗社会工作》,台北巨流图书公司 1991 年版。

莫藜藜:《医务社会工作》,台北桂冠图书股份有限公司 2000 年版。

讴歌编著:《协和医事》,生活·读书·新知三联书店 2007 年版。

彭秀良:《守望与开新:近代中国的社会工作》,河北教育出版社 2010 年版。

秦燕:《医务社会工作》,台北巨流图书公司 1991 年版。

《四川大学史稿》编审委员会:《四川大学史稿(第四卷)》,四川大学出版社 2006 年版。

宋嘉沛主编:《民国著名人物传》第 4 卷,中国青年出版社 1997 年版。

程斯辉、孙海英:《厚生务实 巾帼楷模——金陵女子大学校长吴贻芳》,山东教育出版社 2004 年版。

孙立亚:《社会工作导论》,中国财政经济出版社 1999 年版。

《山东大学齐鲁医院志》编纂委员会:《山东大学齐鲁医院志 1890—2000》,2000 年印刷。

田涛、郭成伟整理:《清末北京城市管理法规》,燕山出版社 1996 年版。

同济医科大学附属协和医院:《协和医院志(1866—1985)》,同济医科大学附属协和医院 1986 年出版。

陶飞亚、刘天路:《基督教会与近代山东社会》,山东大学出版社 1995 年版。

王尔敏:《近代上海科技先驱之仁济医院与格致书院》,广西师范大学出版社 2011年版。

王立诚:《美国文化渗透与近代中国教育:沪江大学的历史》,复旦大学出版社 2001年版。

严景耀:《中国的犯罪问题与社会变迁的关系》,吴桢译,北京大学出版社 1986 年版。

姚卓英:《医务社会工作》,台北正中书局 1973 年版。

姚泰主编:《上海医科大学七十年》,上海医科大学出版社 1997 年版。

袁根清:《回归自我——精神心理临床札记》,复旦大学出版社 2008 年版。

岳宗福:《近代中国社会保障立法研究(1912—1949)》,齐鲁书社 2006 年版。

《院志》编写办公室:《南京军区南京总医院院志(1929—1994)》,1995 年印刷。

朱明德、陈佩主编:《仁济医院 155 年》,华东理工大学 1999 年版。

朱仰高:《湖州杂识》,三秦出版社 2003 年版。

朱峰:《基督教与近代中国女子高等教育:金陵女大与华南女大比较研究》,福建教育出版社 2002 年版。

周秋光:《熊希龄集》(下),湖南人民出版社 1996 年版。

政协北京市委员会文史资料研究委员会编:《话说老协和》,中国文史出版社 1987年版。

郑尚维、石应康主编:《四川大学华西临床医学院·华西医院史稿》,四川辞书出版社 2007 年版。

章开沅、马敏主编:《基督教与中国文化丛刊》第五辑,湖北教育出版社 2003 年版。

张连红主编:《金陵女子大学校史》,江苏人民出版社 2005 年版。

张玮瑛等主编:《燕京大学史稿》,人民中国出版社 2000 年版。

张亚培主编:《上海工商社团志》,上海社会科学院出版社 2001 年版。

左芙蓉:《基督宗教与近现代中国社会工作》,民族出版社 2016 年版。

中国协和医科大学编:《中国协和医科大学校史:1917—1987》,北京科学技术出版社 1987 年版。

研究论文

[美]恩格尔著:《需要新的医学模式:对生物医学的挑战》,黎风译,《医学与哲学》1980 年第 3 期。

[美]罗伯特·坦普尔著:《回忆赛珍珠》,江健译,《报刊荟萃》2012 年第 10 期。

常云平、陈英:《抗战时期大后方老人之社会救济初探——以重庆为例》,《重庆师范大学学报》2009 年第 2 期。

陈雁:《民国时期的医患纠纷与解决途径:以 1934 年南京中央医院被控案为中心》,《贵州大学学报》2014 年第 5 期。

陈涛：《社会工作专业使命的探讨》，《社会学研究》2011 年第 6 期。

陈新华、陈圣婴：《近代留美生与燕京大学社会学系》，《特区实践与理论》2010 年第 03 期。

陈明、张天民：《我国结核病发现的历史、治疗的演变及其发展趋向》，《结核病临床与控制》2002 年第 3 期。

陈一鸣：《北京现代精神医学早期的追索——先辈伍兹、雷曼、魏毓麟、许英魁的光辉历程》，《临床精神医学杂志》2010 年第 2 期。

陈一鸣：《缅怀精神医学的先行者程玉麐先生》，《临床精神医学杂志》2010 年第 1 期。

陈学诗：《初期的南京脑科医院》，《临床精神医学杂志》1997 年第 5 期。

陈学诗：《忆前"14 病区"》，《临床精神医学杂志》2004 年第 2 期。

池子华：《中国红十字会救护总队部的"林可胜时期"（上）》，《南通工学院学报》2004 年第 2 期。

董根明：《我国专业社会工作的发轫》，《安庆师范学院学报》2005 年第 4 期。

傅杰青：《科技史上的一个误传——"606"》，《自然辩证法通讯》1981 年第 2 期。

傅愫冬：《燕京大学社会学系三十年》，《社会》1982 年第 4 期。

范廷卫：《从收容到科学治疗：魏毓麟与北平精神病疗养院的创建》，《中华医史杂志》2013 年第 6 期。

盖小荣等：《北京协和医院医务社会工作的实践》，《中国医院》2008 年第 5 期。

高鹏程：《民国医疗社会工作述评与当代启示》，《社会工作》2012 年第 4 期。

谷晓阳、甄橙：《协和医院医务社会工作的当代启示》，《中国医院管理》2014 年第 12 期。

郭永松：《医务社会工作职能及其在我国的发展》，《医学与哲学》2009 年第 6 期。

郭雅娟、高丽娜：《医务社会工作初探》，《社科纵横》2009 年第 1 期。

郭沈昌、陈学诗、伍正谊、许律西：《缅怀前辈　开拓未来——忆我国神经精神病学奠基人程玉麐教授》，《临床精神医学杂志》2000 年第 4 期。

何玲：《人工气胸术发展简史》，《中华医史杂志》2010 年第 2 期。

黄庆林：《国民政府时期的公医制度》，《南都学刊》2005 年第 1 期。

洪一江、曾诚：《弗莱克斯纳报告及其对美国医学教育的影响》，《医学与哲学》2008 年第 2 期。

孔小红：《社会变迁与社会衡平的失落——读〈中国的犯罪问题与社会变迁的关系〉》，《读书》1988 年第 2 期。

李传斌：《晚清教会医院慈善医疗演变述论》，《安徽史学》2015 年第 6 期。

李传斌：《抗战前南京国民政府对教会医疗事业的态度和政策》，《江苏社会科学》2003 年第 3 期。

李茹锦：《我国医务社会工作发展初探》，《社会工作》2004 年第 4 期。

李义军：《医务社会工作对疾病治疗康复的介入思考》，《医学与哲学》2009 年第 7 期。

李光伟:《世界红卍字会牟平分会暨恤养院历史初探》,《鲁东大学学报》2009 年第 2 期。

李宁选辑:《中国代表团出席国联远东禁贩妇孺会议经过报告书》,《民国档案》2007 年第 3 期。

雷洁琼、水世珍:《燕京大学社会服务工作三十年》,《中国社会工作》1998 年第 4 期。

林闽钢、田蓉:《社会学在东吴大学发展的历史追溯》,《苏州大学学报》2001 年第 2 期。

赖志杰:《浦爱德与北平协和医院社会服务部的医务社会工作——兼谈中国医务社会工作的发端与早期发展》,《华东理工大学学报》2013 年第 6 期。

刘惠新:《民国医院社会工作的伦理定位及践行》,《广东工业大学学报》2013 年第 3 期。

刘斌志、刘芳:《医务社会工作在和谐医院构建中的使命及角色》,《医院管理论坛》2006 年第 12 期。

刘继同:《构建和谐医患关系与医务社会工作的专业使命》,《中国医院管理》2006 年第 3 期。

刘继同:《国内外医院社会工作的研究进展与发展趋势》,《中国医院》2008 年第 5 期。

刘继同:《美国医院社会工作的历史发展过程与历史经验》,《中国医院管理》2007 年第 11 期。

刘继同:《中国本土医务社会工作实务的历史智慧与当代意涵》,《社会福利》(理论版)2014 年第 9 期。

刘继同、严俊、孔灵芝:《生物医学模式的战略升级与精神健康社会工作的战略地位》,《福建论坛》2010 年第 3 期。

马长林:《基督教社会福音思想在中国的实践和演化——以沪江大学所办沪东公社为中心》,《学术月刊》2004 年第 3 期。

彭秀良:《北平协和医院社会服务部的个案实例》,《社会工作》2009 年 7 月(上)。

彭秀良:《被尘封的国际友人——浦爱德》,《文史天地》2012 年第 2 期。

彭秀良:《北平协和医院社会服务部的历史记忆(一)》,《中国社会工作》2009 年 2 月(下)。

彭秀良:《北平协和医院社会服务部的历史记忆(二)》,《中国社会工作》2009 年 3 月(上)。

彭秀良:《北平协和医院社会服务部的历史记忆(三)》,《中国社会工作》2009 年 3 月(下)。

彭秀良:《北平协和医院社会工作实务案例(一):概说》,《中国社会工作》2015 年 1 月(上)。

彭秀良:《北平协和医院社会工作实务案例(二):帮患者解决经济困难》,《中国社会工作》2015 年 2 月(上)。

彭秀良：《北平协和医院社会工作实务案例（三）：帮助病人寻找社会资源》，《中国社会工作》2015年3月（上）。

彭秀良：《北平协和医院社会工作实务案例（四）：劝导病人接受治疗》，《中国社会工作》2015年4月（上）。

彭秀良：《北平协和医院社会工作实务案例（五）：善后处理》，《中国社会工作》2015年5月（上）。

彭秀良：《北平协和医院社会工作实务案例（六）：随访工作》，《中国社会工作》2015年7月（上）。

彭秀良：《宋思明的医院社会工作思想》，《中国社会工作》2012年11月（上）。

彭秀良：《宋思明的精神病社会工作》，《中国社会工作》2012年11月（下）。

彭秀良：《〈社会工作学术文库〉第二辑出版实录》，《出版广角》2014年6月（下）。

孙志丽：《民国时期专业社会工作的发展研究》，华东理工大学2011年博士论文。

孙志丽、张昱：《中国社会工作的发端》，《华东理工大学学报》2009年第4期。

唐文娟、甄橙：《协和护校公共卫生护士与北平市第一卫生区事务所》，《中国科技史杂志》2010年第1期。

唐培根口述、王春芳整理：《回忆往事　开拓未来——南京脑科医院建院前后　二、对半个世纪前人和事的回忆》，《临床精神医学杂志》1996年第6期。

田正平、刘保兄：《教会大学中国籍教师与中国近代大学的学科建设——以燕京大学社会学系为个案》，《陕西师范大学学报（哲学社会科学版）》2007年第2期。

田涛：《清末民初在华基督教医疗卫生事业及其专业化》，《近代史研究》1995年第5期。

童敏：《生理—心理—社会的结合还是整合？——精神病医院社会工作服务模式探索》，《华东理工大学学报》2012年第2期。

王丽：《鼓楼医院社会服务事业研究：1892—1951》，南京大学2014年硕士论文。

王玲：《北京协和医学堂的创建》，《历史档案》2004年第3期。

王世军：《金大金女大社会工作专业沿革》，《南京师大学报》2001年第5期。

王安：《民国时期残疾人康复服务机构回顾——基于上海伤残重建服务处的史料》，《残疾人研究》2014年第3期。

王思斌：《袁方教授的社会工作教育思想与学科建设实践》，《社会工作》2014年第2期。

吴桢：《漫谈个案工作和个案分析》，《江苏社联通讯》1983年第3期。

吴桢：《社会学的建立与发展——兼论创建具有中国特色的社会学》，《江海学刊》1987年第4期。

吴桢：《试论社会工作的职业化专业化》，《江海学刊》1989年第3期。

吴桢主讲：《社会工作讲座》，《中国民政》1987年第3、4、6、7、9、10、11期连载。

肖朗、范庭卫：《民国时期心理卫生的理念和思想对教育学术的影响》，《社会科学战线》2010 年第 11 期。

谢克凡:《中国医院社会工作的先行者——协和医院社会服务部个案研究》,《北京青年政治学院学报》2010 年第 4 期。

阎明:《历史上的燕京大学社会学系》,《中国社会导刊》2007 年第 14 期。

姚尚满等:《当前我国医院社会工作探析》,《山西高等学校社会科学学报》2009 年第 10 期。

袁媛、严世芸:《雒魏林和他创办的上海仁济医院》,《医学与哲学》2016 年第 9 期。

张小虎:《犯罪学的研究范式》,《法学研究》2001 年第 5 期。

张宁渤:《中山大学社会工作教育发展探析》,《社会工作》2012 年第 12 期。

张岭泉、彭秀良:《掩埋在历史风尘中的北平协和医院社会服务部》,《档案天地》2010 年第 3 期。

朱剑华:《一年来的江西保育工作(1939)》,《保育生通讯》1997 年第 1 期。

周业勤:《医务社会工作专业教育初探》,《医学教育》2005 年第 2 期。

英文著述与论文

Auslander,G.K.ed.,*International Perspectives on Social Work in Health Care:Past,Present and Future*.New York:The Haworth Press 1997.

Baehr G."The Patient as a Person:A study of the Social Aspects of Illness".*American Journal of Public Health and the Nations Health*.1940;30(2):191-193.

G.Canby Robinson.*The Patient as a Person:A Study of the Social Aspects of Illness*.New York:Commonweath Found,1939.

George L.Engel."The need for a new medical model:A challenge for biomedicine".*Science*,1977,196(8).

Harriett M. Bartlett, "Ida M. Cannon:Pioneer in Medical Social Work", *Social Service Review*,Vol.49,No.2,1975.

Ida Pruitt.*A China Childhood*,Foreign Languages Press,2003.

Marjorie King.*Missionary Mother and Radical Daughter:Anna and Ida Pruitt*,Temple University,1985.

Marjorie King. "The Social Service Department Archives:Peking Union Medical College 1928-1951",*The American Archivist*,Vol.59,No.3(Summer,1996),pp.340-349.

Marjorie King.*China's American Daughter:Ida Pruitt*(1888-1985),The Chinese University of Hong Kong,2006.

Mary Ellen Richmond.*Social diagnosis*,.New York:Russell Sage Foundation,1917.

S.A.Queen.*Social work in light of history*.London:Philadelphia and London J.B.Lippincott Company,1922.

网络资源

Marjorie King. "The Department of Social Service at the Peking Union Medical Hospital, 1920-1927", http://www.amstudy.hku.hk/news/treatyports2011/files/marjorieking.pdf.

Marjorie King. "The Department of Social Service at the Peking Union Medical Hospital, 1920-1927", http://www.amstudy.hku.hk/news/treatyports2011/files/marjorieking.pdf.

"NASW Foundation National Programs: NASW Social Work Pioneers: Ida Cannon (1877-1960)". http://www.naswfoundation.org/pioneers/c/cannon.htm.

JHH. Social Work History at Johns Hopkins Hospital, http://www.hopkinsmedicine.org/socialwork/medsurg/about/.

MGH. Social Work History, http://www.mghpcs.org/socialservice/History.asp.

《复旦大学·中国红十字会·华山医院·华山之路》, http://www.huashan.org.cn/show/huashanzhilu。

《复旦大学附属中山医院·发展简史》, http://www.zs-hospital.sh.cn/zsintro/index.htm。

钟乐尧:《我的祖父母和家族》, http://blog.sina.com.cn/s/blog_6082d26c0101oieb.html。

《南京脑科医院·历史沿革》, http://www.c-nbh.com/about/lsyg.asp。

《三军总医院复健科·三军总医院复健医学部小史》, http://wwwu.tsgh.ndmctsgh.edu.tw/reh/history.htm。

后　记

　　当最后一遍把打印的书稿校对完发给出版社后,我没有感觉到丝毫的轻松,而是仍觉得留有诸多的遗憾。2010 年本课题被教育部立项时,我内心是十分忐忑的,当时学界对民国时期医院社会工作史的研究极其薄弱,我手头掌握的资料也十分有限,心里对是否能完成课题根本没底。没过多久,本课题又被浙江省社会科学规划办立项,使我的压力又多了一层。俗话说"压力就是动力",但是由于本人一贯的惰性,致使本课题的研究一再拖延,最后呈现在读者面前的"急就章",实在不是一句"因本人学术浅陋,请读者不吝赐教"就可以蒙混过关的。

　　尽管书稿不如人意,但我还是要感谢在本课题的研究过程中给予过我无私帮助的人。首先感谢书稿的评审专家文军教授、郅玉玲教授、马良教授、赵定东教授和赵映诚教授,他们不仅给了我很大的鼓励,更提出了诸多关键性的修改意见。拙著即将付梓时,郅玉玲教授在百忙之中为本书赐序,不胜感怀。感谢上海师范大学的沈黎副教授,当得知我在研究民国时期的社会工作史时,将他搜集的关于台湾社会工作史研究的博士论文转赠于我,大大开阔了我的视野。感谢中国社会工作史研究的前辈彭秀良先生,得知我也在做相关研究时,他主动联系我并提供了吴桢先生后人的多篇纪念文章。感谢北京大学社会学系资料室的龚芳老师,为了让我的电脑链接上北大内网,更快地获取已经数字化了的民国史料,她忙了近乎一个小时。感谢北大图书馆的另一位不知名的女老师,在通知我资料不能复印的同时,主动将她崭新的相机借我使用。当我在某档案馆遭遇拒绝接待后,更加觉得第二历史档案馆、南京档案馆、上海档案馆的服务温暖,同时我也要为浙江图书馆古籍部、浙江大学图书馆、上海图书馆近代图书库、国家图书馆和南京图书馆越来越方便快捷、周到多样的服务点赞!

我还要感谢浙江财经大学法学院给予的出版资助,感谢我的挚友刘惠新副教授为本课题的顺利结项辛苦奔走,感谢家人对我的支持,感谢懂事的女儿带给我的欣慰,感谢儿子的到来带给我的欢乐! 在本书编辑出版过程中,特别感谢人民出版社的赵圣涛编辑不厌其烦地满足作者的诸多请求,为本书的出版付出了额外的汗水!

王 春 霞

2018 年 7 月 23 日凌晨于杭州家中

责任编辑：赵圣涛
封面设计：王欢欢
责任校对：吕　飞

图书在版编目（CIP）数据

民国时期医院社会工作研究/王春霞 著. —北京：人民出版社，2018.8
ISBN 978－7－01－018788－4

Ⅰ.①民…　Ⅱ.①王…　Ⅲ.①医院-社会工作-研究-中国-民国
　Ⅳ.①D693.66

中国版本图书馆 CIP 数据核字（2017）第 326749 号

民国时期医院社会工作研究

MINGUO SHIQI YIYUAN SHEHUI GONGZUO YANJIU

王春霞　著

人民出版社 出版发行

（100706　北京市东城区隆福寺街 99 号）

北京中科印刷有限公司印刷　新华书店经销

2018 年 8 月第 1 版　2018 年 8 月北京第 1 次印刷
开本：710 毫米×1000 毫米 1/16　印张：17.5
字数：300 千字

ISBN 978－7－01－018788－4　定价：59.00 元

邮购地址 100706　北京市东城区隆福寺街 99 号
人民东方图书销售中心　电话（010）65250042　65289539